历史名人传记

——

李宝山-著

陈子昂传

天地出版社 | TIANDI PRESS

图书在版编目（CIP）数据

陈子昂传 / 李宝山著. —— 成都：天地出版社，
2025.6. —— (历史名人传记). —— ISBN 978-7-5455
-4761-0

Ⅰ.K825.6

中国国家版本馆CIP数据核字第2025EL7963号

历史名人传记
CHEN ZI'ANG ZHUAN

陈子昂传

出品人	杨　政
作　者	李宝山
责任编辑	李明慧　薛玉凤
责任校对	张思秋
封面设计	今亮后声
电脑制作	跨　克
责任印制	刘　元

出版发行　天地出版社
　　　　　　（成都市锦江区三色路238号　邮政编码：610023）
　　　　　　（北京市方庄芳群园3区3号　邮政编码：100078）
网　址　http://www.tiandiph.com
电子邮箱　tianditg@163.com

印　刷　水印书香（唐山）印刷有限公司
版　次　2025年6月第1版
印　次　2025年6月第1次印刷
开　本　710mm×1000mm　1/16
印　张　18.5
字　数　322千字
定　价　98.00元
书　号　ISBN 978-7-5455-4761-0

陈子昂（659—700），字伯玉，梓州射洪（今属四川）人。他早年是一个"驰侠使气"、喜欢射猎博弈的富家子弟，具有豪侠浪漫的性格。十七八岁时，才开始专精读书，数年之间，遍览经史百家。文明元年（684）二十六岁时举进士，上《谏灵驾入京书》《谏政理书》，得到武则天的赏识，拜为麟台正字，后迁右卫胄曹参军、右拾遗。圣历元年（698），四十岁的陈子昂归故里隐居；两年后，即圣历三年（700），陈子昂受射洪县令段简迫害，死于狱中，享年四十二岁。

　　陈子昂的一生不算太长，却有着跌宕起伏的经历。除了十七八岁那次转变，他两度科考，两度从军，两度入狱。可以说是幸运，也可以说是不幸，他身处中国历史上一个非常特殊的时期——女皇武则天临朝称制、称帝。他的仕途伴随着武则天的赏识而开启。武则天第一次召见他时，便称赞说："梓州人陈子昂，地籍英灵，文称伟曜。"他满怀"论道匡君""以义补国"的政治热情上书言事，遵循"先本人情而后化之"的纲领，从基本人情出发纵论时事，对吏治、军事、教育、经济等关系国计民生的诸多方面提出自己的政治主张，希望能由此达到"太平之化"。不过在当时，陈子昂提出的这些主张并不完全符合武则天的需要，也就没有发挥其应有的作用。现在看来，陈子昂的大部分主张还是具有一定的合理性，据彭庆生先生统计，《资治通鉴》引述陈子昂和狄仁杰的奏疏皆多达六处，为同时期诸臣之冠，即可见后世史家对陈子昂政论的重视程度。

陈子昂也是文论史、文学史上绕不开的一个人物。诗歌发展到六朝时期，出现了形式大于内容的弊病，诗人们忽略了内容的充实，而片面追求辞藻的华丽，用陈子昂的话说，就是"彩丽竞繁，而兴寄都绝"，"逶迤颓靡，风雅不作"。这种风气一直延续到初唐时期，陈子昂早年"行卷"之时参加各种宴会也写过类似的诗歌。但他很快便认识到这种诗歌形式的华丽死板、内容的空洞无聊，他在给时任中书令薛元超的书信中即表明了自己不满于"迹荒淫丽，名陷俳优"的"文章薄技"，反对玩弄笔墨的游戏。后来在《修竹篇》一诗的序言中，他更清楚地提出了自己的文学主张：反对齐梁而提倡"汉魏风骨""正始之音""兴寄""风雅"。他也揭示了理想的诗歌风格："骨气端翔，音情顿挫，光英朗练，有金石声。"这样的诗歌，才可以达到"洗心饰视，发挥幽郁"的作用，即涤除机心、净化心灵、抒发内心深处的忧愤。

　　陈子昂大部分的诗歌创作都体现了他的理论主张。《感遇》三十八首就是代表作。这组诗有的感慨时事、讽刺现实，有的感怀身世、抒发理想，以五言古诗的形式承载了陈子昂的人生际遇。他的诗歌大部分是五言古诗，这是他学习汉魏风骨的一个重要表现。现在我们也能看到陈子昂写作过少量的五言律诗，其中不乏精品，比如《白帝城怀古》——元代的方回评点这首诗时就指出陈子昂是"唐人律诗之祖"。另外，陈子昂的散文尤其是碑志文创作，也值得我们注意。岑仲勉先生即说陈子昂"大致能恢复古代散文之格局"，因此"唐文起八代之衰，断推子昂为第一"。

陈子昂的这些成就，可以用杜甫的一句话来概括："终古立忠义，《感遇》有遗篇。"陈子昂的"忠义"，不能片面地理解为对某个统治者的"愚忠"。这种"忠义"，如前所说，关乎最基本的"人情"，陈子昂的一切政治主张均由此出发。而他的文学主张又要求他创作出的诗歌能够反映他所处的社会、所具的思想，因此他的"忠义"虽然没有产生现实效果，却因《感遇》等诗篇的流传不衰而具有永恒性。陈子昂在人生的最后两年还想通过撰写《后史记》的方式进一步向世人展示他的"忠义"，就如孔子通过删削《春秋》来阐明"王道之大者"，司马迁通过编修《史记》来"究天人之际，通古今之变，成一家之言"一样。可惜的是，书未成，子昂即冤死狱中。

陈子昂的生平资料极为有限，根据这些碎片化且未必真实的素材，勾勒出陈子昂大致的生平线索是没有问题的，但要塑造出鲜活可感的陈子昂形象，还略显困难。因此，本传除了要让读者"了解"陈子昂的生平事迹，又从两个方面着力，尽量让读者能对这位先贤多一分"理解"：一个方面，是对其所处社会背景——如政治、经济、文化、交游等——进行铺叙，从而让读者能更好地体会陈子昂为什么会那样做、那样说；另一个方面，则是通过对基本"人情"的揣摩，将心比心，尽量发掘出文字材料背后的心理活动，从而让读者能够与陈子昂这位千年前的古人"交心"。现代著名诗人纪弦先生有一首诗,题目是《与陈子昂同声一哭》。一本优秀的《陈子昂传》,应当达到这样的效果:让读者与陈子昂同声一哭,本传的写作正是朝着这个方向努力。

第一章

死生大事

第一节　冤死狱中

公元700年，春天，正是桃红柳绿、莺娇燕姹的时节。这一派万物复苏、生机萌动的景象，只是整体感受罢了。如果细致观察，就会发现世间有不少生命其实并未迎来属于自己的春天，或许是没熬过严冬摧残，或许是遭受了意外打击。总之，百花齐放没了它们的身影，百鸟争鸣没了它们的啼音，它们以最为朴素的方式，回归生养它们的自然界中。

就是这一年春天，陈子昂死于他家乡——四川省射洪市金华镇，当时称为梓州射洪县——的县衙里。射洪县衙，应该和其他县衙一样，死人是常有的事。司马迁说："古者富贵而名摩灭，不可胜记，惟俶傥非常之人称焉。"（《报任安书》）这些死在县衙里的人，是否"富贵"不得而知，"名摩灭"和"不可胜记"则是事实。陈子昂的情况有所不同，他很"富贵"，但是没有"名摩灭"——当然不是因为他"富贵"，而是因为他是"俶傥非常之人"。他到底是如何的"俶傥非常"，暂且按下不表，这是我们整本《陈子昂传》的任务。现在只讲他死后的两个"报仇"故事，一个有文字记载，一个是民间传说。

唐开元二十七年（739），也就是陈子昂死后约40年时，章仇兼琼①任益州大都督府长史、剑南节度使，到了蜀地。章仇兼琼后来办了一件影响极坏的事：天宝四载（745），他为了讨好杨贵妃而提拔了杨钊，这个杨钊，在章仇兼琼去

---

① 章仇兼琼，复姓章仇，名兼琼。

世的前一年，即天宝九载（750），被唐玄宗赐名为"杨国忠"。杨国忠专权误国，引发安史之乱，使得唐朝从此一蹶不振，这些故事，我们就不叙述了。但章仇兼琼本身还是一个很好的官员，至少在蜀地，乐山大佛的营造就是在他手里由"民办"转为了"官办"。在他接手以前，大佛仅完成了头部工程，他离职之时，大佛已完成了膝盖以上部位的开凿。[①]回到我们的主题，章仇兼琼也干了一件大快人心的事儿：尽管当年害死陈子昂的县令段简现在已到垂暮之年，章仇兼琼还是将段简逮捕正法，为陈子昂雪冤平反。因为这件事，章仇兼琼被目为"义士"，受到人们的广泛尊敬。晚唐诗人陆龟蒙在读罢陈子昂诗文集后感叹道："蓬颗何时与恨平，蜀江衣带蜀山轻。寻闻骑士枭黄祖，自是无人祭祢衡。"陆龟蒙将章仇兼琼喻为骑士，将段简喻为黄祖，将陈子昂喻为被黄祖所杀之名士祢衡。陆龟蒙此诗的重点在最后一句，感叹"无人祭祢衡"——即无人真正懂得陈子昂——的悲凉现实；但第三句的一个"枭"字，也体现出了陆龟蒙对章仇兼琼捕杀段简一事的态度：杀得好！杀得痛快！[②]

这是第一个"报仇"故事，发生在陈子昂死后40年左右。第二个"报仇"故事，则自明代延续到了现在，时间有400余年，参与人数更是无法统计。这就是现在四川省射洪市金华山陈子昂读书台里那块"臭石头"的故事。作为一个土生土长的射洪人，我们从小就常听见这样的传说：读书台里的那块"臭石头"，就是迫害陈子昂致死的县令段简的化身，只要人们用石头去敲击它，它就会散发臭味——这无疑说明段简其人臭名昭著。上了高中，化学老师也会告诉我们其中的科学道理：这块石头可能含有硫化物，所以敲击时会散发臭鸡蛋味。实际上，这块石头在射洪存在的时间不过400余年，是射洪人杨最（1472—1540）到云南做官时带回来的，不可能是唐代县令段简的化身。"臭石头"的真相是怎么回事，

---

① 乐山市地方志工作办公室编《乐山掌故》，新华出版社，2017，第3页。

② 章仇兼琼为陈子昂雪冤事，《云溪友议》卷上、《唐语林》卷四均只有一句叙述，语焉不详，且被《四库全书总目》卷一四〇指为不实。本传叙述，系据余嘉锡《四库提要辨证》所考。详见余嘉锡：《四库提要辨证》，湖南教育出版社，2009，第889—891页。王辉斌认为"余氏辨证，颇有见地"，但补充论证了此事发生时间应在开元二十七年（739）以前，地点不在蜀中而在长安。参见王辉斌：《陈子昂死因新探》，载《陈子昂研究论集》，中国文联出版公司，1989，第312—313页。

已经不重要了。重要的是，这个"虚构"的传说本身成为一种存在的"真实"，形象地反映着人们对陈子昂之死的看法：害死陈子昂的段简是个臭名昭著的恶人，应该受到人民群众的敲击。反过来说，就是陈子昂死得很冤枉。

这两个"报仇"故事，共同指向一个事实：陈子昂冤死狱中。那么，陈子昂到底为什么入狱，为什么会死，又是怎么死的？这是我们下一节要讲的内容。

第二节　死因之谜

圣历元年（698）秋冬时节，陈子昂以父老需要侍养为由，上书恳请辞官回乡。武则天应允了他回乡的请求，但并没有让他辞官。因此，陈子昂"带官取给而归"，官职依旧，俸禄照领。回乡之后，他过起了隐居生活，以芝桂为伍，与"麋鹿同曹"，种树采药，读书会客，也算自在逍遥。在读书的过程中，他察觉到除了司马迁《史记》，其余史书颇为"芜杂"，并未达到"究天人之际，通古今之变，成一家之言"（司马迁《报任安书》）的水平，于是便起意编纂一部《后史记》。《史记》终止于汉武帝时代，他便接着往下写，讲述自汉武帝到唐朝的历史。《后史记》是一个宏大的著述计划，意在打破汉代以来国史"断代"的传统，越过魏晋六朝而直追司马迁的足迹，为"通史"接续命脉。若成，必定流传不朽；可惜的是，这项计划很快就被打断了。居家不到一年，圣历二年（699）七月七日，陈子昂父亲陈元敬去世，他不得不搁置计划。同年十月，陈子昂将父亲安葬，可以想见，三个月来的后事处理琐碎繁杂，必定耗费了他不少精力。父亲下葬后，他即开始了在父亲墓旁守孝的生活，编纂《后史记》的计划自然无法实施。陈子昂又是至孝之人，父亲的去世对他来说是个巨大的精神打击，以至于"哀号柴毁，气息不逮"，身心都处于崩溃的边缘。古语云："福不重至，祸必重来。"（《说苑·权谋》）射洪县令段简觊觎陈家财产，于是"附会文法"，想要陷害陈子昂。陈子昂心中恐惧，为了避祸，让家人给段简送了二十万缗贿赂，但段简并未罢手，仍派人将他收押狱中，并施以刑罚。陈子昂本来就身体羸弱，加之父丧的打击与狱卒的杖责，便完全倒下了。他预感到自己命不久矣，在狱中算了一卦，不幸的是，卦象并没有给他以希望，反而印证了他的预感，成了压死他的最后一根稻草。"天命不祐，吾其死矣！"陈子昂仰天发出这绝望的哀号，随后死于狱中。时在圣历三年（700）的春天，陈子昂年仅42岁。

以上是陈子昂死于狱中的始末，主要依据的是陈子昂好友卢藏用所写《陈氏别传》的记载。学者们对这些记载多抱怀疑态度。岑仲勉就指出了三大疑点：第一，据《新唐书·来俊臣传》的记载，段简的妻妾皆被来俊臣强夺，可见段简不过是一个毫无骨气之人，陈子昂不惧武则天手下酷吏之淫威，怎么就会惧怕这小小的县令段简呢？第二，据罗庸《陈子昂年谱》所考，陈子昂曾因逆党案被牵连而在洛阳入狱近两年时间，铁窗风味，早已饱尝，又何以会对一个县令畏缩到如此地步呢？第三，陈子昂辞官时"天子优之"，是"带官取给而归"，仍然有着省官（即中央官员）的身份，与县令周旋当不成问题，又何须急于贿赂？而区区一介县令又岂敢嫌弃省官的二十万缗贿赂太少？由于有这三大疑点，岑仲勉便做出推测：陈子昂居家之时，如果不是有反抗武则天政权的计划，就必然有诛讨武则天政权的文字，所以段简才能"附会文法"，陈子昂才会心生恐惧而贿赂段简，段简不肯罢手，最后陈子昂只能一死了之。[1]

岑仲勉的解释，王运熙认为很合情理，但说到底，只是一种推测，岑仲勉自己也承认是"纯出推测"。既然如此，别人也可以做出其他推测。所以，关于段简到底"附会"了什么"文法"的问题，还有一些不同的说法：葛晓音认为与陈子昂为父亲写的墓志铭有关，因为这篇墓志铭中有"青龙癸未，唐历云微""大运不济，贤圣罔象"等表述，似乎在影射、诋毁武则天篡唐；[2]王辉斌认为与陈子昂撰写

---

① 岑仲勉：《陈子昂及其文集之事迹》，载《岑仲勉文集》，中山大学出版社，2004，第327—347页。

② 葛晓音：《关于陈子昂的死因》，《学术月刊》，1983年第2期。

《后史记》之事有关，因为唐朝不允许私人修史，陈子昂的行为明显出格。①

除了"附会文法"，小小县令竟敢诬陷省官的反常现象，也让人们怀疑段简背后必有地位显赫的后台授意。王运熙就认为，陈子昂持身正直，屡屡进谏，妨害到武则天侄子武三思的利益，故武三思假段简之手迫害陈子昂。段简的幕后推手到底是谁，也是众说纷纭，我们简要介绍另外两种说法：一说是武则天另一个侄子武攸宜，因为陈子昂第二次随军出征，与主将武攸宜的相处极不愉快，陈子昂出征结束后不久即恳请辞官回乡；一说是上官婉儿，因为陈子昂的诗歌主张是提倡汉魏风骨，反对"彩丽竞繁"的宫廷诗风，而上官婉儿祖父上官仪的诗歌正是"以绮错婉媚为本"，时人称为"上官体"，是宫廷诗的典型代表，上官婉儿掌权后欲大力推广"上官体"，必先除掉公开反对"上官体"的陈子昂等人。②

也有人指出，陈家作为当地的豪强家族，与地方官府产生矛盾是不可避免的，这种矛盾的产生与陈家的声望密不可分：据陈子昂在其父亲的墓志铭中说，当地的纷争案件，百姓更愿意相信的是陈元敬的决断，而不是官府的决断。这样的家族，当政者必欲除之而后快。所以，陈子昂之死具有历史的必然性，即使没有段简诬陷，也会受到其他县令的诬陷；即使陈子昂没有被诬陷，他的子孙恐怕也在劫难逃。③

还有人说，陈子昂之死也有好道服药的原因。其平日常常服食丹药，导致身体出现重疾。服食丹药以求去疾长生，丹药反而影响身体健康，那就继续服食丹

① 王辉斌：《陈子昂死因新探》，载《陈子昂研究论集》，中国文联出版公司，1989，第310—311页。
② 王运熙：《望海楼笔记》，东方出版中心，1999，第165—168页。郭倩：《试论陈子昂之死与初唐文人的矛盾角色》，《长江师范学院学报》2012年第7期。唐团结：《上官婉儿与陈子昂之死》，《河南教育学院学报（哲学社会科学版）》2005年第6期。
③ 赖晶：《陈子昂死因再探讨——兼求教于王辉斌先生》，《襄樊学院学报》2010年第6期。臧嵘：《谁言未忘祸，磨灭成尘埃——陈子昂冤狱之谜》，《邯郸学院学报》2011年第3期。张仁康：《陈子昂年谱简编》，《射洪文史》2019年总第21辑。

药以求去疾长生，形成恶性循环，最终惨死狱中。[①]

　　陈子昂之死的始末，如我们开篇所述，卢藏用的《陈氏别传》已经讲得比较清楚了。但经过学者们的不断论证分析，呈现了多种可能性，反而变得云山雾罩，让人不知该如何取舍。这可真是"你不说我还明白，你一说我就糊涂"，陈子昂之死在阐释过程中变成了真正的"谜"。但是，不管我们怎样破解、推测这个"谜"的谜底，就像上述那些学者所做出的努力一样，都需要我们对陈子昂的生平事迹有所了解。本传之所以在开篇介绍学者们对陈子昂"死因之谜"的种种推测，一方面是为了引起读者诸君的思考，另一方面则是由此展示一些陈子昂的生平线索，比如他与武则天政治集团的关系，他的从军之旅，他的文学主张，他的家世背景，他的生活习惯……

　　看来，一切还得从头说起。

---

① 张德恒：《唐代武周时期诗歌略论稿》，吉林大学硕士学位论文，2011，第49—50页。

第三节　远祖陈祗

"先帝创业未半而中道崩殂，今天下三分，益州疲弊，此诚危急存亡之秋也……"公元227年，诸葛亮向蜀主刘禅上了著名的《出师表》，告诫刘禅要"亲贤臣，远小人"，并明确指出了几位贤人的代表："侍中、侍郎郭攸之、费祎、董允等，此皆良实，志虑忠纯……"

读者诸君或许疑惑乃至不满：我们要看陈子昂，你怎么唱起了三国戏？

我们上一节说过，一切都得从头说起。这个"头"，当然要从陈子昂的家世背景入手。据陈子昂自己的说法，现在明确可知的他最早的一位远祖，就是三国时期在蜀国任职的陈祗。陈祗的官宦生涯，与诸葛亮在《出师表》中提到的两位"贤人"——费祎、董允——息息相关。所以，本节以《出师表》开篇，也并非题外的闲言。

虽然诸葛亮在《出师表》中提名了三人，起主要作用的还是费祎和董允，另外一位郭攸之"性素和顺，备员而已"（《三国志》卷三九）。这样两位备受诸葛亮重视的"贤人"，与陈子昂的先祖陈祗有着怎样的关联呢？

原来陈祗本是汝南郡平舆（今河南驻马店市平舆县）人，东汉末年同外叔祖许靖一起入蜀。许靖是汝南名士，与从弟许劭一样，以月旦人物知名；能得到他们的一句评语，是很荣耀的一件事——据说曹操就因许劭评之为"治世之能臣，乱世之奸雄"而名声大振。陈祗虽然很小就成了孤儿，但有这样的外叔祖带着，加之天资聪颖，二十岁左右即出类拔萃，任选曹郎一职，办事庄重严厉。他也多才多艺，精通术数，很快受到大将军费祎的器重。公元246年，侍中兼尚书令董允去世，费祎即提拔陈祗继任董允的侍中一职。五年后，尚书令吕乂去世，陈祗便如董允一样，以侍中守尚书令，并加封镇军将军。虽然大将军姜维级别比陈祗稍高，但姜维常年在外，陈祗则在朝中，"上承主指，下接阉竖，深见信爱，权重于维"（《三国志》卷三九）。"阉竖"即宦官黄皓，其人谄媚逢迎，狡猾诡诈，深得后主刘禅喜爱。董允在时，常常劝谏刘禅不要亲近黄皓这样的人，私下里也多次责备黄皓，黄皓惧怕，尚不敢过于嚣张跋扈。陈祗继任后，则与黄皓互为表里，逢迎刘禅，深得信任。陈祗、黄皓的行事，与董允形成鲜明对照，也引发了两种不同的情绪：刘禅当然对董允的怨恨会越来越深，老百姓则开始追思正直清廉的董允。公元258年，陈祗去世，刘禅悲痛惋惜，下诏评价陈祗"柔嘉惟则，干肃有章，和义利物，庶绩允明"（《三国志》卷三九），谥曰"忠侯"，并赐封其长子陈粲为关内侯，提拔其次子陈裕为黄门侍郎。刘禅宠信陈祗，所以给陈祗这样高的评价，只是合情，合不合理，则要打一个大大的问号。

　　费祎的提拔，可见出陈祗确实很有才干；董允的对照，又见出他的品行并不完美。陈子昂将祖先追溯到陈祗，只说了一句："汉末沦丧，八代祖[①]陈祗，自汝南仕蜀为尚书令。"（《梓州射洪县武东山故居士陈君碑》）陈子昂偏重的是陈祗的迁徙行迹（自汝南仕蜀）和显赫官职（尚书令），这是叙写世系常用的别择史料的手法——拣好的说，拣需要的说。前面说过，陈子昂有编撰《后史记》的计划。他年轻时，卢藏用《陈氏别传》说他是"经史百家，罔不该览"。他自己也回忆说："窃少好三皇五帝王霸之经，历观《丘》《坟》，旁览代史，原其政理，察其兴亡。"（《谏政理书》）可见陈子昂对历代史书均曾经眼，不知他读到《三国志》对其远祖陈祗"上承主指，下接阉竖""媚兹一人"的描述时，

---

① "八代祖"，是自陈子昂叔祖陈嗣往上，若自陈子昂往上，则为十代祖。另外，射洪市曾发现一本所谓《陈氏族谱》残卷，将陈子昂始祖追溯到了周武王时期的得姓始祖、陈国第一世国君胡公满，见射洪县文物管理所《陈子昂世系》，载《陈子昂研究论集》，中国文联出版公司，1989，第293—298页。这种追溯模式，常见于各类族谱，但未必靠谱；本书以陈子昂自述为准。

内心是何感受？但如果将本传后面要讲的陈子昂一生行迹与陈祗做个对照，读者诸君或许可以就这个问题形成自己的答案。

那我们就接着往下讲。

第四节　家世背景

陈祗去世后过了五年时间，公元263年，蜀汉政权为曹魏所灭。又过了大约两年，公元265年，司马炎篡魏，建立了新的政权，改国号为晋，史称西晋。陈氏子孙不愿出仕晋朝，遂隐居于武东山。

武东山，在今四川省射洪市金华镇东北方向约四公里处，因在武水（也就是涪江）东面而得名（嘉庆版《射洪县志》卷二）。据陈子昂自己的描述，此地林木丰茂，环境清幽，是一处绝佳的隐居之地。

> 皎皎白林秋，微微翠山静。（《酬晖上人秋夜山亭有赠》）
>
> 岩庭交杂树，石濑泻鸣泉。（《酬晖上人秋夜独坐山亭有赠》）
>
> 岩泉万丈流，树石千年古。林卧对轩窗，山阴满庭户。（《酬晖上人夏日林泉见赠》）
>
> 红霞生而白日归，清气凝而碧山暮。（《夏日晖上人房别李参军崇嗣》并序）
>
> 轩窗交紫霭，檐户对苍岑……蛱蝶怜红药，蜻蜓爱碧浔。（《南山家园，林木交映，盛夏五月，幽然清凉，独坐思远，率成十韵》）

山明水秀的武东山，就此成为陈氏家族的聚居地。除了陈氏家族，当地尚有唐、胡、白、赵四大家族，五大家族一起置立了新城郡，并推陈氏家族为郡长。①但这个所谓的"郡长"，只是地方自治的民间推举行为，并未得到朝廷的正式委任。南齐（479—502）末年，陈氏家族出了陈太平、陈太乐、陈太蒙三兄弟，均为豪杰。公元502年，萧衍取代南齐称帝，建立南梁（502—557）政权，史称梁武帝。新政权建立后，网罗人才往往都是重头戏，梁武帝也同样重视那些"怀宝迷邦，蕴奇待价，蓄响藏真，不求闻达"之人（《南史》卷六），因此陈氏三兄弟得到了朝廷的正式任命：陈太平为新城郡郡守，陈太乐为新城郡司马，陈太蒙为黎州长史都督。这是自陈祗及其两个儿子在蜀国任职后，两个半世纪以来，陈氏家族成员再次正式成为朝廷官员。但这次的情形，与两百余年前一样，任职不过两代。陈太平、陈太蒙的后人如何，已不得而知。新城郡司马陈太乐的儿子陈方庆，不喜欢仕途，机缘巧合下得到一些道家、阴阳家的书籍，故而以求道为务，隐居于武东山；陈方庆之子陈汤倒是任了一段时间的新城郡主簿，但很快就遇上了南梁丧乱，最终也选择于武东山故宅避世隐居。

陈汤有两个儿子：陈迥②，陈通，皆早卒。陈迥亦有两子：长子名字、生平皆不详，只知道其"养母以孝"，是一个仁德之人；次子陈嗣，即陈子昂《梓州射洪县武东山故居士陈君碑》一文所写者。陈嗣和他哥哥一样，对父母极其孝顺。待父母都去世之后，他也年事已高，无奈只能放弃"干禄之学"，不再做从政的幻想，而开始"修养生之道"。他后来听闻了汉代王丹隐居不仕、勤于农事、教化乡里的故事，因而感叹道："王丹的这种行为，就是从政啊！如果这都不算从政，还有什么算从政呢？"这句话的原文是"彼王丹者，是为政矣，奚其为为政也"，化用了孔子的典故。孔子曾被人质问为什么不去从政，孔子回答说："《书》云：'孝乎惟孝，友于兄弟，施于有政。'是亦为政。奚其为为政？"

---

① 这是陈子昂在《梓州射洪县武东山故居士陈君碑》（《陈子昂集》卷五）中的说法。一般认为："隋大业初改梓州为新城郡，唐武德元年（618）复为梓州。"见《中国历史大辞典·历史地理》，上海辞书出版社，1996，第964页。据此，则新城郡之名起于隋炀帝大业（605—618）年间。

② 此名字出自陈子昂《梓州射洪县武东山故居士陈君碑》，通常版本皆作"广迥"，《唐文粹》无"广"字而径作"迥"。因其兄弟名"通"，故以单名"迥"为妥，"广"字应为衍文。

（《论语·为政》）也就是说，身体力行地践行仁道，并对他人产生良好的影响，这就是"为政"，而不在于是否有一个官位。这样，陈嗣因为服侍父母而错过从政机会的遗憾，在另一个更高层面上得到了弥补。从此以后，他便用心于农事，成了乡里的"致富先锋"；又因崇尚礼节，关心孤寡，赈济穷乏，成了乡里的"道德表率"。他以自己的行动，感化了乡里甚至邻近的人们，"九族以亲之，乡党以欢之"，杀人偷盗、斗鸡走狗之辈也都纷纷"景从"，民风由此更加淳朴。陈嗣这段时间的行事，既为陈家积累了声望，又为陈家积累了财富，是陈家比较关键的一个人物。公元692年，也就是陈子昂34岁之时，陈嗣去世，享年85岁。去世前，陈嗣对子孙提到了一句古话："珠玉而瘗之，是暴骸于中原也。"意思是厚葬之墓，必然受到盗墓者的光顾，与暴尸荒野没什么区别。[1]所以，他叮

图1.1 光绪版《射洪县志》卷一《春耕图》

---

[1] 关于厚葬引发盗墓的有趣讨论，可参见钱锺书《管锥编》，生活·读书·新知三联书店，2007，第1465—1468页。

嘱子孙不要将他厚葬，"可具棺椁而已，殓以常服，坟无丘陇"，后事简单处理即可。

　　陈嗣是陈迥的儿子，陈子昂的叔祖。陈子昂的祖父陈辩，则是陈通的儿子。陈辩虽然少习儒学，却颇具豪侠之气，以豪英刚烈闻名乡里、折服州郡。陈辩生子有二：长子陈元敬，次子陈元爽。陈元爽生子陈孜，也就是陈子昂《堂弟孜墓志铭》所写者。陈元敬，则是本传主人公陈子昂的父亲。

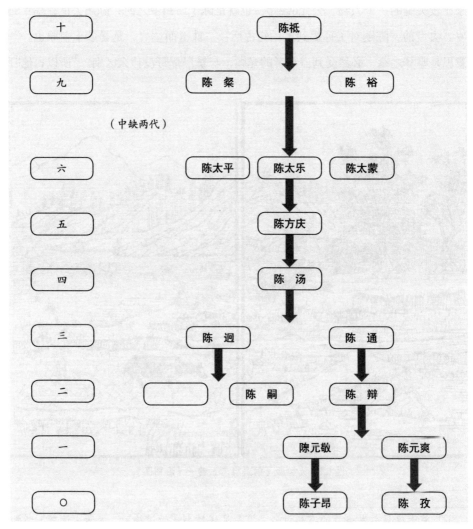

图1.2　陈子昂世系图（一）

讲到这里，人物关系似乎已有千头万绪，缠成了一团乱麻。所以，我们先列出一张世系图（图1.2），以清眉目。至于陈子昂的父亲陈元敬如何，留待下一节再详加叙述。

第五节　子昂出生

唐高宗显庆四年（659），除了一如既往的流水账似的琐碎小事，《资治通鉴》花了较多的篇幅记载了两件事：一是长孙无忌被告谋反，最终自缢；一是下诏改《氏族志》为《姓氏录》。这两件表面上看似无关的事，实际上都与武则天的前进之路息息相关。

长孙无忌是贞观老臣，居宰相之位达三十年之久，与绝大多数贞观老臣一样，是阻止武则天成为皇后的重要力量。但他们的阻止以失败告终，永徽六年（655），高宗下诏，王皇后、萧淑妃贬为庶人，"武氏门著勋庸，地华缨黻……誉重椒闱，德光兰掖……可立为皇后"（《资治通鉴》卷二〇〇）。长孙无忌集团的命运可想而知。综观显庆四年（659）许敬宗给高宗打的报告，所谓长孙无忌谋反，更多的是诛心之论：长孙无忌的朋党之一韦季方在接受调查时企图自杀，因此可以推知，背后必有不可告人的黑幕，于是引申出长孙无忌意欲谋反的说法。日本学者气贺泽保规指出这是"捏造"，[1] 其实明眼人都能看出来这里面的问题；但高宗最终被许敬宗说服，连长孙无忌的辩护也没有听，就下诏削去长孙无忌的宰相官职和封地，贬其为扬州都督，安置（不妨说是幽禁）在黔州（今重庆市彭水苗族土家族自治县、黔江区）。同年七月，长孙无忌在黔州被逼自杀；与他有关系的人也是贬的贬、死的死。而寒门庶族出身、支持立武则天为

---

① [日]气贺泽保规：《则天武后》，王艳译，山西人民出版社，2021，第127页。

后的许敬宗、李义府，站对了边，自武则天被立为皇后以来，一路迁升，均做到了宰相职位。

在王皇后、武则天废立之争中，长孙无忌集团不同意废王立武的一个重要的理由是门第：王皇后出身名门望族，岂是出身寒微的武则天可比的？要改变这个现状，那就得打破以往的门第之见。因此，在武则天的授意下，许敬宗等人上书，指出太宗时期的《氏族志》未叙武氏郡望，故应加修改，高宗应允。新修的《姓氏录》，将皇后武氏氏族列为第一等，位及宰相的许敬宗、李义府入列第二等。武则天促成新修《姓氏录》，从主观上来说，当然是为了提高自身门第；从客观上来说，则进一步抑制了原有的门阀士族集团，对提升凭借科举军功入仕的寒门庶族的地位有所助益，具有重要的历史意义。[①]这与长孙无忌集团的倒台，许敬宗、李义府等寒门庶族的崛起，以及科举制度的兴盛，体现了同样的历史走向：贵族政治逐渐衰落，寒门庶族逐渐进入权力中心。

陈子昂就出生于长孙无忌倒台的这一年，唐高宗显庆四年（659）。对于陈家来说，这一年可谓双喜临门，陈元敬家中迎来陈子昂不久，陈元爽家里又添了一名男丁，也就是陈子昂的堂弟陈孜。这一年，陈元敬已经34岁，在古代——就算在今天，到这个年龄方才得子，已经算是"晚育"了。[②]加之弟弟陈元爽家又传来喜讯，我们可以想见陈元敬的兴奋。

这一年前后，陈元敬的命运可以说"顺"，也可以说"不顺"。他少年时博

---

① 何磊：《武则天传》，天地出版社，2020，第35页。

② 近年李竹梅女士寻得《陈氏宗谱》，谱中记载了陈元敬生有二子，长子陈子良，次子陈子昂，并有陈子良小传。故李竹梅指出："另有一误，很多人解释伯玉的来历：'伯者长也，玉者贵也'，因而取名陈伯玉，其实陈子昂不是长子，而是二子。"见李竹梅：《诗人陈子昂〈陈氏宗谱〉寻觅记》，《蜀学》第十七辑，西南交通大学出版社，2019，第201页。又，《巴蜀历代文化名人辞典·古代卷》（四川人民出版社，2017）第49页也收录"陈子良"，明言其为"陈子昂之兄"，依据是《蜀志补遗》和《四川通志》。这个说法极不可靠，理由有三。第一，陈子昂字伯玉，"伯"只能解释为排行，没有其他解释的可能性，因此陈子昂应该为陈元敬长子；第二，赵儋《鲜于公为故拾遗陈公建旌德之碑》云"公即文林元子也"，明确指出陈子昂是文林郎陈元敬的长子（元子）；第三，陈子昂在为父亲写的墓志铭中说"孤子子昂愚昧"（《我府君有周居士文林郎陈公墓志文》），可见陈子昂根本就没有亲生兄弟，更不要说"兄长"了。

览群书，也有豪侠之风，20岁即已在乡里享有很高的声誉。当时乡里发生饥荒，他"一朝散万钟之粟而不求报"，因此"远近归之"，无论老少，见到他就像见到德高望重的大宾一样，对他恭恭敬敬。22岁时，他参加州县的科举考试，以明经擢第，朝廷授了他一个文林郎的散官，但因逢父母之丧，没有入仕。于是，他像他叔父陈嗣一样，平日里"潜道育德，穆其清风"，成为乡里的"道德表率"。第二节我们提到过，当地的纷争案件，百姓更愿意相信的是陈元敬的决断，而不是官府的决断。一方面，这是陈元敬个人魅力的体现，会进一步引得"四方豪杰，望风景附，朝廷闻名"；但是另一方面，也会引起一些人——尤其是当地官员——的不满，诋毁他"不知深慈恭懿，敬让以德"，使得他时时被揪小辫子、被打小报告。誉满天下，谤亦随之，现实就是这样矛盾地捉弄着人们，让人颇感无奈。不过，我们换一个角度看，誉谤相随的情形更加体现出陈元敬的可贵。孔子曾回答子贡的提问，指出"乡人皆好之"与"乡人皆恶之"两种情形都很可疑，最好的情形应该是善人称赞他，恶人讨厌他。（《论语·子路》）陈元敬如果想起孔子的这些教诲，心里或许会好受一些。但别人——尤其是当地官员——的非议、诽谤，不可能不对他造成影响。陈元敬晚年也隐居山林，不问世事，与此多多少少有点关系。

儿子陈子昂和侄子陈孜的出生，对于誉谤相随的陈元敬来说，无疑是一件值得欣慰的事。陈元敬曾经对陈孜说："我陈氏一族虽世代以儒术传家，但英雄豪俊辈出。我常常担心后来的子孙有失祖先风范，但每次见到你这样杰出，甚感欣慰。我们对得起祖先了。"可见陈元敬对侄子陈孜抱了多大的期望。陈子昂自然也不例外，陈元敬为之取名为"子昂"，"子"是男子美称，"昂"则寄托了积极向上的期望。

可惜的是，陈子昂的青年时代可能并没有完全满足陈元敬对他的期望，所以陈元敬才会对侄儿陈孜说那番话，担心后人有失祖先风范，而陈孜让他看到了陈氏家族的希望。

那么，陈子昂的青年时代究竟如何？这是我们下一章要讲述的内容。

第二章

青年时代

第一节　驰侠使气

陈子昂的青年时代有一次重大的人生转变。

关于陈子昂青年时代的记载并不是很多，而其中三种记载（《陈氏别传》、《新唐书》卷一〇七、《唐才子传》卷一）都提到了这次转变：以十七八岁为分界线，前期的陈子昂是一个"驰侠使气"、喜欢射猎博弈的富家子弟，有一点"江湖侠客"的味道，而后期的陈子昂则幡然悔悟，开始专心读书，并且很快取得了令人瞩目的成果。

我们虽然能从"驰侠使气"四个字中模糊地感受到青年陈子昂的气度，但这四个字毕竟只是一个空洞的概念，而没有具体的实例。除了射猎博弈，由于史料的缺乏，其他的事情我们一概不知。既然无法直接对陈子昂"驰侠使气"产生具体的、感性的认识，那就只好稍微迂回一下，看看符合"驰侠使气"描述的其他故事，便能大致想见陈子昂的青年时代是怎么一回事了。

与陈子昂最贴近的"驰侠使气"的案例，是我们上一章所讲陈子昂父亲的一件事：有一年家乡发生饥荒，陈元敬一日放出万钟之粟以赈济灾民，而且这种赈济是无条件的，不求灾民有所回报，也不求官府有所奖励——实际上，如我们前面所说，陈元敬的这种行为，反而会引起当地官府的不满：民心都让你陈元敬得了，我们的工作还怎么开展？民心确实也让陈元敬得了，"远近归之，若龟鱼之赴渊也"，"如众鸟之从凤也"（《陈氏别传》《我府君有周居士文林郎陈公墓志文》）。但得民心是陈元敬办了事儿以后的自然结果，而非他事前有过这样的"算计"，他本来是"不求报"的。

司马迁在《史记》中专门为游侠立传，其中有一句话，或许可以用来形容陈元敬的这种行为："专趋人之急，甚己之私。"（《史记》卷一二四）乡里发生了饥荒，最要紧的是如何帮助乡民渡过难关，至于这件事情带来的个人毁誉，倒不是那么重要。这也就是"驰侠使气"的一大关键。"驰侠使气"是卢藏用在《陈氏别传》中的表述，其他史料中的类似表述还有"任侠尚气"（《唐才子传》卷一）。《墨子》指出，所谓"任"，就是"士损己而益所为也"，就是"为身之所恶，以成人之所急"。简言之，即为了帮助别人渡过难关，甘愿牺牲自己的利益。在先秦诸子中，墨家是最具"豪侠"色彩的。陈子昂五世祖陈方庆曾"得墨翟秘书"（《陈氏别传》），他们家族世代都有"豪侠"之风，可以见出墨家文化基因的影响。易中天先生曾指出，在"圣君"和"清官"缺失的情况下，老百姓就只能指望有"侠客"出现。[1]所以，"豪侠"之风可以算是中国传统的理想人格之一。这种文化基因、理想人格加上青年时期血气方刚，"驰侠使气"也就是顺理成章的事儿。

"豪侠"之风只是陈氏家族基因的一个方面，而且还不是主要方面。陈元敬对他侄子陈孜说得很清楚："吾家世虽儒术传嗣，然豪英雄秀，济济不泯。"（《堂弟孜墓志铭》）虽然是以儒术传家，但"豪侠"之风也世代不衰——从这语气可以看出，儒术是主要的，"豪侠"之风是兼带的。侄子陈孜没有辜负陈元敬的期望，两方面都做得很好。但是，自己的亲生儿子陈子昂却有所偏向，以"驰侠使气"为主，还喜欢射猎博弈，就是不愿意读书，致使陈元敬产生了"常惧后来光烈，不象先风"（《堂弟孜墓志铭》）的忧虑。

如果陈子昂一直这样下去，或许会造福一方，得到当地百姓的尊敬爱戴——像他父亲陈元敬或叔祖陈嗣一样。不过，他的事迹就流传不到今天，连带着他家族世代的"豪侠"之风，也会湮没于历史的长河之中。因为，不读书的陈子昂大

---

[1] 请参考易中天于2013年12月22日在中国科学技术大学所作主题演讲《历史的底牌》。https://www.bilibili.com/video/av711911319/

概不会为他叔祖陈嗣、父亲陈元敬、堂弟陈孜撰写墓志铭，我们也就无从得知其家族事迹；不读书的陈子昂也没有机会认识卢藏用，卢藏用就不会有《陈氏别传》传世，为我们讲述陈子昂的生平。[1]

幸运的是，到十七八岁时，陈子昂幡然悔悟，开始专心读书。为什么会幡然悔悟呢？相关传记史料只给出了一个模糊的说法，"入乡校感悔"（《新唐书》卷一〇七、《唐才子传》卷一），即一个偶然的机会，陈子昂进入了当地的学堂，看到先生教书、学子读书的场景，深受感动，于是悔恨自己过去之不学，从此立志读书。

这样的解释，总让人觉得力度不够。一个习惯了"驰侠使气"的人，怎么会因为一次学堂参观经历，就做出如此巨大的转变？显然，促成陈子昂发生转变的因素绝不止这一种。[2]

陈元敬忧虑子孙会有失祖先风范，却夸奖侄子陈孜"慰吾家道"，或许就是刺激陈子昂发生转变的另一重要因素。父亲夸奖堂弟陈孜的话，陈子昂是亲耳听到的。长寿二年（693），堂弟去世，次年，已经36岁的陈子昂在《堂弟孜墓志铭》一文中清楚地复述了他父亲当年夸奖陈孜的话。可见陈元敬此话，给陈子昂造成了多大的刺激，留下了多深的印象。自己明明是父亲的亲生孩子，父亲却忧虑家族会后继无人，还当着自己的面夸奖"别人家的孩子"！"驰侠使气"的人，本来心气就高，怎么受得了这样的耻辱呢？有了父亲这句话的刺激，陈子昂在适当的时机做出转变，也就可以理解了。

当然，除了父亲的刺激，或许还有朋友的濡染。比他稍长的郭震，就很可

---

[1] 2022年7月，在审核"武东山"公众号第11期稿件时，读到《诗刊》编辑韦树定《登陈子昂读书台》一诗，有云："向使陈氏不读书，任侠放诞犹当初。譬如蝼蚁生灭山林内，楚龟曳尾于泥途，安得垂名千秋与九区？"韦先生所思与本传所写暗合，他用了一种诗化的语言表达，引在这里，供读者欣赏和参考。

[2] 韩理洲提出疑问："《别传》《新唐书·本传》等著述，把子昂'他日入乡校'的偶然事件作为转变的关键，其目的不过是为了夸大庠序的教化之力而已……试想，陈子昂如果没有内在的积极向上的动力，游一次乡校，就能一反十多年'弋博自如'的积习吗？十分清楚，这个流行的说法失之偏颇。"这个质疑是有道理的。见韩理洲：《陈子昂行事研究献疑》，《内蒙古大学学报（哲学社会科学版）》1985年第3期。

能在陈子昂发生转变这件事中，扮演了重要角色。他这个时期的朋友，不都是些喜欢射猎博弈的"博徒"吗？郭震又是怎么回事呢？这些问题，我们留待下一节继续讲述。

第二节　郭震入蜀

　　陈子昂逝世半个多世纪后，公元762年冬天，大诗人杜甫来到射洪武东山下的陈子昂故宅，写下了一首《陈拾遗故宅》，对陈子昂进行了高度评价，并提到陈子昂的交游"盛事"：

> 拾遗平昔居，大屋尚修椽。悠扬荒山日，惨淡故园烟。
> 位下曷足伤，所贵者圣贤。有才继骚雅，哲匠不比肩。
> 公生扬马后，名与日月悬。同游英俊人，多秉辅佐权。
> 彦昭超玉价，郭震起通泉。到今素壁滑，洒翰银钩连。
> 盛事会一时，此堂岂千年。终古立忠义，感遇有遗篇。

　　诗的一至四句，描述了陈子昂故宅的现状。五至八句，赞颂了陈子昂职位虽低，却心慕圣贤之业，在文学领域做出了巨大贡献。九至十二句，是在讲陈子昂的前贤与同伴：扬即扬雄，马即司马相如，都是汉代蜀中的辞赋名家；不但陈子昂的家乡有着这样优秀的前贤，陈子昂的一生也与许多"英俊人"有交游，而且这些与陈子昂有交游的"英俊人"还"多秉辅佐权"，政治地位显赫。陈子昂的交游情况，我们后面会陆续涉及，杜甫在接下来的十三至十六句提到了其中两个人，赵彦昭与郭震。赵、郭两人皆曾拜相，故杜甫说他们"秉辅佐权"。

咸亨四年（673），18岁的郭震擢进士第。当时的人皆以在朝内当一个小官为荣，郭震却主动请求授他外官，于是做了梓州通泉（今四川省射洪市沱牌镇）县尉。多项记载表明，郭震在通泉任职期间，"落拓不拘小节"（张说《兵部尚书代国公赠少保郭公行状》），"任侠使气，不以细务介意"（《旧唐书》卷九七），"任侠使气，拨去小节"（《唐诗纪事》卷八）。赵彦昭入蜀之事，不见记载，杜甫的诗将郭、赵二人并置，我们暂时只能认为赵彦昭与郭震是同时在梓州。郭震、赵彦昭、薛稷三人年轻时同在长安太学学习，据杜甫的另外两首诗——《通泉县署壁后薛少保画鹤》《观薛稷少保书画壁》[①]，我们知道初唐书画名家薛稷曾在梓州留有书画遗迹，薛稷大概也是同郭震、赵彦昭一起到了梓州。

杜甫在陈子昂故宅看到了一些题壁遗迹。索靖在《草书状》中云："盖草书之为状也，婉若银钩，漂若惊鸾。"因此，杜甫诗中所谓的"洒翰银钩连"，是在形容题壁草书遗迹的潇洒飘逸。那么，这些草书遗迹是谁留下来的呢？杜诗的前两句提到了郭震、赵彦昭，遗迹中有这两个人的手笔，是肯定的。问题在于，陈子昂是否参与了题壁呢？后来注解杜诗的学者，一般只说这些遗迹是郭、赵二人的，而不说有陈子昂。但在南宋初年，人们却普遍认为这些遗迹是郭、赵、陈三人所留，而且还指出了题壁内容之一为"公后登宰辅"（张戒《岁寒堂诗话》卷下）。陈子昂等人的题壁行为，也就是杜甫诗中所谓的"盛事"。这些"盛事"已经成为历史，后来只在故居留下了题壁遗迹，供人遐想当年的情形；而故居也不是千年不朽的，还好《感遇》诗具有永恒价值，陈子昂的"忠义"会因诗的流传不衰而永远被人们感受到。这就是杜诗最后四句的内容。

郭震入蜀之时18岁，陈子昂15岁，年龄相仿。两人都"任侠使气"，脾气相合。郭震任职的通泉，治所在今射洪市沱牌镇，陈子昂家射洪，治所在今射洪市金华镇，两地毗邻，同在唐时之梓州与今日之射洪市辖区内。所以，作为梓州富家子弟的陈子昂与郭震、赵彦昭"同游"，也是情理中事。他们大概常常聚在一起，无所不谈，甚为投机。在陈子昂家里题壁，只是多次聚会中留下了痕迹的一

① 薛稷于景云元年（710）睿宗李旦复位后曾加赠太子少保，故杜甫称之为薛少保。

次而已。

郭震虽然"任侠使气"，毕竟是进士出身，与尚未读书的陈子昂不同，他的文化素养是很高的。他流传下来的作品不多，其中有一首《春江曲》，据说就是在梓州时创作的，嘉庆版《射洪县志》卷十四即予以收录：

> 江水春沉沉，上有双竹林。
> 竹叶坏水色，郎亦坏人心。

诗很短，爱情的主题，明快的风格，比兴的手法，颇有民歌的味道。郭震还写了一系列咏物诗，秉持着托物言志的传统，表达了自己的志向。

> 秋风凛凛月依依，飞过高梧影里时。
> 暗处若教同众类，世间争得有人知。

这是写萤火虫的。我们之所以能在黑夜里看见萤火虫，就在于它自身独具的那一点儿微光。人又何尝不是呢？如果没有自己独具的本领，"泯然众人矣"，也就不可能在芸芸众生中被人看见。

> 纵无汲引味清澄，冷浸寒空月一轮。
> 凿处若教当要路，为君常济往来人。

这是写郊外的一口水井。这口水井的位置十分偏远，使得它"味清澄"的本质和为人解渴的价值无法体现；若它处在一个人多的地方，也就能更好地滋养人民，发挥它的作用。一个人的价值能发挥到什么程度，与他所处的位置、所在的平台有很大的关系。郭震作为西南地区的一个小官，或多或少会有一点儿自身价值无法尽展的遗憾和苦闷——尽管做外官是他自己的选择。除了这首咏物小诗，下面这首篇幅稍长的古风也体现了相似的情绪：

君不见昆吾铁冶飞炎烟，红光紫气俱赫然。

良工锻炼凡几年，铸得宝剑名龙泉。

龙泉颜色如霜雪，良工咨嗟叹奇绝。

琉璃玉匣吐莲花，错镂金环映明月。

正逢天下无风尘，幸得周防君子身。

精光黯黯青蛇色，文章片片绿龟鳞。

非直结交游侠子，亦曾亲近英雄人。

何言中路遭弃捐，零落漂沦古狱边。

虽复尘埋无所用，犹能夜夜气冲天。

　　这首诗题目叫《古剑篇》，也叫《宝剑篇》，是郭震的代表作。诗的前四句交代这把古剑的来历。五至八句描写古剑的精美。九至十四句描写古剑可供君子防身、侠客行义的价值。最后四句则是说古剑虽遭抛弃掩埋，但它的光芒依然可以穿透云霄。从这首诗可以看出诗人对自身价值的高度认可，以及无法尽展才能的遗憾、不甘就此埋没的自勉。

　　郭震的这些咏物诗，都有一种激励人心的作用。至于它们的写作是不是在郭震刚到通泉的前两三年——也就是陈子昂15岁到18岁左右，其实不太重要。我们可以从这些咏物诗中感受到郭震的才华和抱负。这种才华和抱负，是贯穿郭震一生的，是他个人魅力的重要组成部分。陈子昂在这段时间里，即使没有看过郭震的这些诗，也可能看过他所写的其他诗；即使没有看过郭震的诗，也可能听到过郭震的言谈。跟郭震这种朋友在一起，"任侠使气"自然是一个方面，但郭震的才华和抱负，无疑也会影响到陈子昂的人格塑造。

　　两三年时间的耳濡目染，陈子昂18岁时，一次偶然的机会，他看到了学堂里先生教书、学子读书的场景——他或许想起来了，自己身边那位有才华、有抱负的朋友郭震，就是在这种环境中成长起来的。于是，陈了昂"慨然立志"，"专精坟典。数年之间，经史百家，罔不该览"。（《陈氏别传》）

　　那么，他发生转变后的读书生活到底如何呢？

第三节　立志读书

陈子昂在书桌前展开书卷，读了一会儿，抬头望向窗外。不过，并不是窗外的景色吸引了他。他的目光并未聚焦，眼前一片模糊，像是在看虚化后的照片。不一会儿，眼眶湿润——陈子昂哭了。

他在为刚刚看过的书中人物而哭。

这个书中人物，是戾太子刘据，汉武帝刘彻与第二任皇后卫子夫所生的嫡长子。刘据是汉武帝29岁时才出生的，与中年得子的陈元敬一样，汉武帝对这个儿子非常喜爱。随着时间的推移，卫子夫逐渐失宠。就如汉武帝另一位宠妃李夫人临终前所说："夫以色事人者，色衰而爱弛，爱弛则恩绝。"（《汉书》卷九七）这实在是无可奈何的事情。母后失宠，太子与汉武帝的关系也变得微妙起来。

汉武帝晚年求仙屡屡受挫，他把原因归结为有人使用巫蛊之术进行破坏。这里所谓的巫蛊之术，就是用小木人等道具对人实施诅咒。征和元年（前92），丞相公孙贺之子公孙敬声擅用军饷被判死刑，公孙贺请命抓捕要犯朱安世，欲以此换儿子一命，汉武帝应允了。但朱安世被抓后，在狱中向汉武帝上书，指出公孙敬声与阳石公主私通以及行巫蛊诅咒天子之事。征和二年（前91），公孙贺父子下狱死，诸邑公主与阳石公主、卫青之子长平侯卫伉皆因此事被诛。从这个事情可以看出：汉武帝对其他犯罪，可以接受"一命换一命"的交易；而一旦涉及巫蛊，就算是对自己的亲生女儿，也绝不手软。①

汉武帝对巫蛊的态度是"穷治其事"（《汉书》卷六三），曾经得罪过太子的宠臣江充从中看到了机会。汉武帝年老体衰，他觉得其原因是有人在用巫蛊迫害他。外人都能明白这不过是自然规律，汉武帝所剩时日恐已不多。如果汉武帝去世，太子即位，江充恐怕是没有好日子过的。因此，江充就借着汉武帝对巫蛊的深恶痛绝，设法扳倒太子。巫蛊之事，最容易栽赃：搜查的人提前偷偷埋一个，或者搜查时临时放一个，或者直接交一个上去，就说是搜查出来的……栽赃的办法很多，被诬陷的人很难证明巫蛊与自己无关，加上酷吏的严刑拷打，案子很快就能坐实。其实，按照今日"谁主张，谁举证"的理念，应该由搜查的人来证明巫蛊与被告人有关，而不是由被告人来证明巫蛊与自己无关。但当时人的理念不是这么回事儿，因巫蛊而被杀者数以万计，且多为冤死。

后来，江充果然在太子府中搜出了巫蛊所用的桐木人。此时汉武帝在甘泉宫避暑，不在长安。太子内心恐惧，便听从了自己老师、太子少傅石德的建议，将江充抓捕了。与江充一道的另外三个查案官员，一个被杀，两个逃了出去。逃出去的其中一人御史章赣到甘泉宫向汉武帝报告太子反了。汉武帝本来不信，但后来又有其他人来报告太子反了，汉武帝遂令丞相刘屈牦发兵平反。太子这边，则一面告诉百官江充反叛被捕，说明自己行为的"合法性"，一面又想尽办法集结兵力，与刘屈牦一战。但太子的队伍，只是一群临时组织起来的乌合之众，根本无法与刘屈牦的正规军队抗衡。结果不出意外：太子兵败，带着两个儿子逃出长安，最后自杀身亡。

这就是汉武帝晚期著名的"巫蛊之祸"事件。事情发生后，壶关三老令狐茂向汉武帝上书，指出：由于江充的"造饰奸诈"，太子"进则不得上见，退则困于乱臣"，因此才"盗父兵以救难自免"；太子本来"无邪心"，"子无不孝，而父有不察"，问题出在小人作祟和父子沟通不畅。（《汉书》卷六三）汉武帝看了令狐茂的上书，恍然大悟。可惜的是汉武帝"感悟"太晚，最后以太子流亡自杀的悲剧收场。

---

① 请参考中央电视台第10频道百家讲坛栏目《王立群读〈史记〉》第三十四集《巫蛊之祸》。https://tv.cctv.com/2010/03/31/VIDE1355519731399242.shtml

北京大学辛德勇教授曾撰文辨析，此事未必出于江充栽赃，太子确实有自己施行巫蛊之术的可能性。[1]但在唐代人看来，刘据之死就是一桩冤案。比陈子昂略晚、以注《汉书》闻名的初唐学者颜师古（581—645）就是这样看待相关事件的。陈子昂自然不会例外。垂拱四年（688），30岁的陈子昂向武则天上《谏用刑书》，在谏书结尾处，他讲述了戾太子刘据的故事：

> 昔汉武帝时，巫蛊狱起，江充行诈，作乱京师，致使太子奔走，兵交宫阙。无辜被害者，以千万数，当此之时，刘氏宗庙几倾覆矣。赖武帝得壶关三老上书，廓然感悟，夷江充三族，余狱不论，天下稍以安耳。臣每读《汉书》至此，未尝不为戾太子流涕也。

陈子昂说他"每读《汉书》至此"，则《汉书》是他经常翻阅的典籍之一。他十七八岁立志读书之后，"专精坟典。数年之间，经史百家，罔不该览"（《陈氏别传》）。陈子昂的这种广泛阅读，并非专门以"博"为务，仅作走马观花式的泛读，而是尽可能地悉心体会。他在《谏政理书》中说：

> 臣子昂，西蜀草茅贱臣也，以事亲余暇得读书，窃少好三皇五帝王霸之经，历观《丘》《坟》，旁览代史，原其政理，察其兴亡。

这里明白交代了陈子昂读书的旨趣："原其政理，察其兴亡。"换言之，即从历史上各朝各代治国理政的成败得失中吸取经验教训。《汉书》作为一部重要的历史著作，应该在陈子昂青年时代所读"经史""代史"之列。那么，陈子昂从《汉书》中体会到了什么，以至于使他"流涕"呢？在陈子昂看来，关于巫蛊的刑法过严、牵连太广，执法官员借机铲除异己，弄得天下人心惶惶，"安则乐生，危则思变"（《谏用刑书》），所以太子刘据遇到这种事情后，会因惶恐而产生过激行为，从而造成了悲剧。刘据是汉武帝在巫蛊事件中"专任刑杀，以为

---

[1] 辛德勇：《汉武帝太子据施行巫蛊事述说》，《华中师范大学学报（人文社会科学版）》2016年第3期。

威断"的牺牲品，是"奸人荧惑，乘险相诬"的受害者。站在这个角度看，世人为之唏嘘，陈子昂为之"流涕"，是可以理解的。

陈子昂很不幸，他身处的武后一朝，正是刑峻网密，酷吏当道，陈子昂自己就受过两次牢狱之灾，第二次直接死于狱中。"前事之不忘，后事之师"，刘据的历史悲剧深深刺痛着陈子昂的心灵，使他看到现实"酷吏"政治的不合理之处，所以他一生多次上书反对淫刑。当然，这已经是后面的事了。

故事讲到这里，我们可以发现，陈子昂立志读书，并没有成为书呆子，而是带着一种"经世"情怀，以历史照亮现实。他不再像之前那样"驰侠使气"——但也可以说，他依旧"驰侠使气"，只是换了一种方式。他在读书的过程中"原其政理，察其兴亡"，为日后为官生涯的各种政治主张积累了丰富的典籍资源。

当然，在这一时期，陈子昂不仅重视从书本中汲取历史经验，也非常关心现实问题，以极大的热情关注蜀地的政治、经济、军事以及人民生活的现状，以为日后的从政做准备。那么，陈子昂调查了哪些方面的现实问题呢？我们留待下一节继续讲述。

第四节　关心现实

戾太子刘据因巫蛊之祸而自杀身亡，其孙刘询于公元前74年登基，是为汉宣帝。刘据的悲剧让陈子昂感伤"流涕"，而刘询的一句话则让陈子昂击节称赏。

据唐人的记载，汉宣帝曾说过这样一句话："与我共治天下者，其唯良二千石乎？"（《晋书》卷六九）"二千石"是汉代郡守的俸禄，用以代指郡守，或者说，用以代指地方官吏。汉宣帝这句话的主旨即强调地方吏治对国家治理的重要性。

陈子昂非常赞同汉宣帝这句话。他认为，刺史、县令这种地方官吏，就如同人之手足：心里的计划，最终还要靠手足来实施；朝廷的仁政，也得靠地方官吏落到实处，百姓才能得到实际的利益，社会也才能得到有效的治理。"刺史、县令之职，实陛下政教之首也"，地方官吏的选拔任命如果"得其人"，朝廷的仁政就能"家见而户闻"，若是"不得其人"，则仁政不过一纸空文，"委弃有司而挂墙壁尔"。（《上军国利害事·牧宰》）

陈子昂能关注到地方官吏的重要性，一方面，自然是由于读书，比如汉宣帝的话给予了他重要启示，另一方面，也是他青年时代关心现实的结果。他在向武则天指陈时弊时说："臣比在草茅，为百姓久矣，刺史、县令之化，臣实委知，国之兴衰，莫不在此职也。"（《上军国利害事·牧宰》）①青年时代，他见过郭震这种表面上"落拓不拘小节"，实际上"济四方"以造福百姓的县令（张说《兵部尚书代国公赠少保郭公行状》），也见过嫉恨诋毁他父亲的地方官吏。因此，他能站在百姓的角度理解地方官吏对国家治理的重要性。而且，陈子昂也发现，像郭震这样"贤明"的县令只是少数，更多的地方官吏，往往是平庸甚至"贪暴"之辈。所以，他向武则天指出："独刺史、县令，陛下犹甚轻之，未见得其人。"（《上军国利害事·牧宰》）实际上，地方官吏不得其人，导致"诏书"文件与"实政"情况存在差异，"州县符，如霹雳；得诏书，但挂壁"（崔寔《政论》），朝廷政令成为一纸空文，这是封建帝国的历史常态。②陈子昂通过对历史和现实两方面的关注，敏锐地察觉到了问题，并在适当的时机向武则天谏言，再一次显示出他的"经世"情怀。

地方官吏的任命属于政治问题。除此之外，青年时代的陈子昂也对蜀地的经济、军事以及人民生活现状予以充分的关注。比如在经济方面，陈子昂指出"剑南诸山多有铜矿，采之铸钱，可以富国"，但是朝廷未能开发利用，对国家的发展、对百姓的生活均有影响，"使公府虚竭，私室贫弊"（《上益国事》）。在军事方面，陈子昂对蜀地西北部松潘驻军人数、每年的军费开支、将领的理财能力、役使百姓的人数、米价上涨的数字、给人民造成的危害等，都了然于胸。③

陈子昂23岁未中举时，曾向中书令薛元超上书，认为"文章薄伎，固弃于高贤；刀笔小能，不容于先达"，厌恶"迹荒淫丽，名陷俳优"的作风（《上薛令文章启》），不愿充当文学弄臣。从前一节和本节所讲内容来看，我们确实可以发现陈子昂对于书籍，主要关注其有"经世"价值的"内容"，而对属于"文章薄伎"的"形式"似乎留心不多。但内容与形式终究是一体两面、划水难分，就如黑格尔所说，"内容非他，即形式之转化为内容；形式非他，即

---

① 这段话是陈子昂自述青年时代的事情，具体考证，请参考韩理洲《陈子昂行事研究献疑》，《内蒙古大学学报（哲学社会科学版）》1985年第3期。

② 关于这个问题的有趣讨论，可参见钱锺书《管锥编》，生活·读书·新知三联书店，2007，第1599—1601页。

③ 韩理洲：《陈子昂评传》，西北大学出版社，1987，第17—18页。

内容之转化为形式"①，因此，陈子昂读书的过程中不可能完全忽略掉"文章薄伎"的"形式"。

那么，陈子昂青年时代的读书生活，对他文章写作的影响究竟如何？这是我们下一节要讲述的内容。

---

① [德]黑格尔：《小逻辑》，贺麟译，商务印书馆，2017，第280页。

第五节　尤善属文

卢藏用在《陈氏别传》中介绍陈子昂青年时代时指出："尤善属文，雅有相如、子云之风骨。"属（zhǔ）文，即撰写文章的意思。相如、子云，即汉代著名文学家司马相如、扬雄。我们在前面提到过，杜甫曾写诗称赞陈子昂"公生扬马后，名与日月悬"，在形容陈子昂文学成就方面，与卢藏用取譬相同。稍有差异的是，杜甫是在陈子昂逝世半个多世纪后对其一生的文学成就进行总体评价，而卢藏用则是在陈子昂冤死狱中后不久追忆陈子昂的青年时代。我们不得不问，难道陈子昂青年时代的文学创作，就已经当得起"雅有相如、子云之风骨"这样的绝高评价了吗？卢藏用或许也想到了我们会有这样的质疑，于是他紧接着讲了一件事，用以证明陈子昂青年时代的文学水平：

> 初为诗，幽人王适见而惊曰："此子必为文宗矣！"

王适见了陈子昂青年时代创作的诗歌，认为陈子昂"必为文宗"。有了这件事，青年陈子昂就当得起"雅有相如、子云之风骨"的评价了。这件事是评价陈子昂文学成就的重要依据之一，因此历来受人重视，以至于本来简单的事情，被后人踵事增华，出现了两个细节更为丰富的版本：

初为《感遇》诗三十首，京兆司功王适见而惊曰："此子必为天下文宗矣！"由是知名。（《旧唐书》卷一九〇中）

初为《感遇》诗三十八章，王适曰："是必为海内文宗。"乃请交。（《新唐书》卷一〇七）

陈子昂一生最重要的著作就是《感遇》诗，所以《旧唐书》的撰写者将"《感遇》诗三十首"这个素材加了进去。这样一来，卢藏用笼统言之的王适所见所评的"诗"，就被"确定"为《感遇》诗。但《新唐书》的编者发现，陈子昂《感遇》诗写了三十八首，而不是《旧唐书》所谓的"三十首"，因此《新唐书》对此进行了更正，进一步"完善"了王适所见所评为《感遇》诗的记载。

如果添加了不必要的、重复的信息，那是"画蛇添足"；而《旧唐书》《新唐书》撰者所做的增添，不能说是"画蛇添足"，只能说是"佛头着粪"或者"弄巧成拙"，因为他们所添加者，是明显有违事实的错误信息。陈子昂《感遇》诗三十八首的创作几乎贯穿了其一生，并非一时一地之作，我们后面讲到相应的生平事迹时，会顺带提及。所以，《旧唐书》《新唐书》中"初为《感遇》诗三十首"或"初为《感遇》诗三十八章"的说法，是没有根据的，是"止取其生平有名之篇，傅以生平知遇之事，而不顾岁月情事之参差，无足深辨也"（《诗比兴笺》卷三）。卢藏用笼统地说"初为诗"，反而更加稳妥。[1]

另外，《旧唐书》添加了"由是知名"一句，意思是陈子昂开始有名气，是由于王适对他青年时代的诗给予了极高的评价；《新唐书》添加了"乃请交"一句，意思是王适看了陈子昂青年时代的诗后，请求与陈子昂订交。这两处增添，虽然不知道是否属实，但至少没有硬伤，对描写陈子昂青年时代文学创作的成就而言，多少有些用处。

不过，就算是卢藏用的记载，也未必可靠。如我们前面所说，卢藏用讲这个故事，是为了说明陈子昂青年时代的文学水平，但这究竟只是一种传记的修辞手段，还是真有其事，是应该质疑的。在洛阳近年出土的《李浑金墓志》中，我们

---

[1] 关于这个问题的考辨，可参考罗庸：《陈子昂年谱》，载韩理洲《陈子昂研究》，上海古籍出版社，1988，第302—303页。

也可以看到类似的故事，只不过在李浑金的故事中，陈子昂的身份类似于王适，做了衬托李浑金文学水平的配角。

> 时蜀中有李崇嗣、陈子昂者，并文章之伯，高视当代。见君藻翰，遂丧魄褫精，不敢举笔。[①]

王适见到陈子昂诗后的反应是"惊"，如果加上《新唐书》的说法，还有"乃请交"；陈子昂见到李浑金诗文的反应，则是失魂落魄，"不敢举笔"。两个故事描写的人物反应不同，但所起的作用却是相同的：借助其他人物的反应，来赞扬传主的文学水平，即所谓"侧面描写"。另一篇《唐故陕州河北县尉京兆韦府君墓志铭》在描写墓主人韦志浩的文学创作情况时，则让王适、陈子昂两人同时做了配角："时文士王适、陈子昂，虎踞词场，高视天下，睹斯而叹，许以久大之致焉。"[②]故事的类型化，陈子昂主、配角身份的转换，让我们不得不怀疑此类记载的真实性。

即使卢藏用的记载是真的，或者换句话说，我们目前姑且相信卢藏用讲的这个故事，也还有一个问题需要澄清。今天的人们，往往以王适的话为定评，奉陈子昂为"文宗"。我从小在陈子昂家乡射洪市长大，对这个现象尤为熟悉，比如我所读的金华中学里就有一座文宗楼，命名显然是为了纪念陈子昂。耳濡目染，过去撰文时，我也沿用过陈子昂"被王适奉为'海内文宗'"这样的表述。[③]现在仔细品味，才发现王适的话并非定评。"此子必为文宗矣"，更多的是用将来时态表达一种期望，而不是对事实的判断。陈子昂此时尚处于青年时代，王适并不糊涂，他不可能说"这个年轻人就是文宗"这样的话；他的意思其实是，"这个年轻人一定会成为文宗"。所以，王适并没有直接送给陈子昂一顶"文宗"的

---

① 张月阳、龙成松：《新见〈李浑金墓志〉及其家族书法考——兼论唐代前期"弘文体"问题》，《南京艺术学院学报（美术与设计）》2021年第3期。
② 陈尚君：《唐诗求是》，上海古籍出版社，2018，第185页。
③ 李宝山：《陈子昂年谱新编》，载李宝山、胡亮编《关于陈子昂：献诗、论文与年谱》，成都时代出版社，2021，第328页。

高帽子，他只是觉得，依照陈子昂青年时代的诗歌创作情况来看，陈子昂将来必然会有大的成就。

讲了这么多，其实我们目前只知道陈子昂青年时代"尤善属文"，当时的人对其评价极高、寄望甚厚，至于他到底如何"尤善属文"，还是不甚了然。要想知道得更加详细，必须对陈子昂青年时代的作品加以品鉴。目前所知陈子昂最早的作品，是他21岁初次出蜀时所作，这已经属于下一章的内容了。

第三章

初出茅庐

第一节　如圭如璋

仪凤三年（678），陈子昂20岁，按照习俗，要由长辈取一个字。取字的原则是名字相协，即名与字要具备一定的关联性，而且最好是典籍上的关联。比如陈子昂的好朋友、初唐著名书法家孙过庭，名虔礼，字过庭，即典出《论语·季氏》："鲤趋而过庭。曰：'学礼乎？'对曰：'未也。''不学礼，无以立。'鲤退而学礼。"孔鲤快步经过父亲孔子所在的厅堂，受到孔子的教诲，明白了学礼的重要性。因此，"过庭""趋庭"等词，被用来代指接受尊长尤其是父亲的教育；而在这个典故里，教育的内容就是"学礼"。"虔礼"与"过庭"的关联就在这里。

陈子昂的堂弟陈孜与陈子昂同岁，故而也是这一年由长辈取字。据陈子昂的记述，陈孜字无怠。（《堂弟孜墓志铭》）我们都知道有一个成语叫"孜孜不倦"，实际上也有一个词叫"孜孜无怠"，最早见于《尚书》。《尚书》版本问题极为复杂，今天我们能看到的《尚书》，只有《君陈》一篇中有一句类似的话："惟日孜孜，无敢逸豫。"但比陈子昂略早的著名经学家孔颖达曾说《尚书·泰誓》中有"孜孜无怠"一语，更早的汉代学者许慎在《说文解字》中也说《尚书》的《周书》里有这句话，可见"孜孜无怠"确实出于《尚书》某一篇。所以，陈孜字无怠，典出《尚书》，意思是勤勉努力、毫不懈怠，寄托着长辈们对他人生行事的期望。

陈子昂的字叫伯玉。名里面的"子"是男子美称，字里面的"伯"是长幼排行，只算是衬字，不必过多纠结；那么，具有实在意义的"昂"和"玉"有什么关联性呢？一般认为，它们的关联在于"玉很昂贵"，即《礼记·聘义》所云"玉之寡故贵之也"。①这似乎是有理有据，但总让人觉得怪怪的。名、字都是有寓意有寄托的，如果陈子昂字伯玉取义于"玉很昂贵"，那么，陈子昂的长辈们在陈子昂名字中寄托了什么样的期望呢？恐怕很难做出合理解释。

其实，陈孜字无怠，寄托了长辈们对陈孜人生行事应当勤勉不息的期望，陈子昂字伯玉，也寄托着类似的人生行事方面的期望。中国古代有一种比德传统，玉石光洁温润，人们便将玉的品质与君子的品质联系起来，玉成为德的化身。唐代人的名字中用"玉"，主要也是反映人们对高尚道德的普遍敬仰和追求。②人们看重的是玉之德，而不是玉之价。

典籍中从品质、德行方面将"昂""玉"关联起来的，是《诗经·大雅·卷阿》："颙颙卬卬，如圭如璋，令闻令望。"此处"卬"是"昂"的古字，有些《诗经》版本直接就作"颙颙昂昂"；圭、璋都是玉器。按照陈子昂时代最为流行的解释——汉代学者毛亨、郑玄的传笺，"颙颙"是形容体貌的温和敬顺，"卬卬"是形容志气的高洁明朗，这种人就"如玉之圭璋也"，既有好的声誉，也有好的威仪。（《诗经》毛传、郑笺）今人程俊英的翻译比较符合这种解释，可以帮助我们更加顺畅地理解这句诗："贤臣肃敬志高昂，品德纯洁如圭璋，名声威望传四方。"③陈子昂的长辈们受《卷阿》这句诗的启发，由"昂"联想到"玉"，为之取字伯玉，寄托了他们对陈子昂个人修养与人生成就方面的殷切期望。

陈子昂取字伯玉之后，就算成年了。而就在他成年的这一年，朝廷中发生了一件不大不小的事情，按照当时的信息传播水平，估计远在蜀中的陈子昂也不会知道这件事。这一年九月，太学生魏元忠向高宗皇帝上书，重点谈论抵御吐蕃之策，但其开篇第一句话却是文武并提：

---

① 吉常宏、吉发涵：《古人名字解诂》，语文出版社，2003，第142页。
② 闫延良：《唐人姓名研究》，南开大学博士学位论文，2012，第100页。
③ 程俊英：《诗经译注》，上海古籍出版社，1985，第547页。

理国之要，在文与武。今言文者则以辞华为首而不及经纶，言武者则以骑射为先而不及方略，是皆何益于理乱哉？（《资治通鉴》卷二〇二）

魏元忠指出，治理国家最重要的两件事就是"文"和"武"。而当今这两件事都存在方向性的大问题：在"文"的方面，大家追求的只是辞藻华丽，而不关心内容是否有益于世道人心；在"武"的方面，大家追求的也是细枝末节的骑射技术，而不关心大的战略战术。他这里所谈的两件事，以第一件事与本传的关系甚密。

"辞华"与"经纶"的辩证关系，一直是文学史上的关键问题，早在先秦时期就有过相关讨论。"子谓《韶》，'尽美矣，又尽善也'；谓《武》，'尽美矣，未尽善也'"（《论语·八佾》），孔子提出的"美"与"善"的辩证关系，实际上就是"辞华"与"经纶"的辩证关系。孔子又提出："质胜文则野，文胜质则史，文质彬彬，然后君子。"（《论语·雍也》）"文"与"质"，其实也相当于"辞华"与"经纶"、"美"与"善"。辞华、美、文，属于创作形式的问题，是对作品艺术性的规定；经纶、善、质，属于创作内容的问题，是对作品思想性的规定。在中国古代的文学传统中，这两者并不是平行关系，而是本末关系：经纶、善、质等具有思想性的内容是本，辞华、美、文等具有艺术性的形式是末，本末关系是很明确的。"信言不美，美言不信"（《道德经》八一章），"巧言令色，鲜矣仁"（《论语·学而》），过分强调作品的艺术性，无疑会对作为"本"的思想性有所妨害。而文学发展到六朝时，就出现了这种"损本逐末"的现象：

江左齐、梁，其弊弥甚，贵贱贤愚，唯务吟咏。遂复遗理存异，寻虚逐微，竞一韵之奇，争一字之巧。连篇累牍，不出月露之形；积案盈箱，唯是风云之状。（李谔《上隋高祖革文华书》）

这种追求"辞华"的风气，一直延续到初唐，所以魏元忠在向唐高宗谏言时会指出"今言文者则以辞华为首而不及经纶"。实际上，魏元忠不是首次提出这个问题的人，我们上面所引李谔《上隋高祖革文华书》，从题目可以看出来，李谔就是在向隋文帝谏言要革除片面崇尚"文华"的风气。李谔、魏元忠等人的这种论调，被美国学者宇文所安统称为"对立诗论"①。企图矫正现实弊端的"对立诗论"虽然出现，但并未产生太大的作用，追求"辞华"的风气在时间和空间中肆意地弥漫，其最为著名的代表就是"宫体诗"：

> 宫体诗就是宫廷的，或以宫廷为中心的艳情诗，它是个有历史性的名词，所以严格的讲，宫体诗又当指以梁简文帝为太子时的东宫及陈后主、隋炀帝、唐太宗等几个宫廷为中心的艳情诗。我们该记得从梁简文帝当太子到唐太宗宴驾中间一段时期，正是谢朓已死，陈子昂未生之间一段时期。其间没有出过一个第一流的诗人。那是一个以声律的发明与批评的勃兴为人所推重，但论到诗的本身，则为人所诟病的时期……②

这里需要简单区分一下几个概念：宫体诗、宫廷诗和齐梁体诗。闻一多将"宫体诗"界定得很清楚："宫体诗"是"以宫廷为中心的艳情诗"，起于"梁简文帝为太子时的东宫"，一直蔓延到初唐。史载梁简文帝萧纲年轻时"雅好赋诗……伤于轻靡，时号'宫体'"（《南史》卷八），"轻靡"一词很好地概括出了宫体诗的风格。那么，"轻靡"具体是什么意思呢？刘勰在《文心雕龙·体性》中解释说："轻靡者，浮文弱植，缥缈附俗者也。"文辞浮华，内容空洞，没有根基，轻飘飘的，就是"轻靡"——也就是孔子所谓的"文胜质"，魏元忠所谓的"以辞华为首"。"轻靡"的风格是宫体诗、宫廷诗、齐梁体诗三者的共同特征。三者的区别在于范围不同：宫体诗主要是写宫廷艳情的；宫廷诗则是写

---

① [美]宇文所安：《初唐诗》，贾晋华译，生活·读书·新知三联书店，2014，第12页。
② 闻一多：《唐诗杂论》，广西人民出版社，2017，第11页。

宫廷生活的，艳情自然包括在内，但还包括宴会、颂圣等内容；齐梁体诗范围更广，凡是那个时代产生的具有"轻靡"风格的诗，无论是否与宫廷有关，都叫齐梁体诗。

总之，"轻靡"风格空间上横向溢出了宫廷范围，时间上纵向延续到初唐时期。如闻一多所说，在陈子昂出生以前，"轻靡"风格的宫体诗未能得到有效的遏制。其实就连陈子昂自己，也曾受到过这种"轻靡"风格的影响，比如他在长安、洛阳"历抵群公"之时，就写过不少"轻靡"的作品。但陈子昂在唐诗史上又确实具有划时代的影响力。这就需要我们对他的诗歌有个全面的了解，才能知道他如何在时代潮流中突破时代的限制，成为诗歌史上的一座丰碑。

那就从他出蜀入京时所写诗歌讲起吧。

第二节　出蜀入京

调露元年（679）秋，21岁的陈子昂辞别亲人，往京城长安去了。

陈子昂出蜀入京的路线，是自涪江东下，入嘉陵江，再入长江，至荆州、襄州一带后，转沿汉水北上，最终到达长安。（图3.1）

一日，船行至嘉陵江下游的巴峡，大风突起，惊涛拍岸，陈子昂不得不暂住

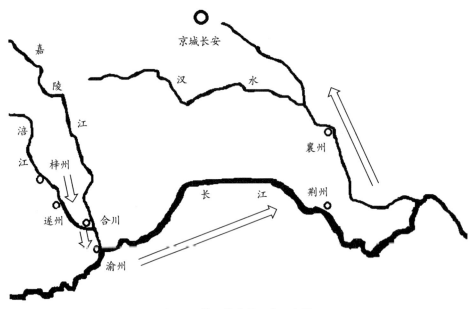

图3.1　陈子昂出蜀入京示意图

附近的驿站，待天气好转后再出发。苦等不是办法，陈子昂与随行的人便在驿站中把酒言欢以消磨时光。晚间躺在床上，外面狂风呼啸，陈子昂想着刚才聚会的情形，忽然念及家乡的亲友：他们今晚或许也像我一样，一群人坐在一起谈天说地，其乐融融吧？下雨天是留客天，现在大风吹得江波翻涌，又何尝不是在挽留我这个即将远行之人呢？

陈子昂想起了"石尤风"的传说。

石氏女与商人尤郎是夫妻，两人感情十分融洽。后来，尤郎远行不归，石氏女思念成疾，临死时感叹说："我十分悔恨没有能够阻止尤郎远行，才有今天这样的悲剧。我死后愿意化作大风，为天下的妇人们阻止将要远行的丈夫。"

想到这里，陈子昂起身来到桌前，在昏黄的灯光下，提笔写了"初入峡苦风寄故乡亲友"几个字，略一停顿，继而行云流水地写下一首小诗：

故乡今日友，欢会坐应同。宁知巴峡路，辛苦石尤风。

这是目前流传下来的陈子昂生平所写最早的一首诗。诗的前两句，由自己目前的欢会，悬想家乡亲友的情形。诗的后两句，则借用"石尤风"典故，委婉表达出自己对故乡的留恋。大约一百年后，另一位诗人司空曙（720—790）在一首题为《留卢秦卿》的诗中也用到了"石尤风"的典故：

知有前期在，难分此夜中。无将故人酒，不及石尤风。

故人设宴陪饮，欲挽留诗人，却因"后会有期"的借口挽留不住；如今这"石尤风"一起，诗人无法前行，便也只好留下；这样看来，要说留人的本领，故人之酒完全比不上石尤之风。

陈子昂也如此宽慰自己：我离家尚未太远，又有这石尤风将我留住，以慰我思乡之情。"石尤风"本是一个有血有肉的故事，成为一种"风"的代称；陈子昂此处又将这种"风"的代称还原为有血有肉的故事，用拟人的手法，感叹"石尤风"为了留住自己而不辞"辛苦"。构思之巧妙，不亚于司空曙那一首。

风停以后，陈子昂继续沿江东下。轻舟急流，很快就到了夔州奉节县（今重庆市奉节县）。此时天色已晚，陈子昂停船上岸，一路寻访乡土民情，来到了县东的白帝城，吟咏出了一首流传千古的五言排律《白帝城怀古》：

> 日落沧江晚，停桡问土风。城临巴子国，台没汉王宫。
> 荒服仍周甸，深山尚禹功。岩悬青壁断，地险碧流通。
> 古木生云际，归帆出雾中。川途去无限，客思坐何穷。

这首诗前两句交代了时间和事件：日暮时分，停船上岸，问民访古。三至六句对白帝城进行了地理层面的描述和历史层面的联想：这里紧邻远古时期的巴国，这里曾有蜀汉刘备的宫殿，这里地虽偏远，却仍可算作周代文明的郊区，这里山深林密，依旧得益于大禹治水的功绩。七至十二句对白帝城的壮美景象进行了勾勒：悬崖断壁，险谷碧流，古木参天，江雾缭绕。陈子昂登高远望，看见从雾中驶出的一艘艘"归帆"，不禁感慨万端：这"迷离杳霭"[①]的景象，不正像我那茫茫的前路吗？雾中驶出的是"归帆"，而我现今所乘的，却是"出帆"，如此鲜明的对照，怎能不让人惆怅呢？

如果说《初入峡苦风寄故乡亲友》尚是一篇没有特色的短章，《白帝城怀古》则让我们第一次清楚地看到陈子昂"尤善属文"的才情。对仗谨严的格律，起承转合的章法，质朴刚健的风格，在律诗形式尚未固定的初唐，《白帝城怀古》的这些品格让其显得异常杰出。元代的方回给了这首诗一个极高的评价——"唐人律诗之祖"，方回觉得，如果将这首诗混入杜甫的诗集中，一点也不违和。（《瀛奎律髓》卷三）现在回过头去，我们会发现王适所谓"此子必为文宗矣"（《陈氏别传》），确实有理有据，也有先见之明。

自然之境会影响心境。因为在白帝城时是傍晚，又有江雾缭绕，陈子昂遂生前路茫茫之感。而当他稍事休整后再度乘舟东下，穿越巴东三峡，飞渡荆门后，眼前开阔的景象让陈子昂的心境豁然明朗，他趁着豪兴，又吟诵出了一首备受后

---

① 语出清卢骐、王溥《闻鹤轩初盛唐近体读本》卷一一对此诗的评点。

人称赞的五言律诗《度荆门望楚》：

> 遥遥去巫峡，望望下章台。巴国山川尽，荆门烟雾开。
>
> 城分苍野外，树断白云限。今日狂歌客，谁知入楚来。

　　诗的首联描述出了诗人的行进路线，巫峡代指蜀地，章台代指楚地，"遥遥""望望"两个叠词，生动地写出了蜀地的渐远与楚地的渐近。颔联与首联是同样的意思，但除了描述行进路线外，还加入了对景物的"大写意"，即所谓"山川尽""烟雾开"。这一联两句各自末尾一个字的安排，也很值得玩味："一个'尽'字，一个'开'字，让人联想到'山重水复疑无路，柳暗花明又一村'的意境，顿生豁然之感。"①对景物进行大写意之后，颈联转而开始了具体描写：向前眺望，苍茫平野的尽头，隐隐约约看到了城市的影子，远处的树仿佛被白云截断了。前面这三联六句，"写得山川形胜满眼，已伏'狂歌'之根"（纪昀《瀛奎律髓刊误》卷一），积蓄出了一种强烈的感情：荆楚大地，我陈子昂来了！不过，陈子昂没有这样直白地表达，而是借用了一个典故。据《论语·微子》记载，楚国狂人接舆在路过孔子时高歌："凤凰啊，凤凰啊！为什么美的德行会如此衰微？过去的已不可劝止，未来的还可以追回。算了吧，算了吧！现在的执政者们危乎其危！"②陈子昂望见楚国的土地，便想起了这位楚国的狂人：有谁知道今天又有另一位狂歌客——我陈子昂——即将进入荆楚大地！

　　陈子昂的这首诗，以后世的格律来看，略有音韵不协之处；③但这种音韵上的小瑕疵，并不会引起读者的不适，读者更多是被诗歌的整体气象吸引。尤其是前四句连用四个地名，毫无堆砌之感，而是层次分明，错落有致，备受后人的推崇。（纪昀《瀛奎律髓刊误》卷一、钱锺书《谈艺录》第八九则）颈联"城

----

① 景凯旋、陶颖越：《从突破到高峰——陈子昂与李白荆门诗比较》，《古典文学知识》2009年第1期。

② 原文为："凤兮，凤兮！何德之衰？往者不可谏，来者犹可追。已而，已而！今之从政者殆而！"译文参考杨伯峻、杨逢彬：《论语译注》，岳麓书社，2009，第224—225页。

③ 比如首句第四字应该用仄声，陈子昂却用了平声的"巫"。

分苍野外，树断白云限"与"野戍荒烟断，深山古木平"（陈子昂《晚次乐乡县》），被明人胡应麟誉为"平淡简远，王、孟二家之祖"（《诗薮·内编》卷四）。整首诗详略得当、排而不板的章法，也使之成为律诗中的经典之作。

经历过巴峡的思乡之苦，白帝城的迷茫之感，行至楚地，陈子昂的心境为之一变。他带着满腔豪情和满腹才情，沿汉水北上，向长安进发，开始他崭新的人生进程。

第三节　碎琴故事

陈子昂到达长安后，据说住在了宣阳坊（约在今陕西省西安市碑林区雁塔路北段）（图3.2）。陈子昂具体住在宣阳坊的什么位置，史料没有明确记载，但我们可以看看所谓的宣阳坊在整个长安城中处于什么位置。

图3.2　720—756年宣阳坊内格局示意图[①]

---

① 贺从容、王朗：《唐长安宣阳坊内格局分析》，载王贵祥主编《中国建筑史论汇刊》（第四辑），清华大学出版社，2011，第311页。

长安城由隋朝大臣、鲜卑族营造巨匠宇文恺规划设计，后经唐人不断修建扩充而成。其整体布局，如白居易所说："百千家似围棋局，十二街如种菜畦。"（《登观音台望城》）方方正正的长安城，北面正中是属于皇家的宫城，包括皇帝的太极宫、太子的东宫、宫女的掖庭宫以及处理宫廷内部事务的内侍省。宫城南面是皇城，主要是中央衙署，比如中书省、门下省、尚书省。宫城、皇城都是东西对称的矩形构造。以宫城南门承天门、皇城南门朱雀门、长安南门明德门为中轴线——这条中轴线即朱雀大街或天街，长安城表现出东西对称的格局。天街两侧各有五条南北走向的道路，与十四条东西走向的道路纵横交错，将宫城、皇城以外的区域分隔成了一百一十一个格子。东西两侧分别有一个格子是商业区，即国内贸易中心东市和国际贸易中心西市。东市、西市以外的那些方格子，则是居民区，叫作坊。（图3.3）[1]

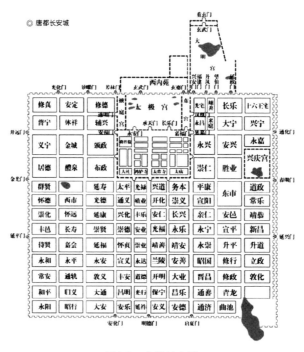

图3.3 唐都长安城

---

[1] 易中天：《隋唐定局》，浙江文艺出版社，2015，第154—161页。图3.3见该书第155页。

陈子昂所住的宣阳坊，就在东市的西边。

陈子昂在家乡是个"驰侠使气"的富家子弟，大概也是远近闻名的。但长安不同于梓州，就如后来白居易那个著名典故所谓"长安居大不易"，陈子昂在长安居住了一段时间后，依旧处于不为人知的状态。一日，陈子昂到东市闲逛，恰好遇上有人在卖胡琴，叫价百万，围观的豪门贵族很多，但无人出价购买。陈子昂见此情形，觉得这是一个推销自己的绝佳机会，遂走上前去，高声说道："我愿意出一千缗的价格买下它！"陈子昂的这一句回应，吸引了围观众人的惊异目光，大家或小声嘀咕，或对着眼前这个陌生青年质问："这么贵的胡琴，你买来干什么？"陈子昂向众人解释说："我很擅长弹奏胡琴。"此话一出，围观人群中便有人问道："那你可以给我们演奏一下吗？"陈子昂听后，微微一笑——一切都在他的计划之中，高声说道："我就住在附近宣阳坊的那个位置。"陈子昂一边回答，一边用手为众人指示自己的住所。"明天我会准备好酒席，恭候各位的到来。如果各位能邀上亲朋好友光临寒舍，我竭诚欢迎，到时候再为大家演奏。"

次日，陈子昂居所聚集了闻讯而来的数百人，其中不乏德高望重之辈。酒席上的觥筹交错结束后，陈子昂拿起胡琴，上前向众人说道："我是陈子昂，自蜀地来京，带了文章百轴，本欲以文章见知于当世，多日来却未见伯乐，依旧是这长安城中的无名之辈。这胡琴弹得再好，到底也只是贱工的手艺罢了，我怎么会留心于这种东西呢！"说完之后，陈子昂举起胡琴，重重地砸在地上，紧接着向众人赠阅自己的文章。陈子昂由此"一日之内，声华溢都"。

这个故事见于唐人所写《独异志》。《独异志》书已佚，我们今天能见到宋代《太平广记》卷一七九、《唐诗纪事》卷八等的引用。这也是陈子昂生平最为人津津乐道的一个故事。（图3.4）

可惜，这个故事不太可靠。《独异志》的成书时间比陈子昂生活的时代晚了一百余年，故事的信息来源十分可疑，这是其一；《太平广记》的版本在故事开篇说陈子昂"十年居京师，不为人知"，结尾又说"时武攸宜为建安王，辟

图3.4　清代王树榖以"陈子昂碎琴"为题材
作《弄胡琴图》

为记室，后拜拾遗"，与陈子昂的生平事迹不合，[1]更像是一种为了反衬出陈子昂此事效果之大的文学修辞技巧，这是其二。所以，态度严谨的陈子昂研究者往往认为这个故事是"稗官家言，未足为据"，"杜撰的可能性大"。[2]

故事虽然极大可能出于杜撰，但千百年来此故事的广泛传播，也说明人们是愿意相信这个故事的。换句话说，这个故事未必具有"历史真实"的品格，却符合"文学真实"的标准，满足了人们对陈子昂人物形象的心理期待。这是因为这个故事确实与下列事实相合：第一，陈子昂父亲陈元敬在赈济灾民时"一朝散万钟而不求报"（《陈氏别传》），既说明陈家的富裕，也说明陈家有豪爽的家风；第二，文献中也确实记载了陈子昂"轻财好施"（《陈

---

① 请参看本书附录《陈子昂大事年表》。
② 罗庸：《陈子昂年谱》，载韩理洲《陈子昂研究》，上海古籍出版社，1988，第302—303页。孙微：《陈子昂"怒碎胡琴"故事的文献解读》，载李宝山、胡亮编《关于陈子昂：献诗、论文与年谱》，成都时代出版社，2021，第152页。按，孙微先生的文章主要从文献来源和"百万"的描述是否夸张入手进行辨伪。孙先生花费了大力气考证"唐代百万钱的价值几何"，以此证明陈子昂"怒碎胡琴""应属子虚乌有的杜撰故事"。而实际上，"百万"只是卖者的叫价，陈子昂买进的价格是"千缗"（《太平广记》《唐诗纪事》均同），与"唐代百万钱的价值几何"无直接关系。

氏别传》、《新唐书》卷一〇七、《唐才子传》卷一）；第三，陈子昂后来遭受县令段简诬陷，家人曾向段简贿略二十万缗（《陈氏别传》、《新唐书》卷一〇七）；第四，陈子昂在后世确实以文学著名，诗文水平颇高，故可以说其因为"有文百轴"而"一日之内，声华溢都"；第五，东市旁临兴庆宫以及达官贵戚的豪宅，其所面对的顾客大都是达官贵戚，文献记载东市有二百二十行，其中有许多是卖奢侈品的店铺，"四方珍奇，皆所积集"（《长安志》卷八）。这五个因素加在一起，为人们杜撰出一个具有可信度的"碎胡琴"故事，提供了比较充分的基础。所以，也有学者对此的态度是一面指出"故事不一定可靠"，一面又说"此事亦并非全无可能"。①对唐代文学研究颇深的复旦大学陈尚君教授也说："今人或有质疑，我则愿意相信真有其事，符合陈家父子豪富的性格。"②

更何况，陈子昂的至交好友卢藏用，也是一个善于营销自己的人。卢藏用早年中了进士后没有做官，而是隐居长安城南的终南山学神仙之术。是时唐高宗、武则天常常一段时间在长安，一段时间在洛阳，部分权贵自然是随驾往还，而卢藏用也跟着在长安附近的终南山、洛阳附近的嵩山两地隐居，被时人讥为"随驾隐士"（《旧唐书》卷九四）。很明显，卢藏用的隐居并非出于真心，而只是为了借此抬高自己的声誉，以期引起当政者的注意。所以，当卢藏用为真正的隐士司马承祯推荐终南山"大有佳处"时，司马承祯点破其中奥秘说："乃仕宦捷径耳。"（《大唐新语》卷十）后世所谓"终南捷径"，就典出于此。

物以类聚，人以群分。卢藏用有巧妙的营销手段，陈子昂自然也可以有，杜撰一个碎琴的故事，也算是合情合理。更何况，从现存的其他较为可信的陈子昂传记史料以及其文集中，我们发现陈子昂初入长安之时，确实在努力地扩大自己的声名。但他的方式不是"碎琴"，而是"游太学，历抵群公"，并且达到了非常好的效果："都邑靡然属目矣。由是为远近所称，籍甚。"（《陈氏别传》）具体情况如何，待下一节再详加叙述。

---

① 吴明贤：《陈子昂论考》，巴蜀书社，1995，第25页。
② 陈尚君：《陈子昂的孤寂与苦闷》，载李宝山、胡亮编《关于陈子昂：献诗、论文与年谱》，成都时代出版社，2021，第129页。

第四节　历抵群公

据《唐摭言》卷一"进士归礼部"条云："永徽之后，以文儒亨达，不由两监者稀矣。"[1]永徽（650—655）是唐高宗李治的第一个年号，是时陈子昂尚未出生。也就是说，陈子昂出生以后的科举选士，均是"先两监而后乡贡"（《唐摭言》卷一），国都长安和东都洛阳两京国子监的学生享有优先录取的特权。陈子昂欲"以文儒亨达"，最好的方式当然是"游太学"。

太学的设置始于汉武帝元朔五年（前124），历代相承，至隋代改名为国子监，唐承隋制，一仍其旧。因此，太学就是国子监的古称，卢藏用《陈氏别传》说陈子昂"游太学"，就是说他进入国子监学习。唐代国子监下设六学：国子学、太学、四门学、律学、书学、算学。作为国子监下设的太学，"以五品以上子孙、职事官五品期亲若三品曾孙及勋官三品以上有封之子为之"（《新唐书》卷四四），陈子昂曾祖未曾入仕，父亲也只有一个从九品下的"文林郎"空衔，所以陈子昂并没有入国子监下设太学的资格——这是我们认定陈子昂"游太学"的"太学"是国子监古称的原因。

那么，陈子昂在国子监所入的是六学中的哪一种呢？据《新唐书·选举志

---

[1] 韩理洲、徐文茂均说此语出自《唐摭言》卷一"两监"条，误。韩理洲：《陈子昂评传》，西北大学出版社，1987，第7页。徐文茂：《陈子昂论考》，上海古籍出版社，2002，第27页。按，徐氏应是沿袭韩氏之误，而未复核《唐摭言》原文。

上》所载，六学之中，四门学、律学、书学、算学可收八品以下低级官吏之子及普通百姓中擅长此学之人。除了官阶限制，国子监收生还有年龄限制："凡生，限年十四以上，十九以下；律学十八以上，二十五以下。"（《新唐书》卷四四）陈子昂到长安时已经21岁，所以他在国子监只能入律学。国子监的律学专业，主要讲习法律，正常情况下，毕业后应参加明法科考试。但唐代也有这样的规定："凡众科有能兼学，则加超奖，不在常限。"（《通典》卷十五）陈子昂在家乡读书之时，"专精坟典，数年之间，经史百家，罔不该览"（《陈氏别传》），属于"兼学"的人才，所以他后来没有应试明法科，却应试了声望最高的进士科[①]，原因就是如此。

我们前面提到，国子监的学生有优先录取权，这实际上说明了一个问题：录取与否，不仅仅与考试成绩有关系，还有一些考试之外的因素会影响甚至决定录取结果。这是因为唐代科举试卷并不糊名[②]，所以哪本试卷属于哪位考生，是公开的，评卷时考生信息肯定会影响考官对考生成绩优劣的评判。正因如此，国子监学生的优先录取权才能落实。

除了身份，评判成绩优劣还有一个重要影响因素，就是考生平日的作品和声誉。由于唐代科举有这个特殊情况，所以就形成了一种被称为"行卷"的社会风尚。什么叫"行卷"呢？程千帆先生解释得很清楚：

> 所谓行卷，就是应试的举子将自己的文学创作加以编辑，写成卷轴，在考试以前呈送当时在社会上、政治上和文坛上有地位的人，请求他们向主司即主持考试的礼部侍郎推荐，从而增加自己及第的希望的一

① 五代王定保《唐摭言》卷一云："缙绅虽位极人臣，不由进士者，终不为美……"进士声望之高，参见程千帆《唐代进士行卷与文学》，北京出版社，2020，第7—10页。

② 武则天时期出现过糊名的做法，但只针对吏部考试选人，与我们通常所谓的由礼部主持的科举考试并非一事。不少著作如吕思勉《隋唐五代史》、陈登原《国史旧闻》往往将"礼部试终唐之世未尝糊名"与"吏部试在武后时一度糊名"混为一谈，这是不对的。参见程千帆：《唐代进士行卷与文学》，北京出版社，2020，第5页。

种手段。这也就是一种凭借作品进行自我介绍的手段……①

所以，陈子昂想要荣登科场，在"游太学"之余，免不了"历抵群公"，进行频繁的社交和干谒活动，以提高自己的声望——如果能遇到伯乐的赏识和推荐，那是再好不过了。

从现存诗文来看，陈子昂于调露元年（679）岁末到达长安后，没过多久就去了东都洛阳。调露二年（680）正月十五日，也就是上元节，陈子昂在洛阳高正臣的家里参加了一次宴会，会上有六人作诗，题目都叫《上元夜效小庾体》，并且限韵，以"春"字为韵。陈子昂写的作品是：

> 三五月华新，遨游逐上春。相邀洛城曲，追宴小平津。
> 楼上看珠妓，车中见玉人。芳宵殊未极，随意守灯轮。

诗的首联指出了时间和事件。颔联更为详细地讲述了宴会地点和内容。颈联写了诗人在游宴过程中所见之美人。尾联的"灯轮"大概隐喻着时间的流逝，诗人隐约有了某种美事将逝的感伤。这首诗是典型的"宫廷诗"，辞藻华丽，结构固定，内容空洞。这么多唯美的语句，除了简单描绘上元节的繁华，别无更深的意蕴。借用本章第一节提到的孔子的说法，就是"文胜质"。其他五人的同题诗作，也是差不多的水平。如果我们对比一下几乎同时创作出来的另一首写上元节的作品，就更容易看清楚陈子昂等人这些作品"文胜质"的毛病：

> 火树银花合，星桥铁锁开。暗尘随马去，明月逐人来。
> 游伎皆秾李，行歌尽落梅。金吾不禁夜，玉漏莫相催。

这是苏味道（648—705）的名作《上元》。②《唐诗纪事》卷八《崔融》

---

① 程千帆：《唐代进士行卷与文学》，北京出版社，2020，第5页。
② 此诗题目，一般作《正月十五夜》，《唐诗纪事》卷六作《上元》。因此处是与陈子昂《上元夜效小庾体》诗做对比，故题目以《唐诗纪事》为准。

云："（崔融）与李峤、苏味道、王绍宗附易之兄弟。"陈子昂亦与崔融熟识，与王绍宗也有相识的可能[1]，所以陈子昂、苏味道两人虽无直接交游的证据，但他们的交游圈是有重叠的。苏味道比陈子昂长11岁，生活的年代也大致相当。用苏味道的同题材之作《上元》来与陈子昂的《上元夜效小庾体》进行比较，再合适不过了。

苏味道的诗用语也很华丽，但华丽之中透出一种阔大的气象。首联没有像陈子昂那样死板地先交代时间、地点，而是直接描绘了一个壮观的场面：错落的明灯在大路旁、园林中映射出灿烂的光辉；护城河中倒映着灯光，河上的桥便成了"星桥"，由于上元夜不实行宵禁，所以"星桥"附近的城门都开了铁锁——我们仿佛可以听见来来往往人群的歌声笑语。苏味道在颔联就描写的是马去人来熙熙攘攘的情景，但他通过巧妙的组合使得描写中带有某种隐喻：暗尘走了，明月来了，除旧迎新，生活越来越光明、美好，充满希望。[2]颈联则以流水对的形式描写了街上的歌伎：她们打扮得分外美丽妖娆，一面走，一面唱着《梅花落》的曲调。尾联也是发出感慨：现在都不实行宵禁了，游玩到深夜又有何妨呢？那记录着时间流逝的玉漏，就不要再催我们了吧！

我们可以看到，苏味道的《上元》相比于陈子昂的《上元夜效小庾体》，无论是艺术性还是思想性都更胜一筹。在出蜀入京途中写下过《白帝城怀古》《度荆门望楚》这种流传千古的佳篇的陈子昂，写诗水平为何下降得如此厉害？要解决这个问题，就得弄清楚陈子昂此诗题目后半截"效小庾体"是什么意思。

"效"就是学习、模仿、追随。"小庾"指南北朝诗人庾信（513—581）。庾信早年在南梁出仕，与徐陵齐名，并称"徐庾"，是齐梁体诗的代表人物。他

---

① 参见李宝山：《陈子昂与孙过庭关系新考》，《艺术学研究》2021年第4期。

② "暗尘随马去，明月逐人来"一句，著名唐诗研究专家马茂元先生解释说："人潮一阵阵地涌着，马蹄下飞扬的尘土也看不清；月光照到人们活动的每一个角落，哪儿都能看到明月当头。"（《唐诗三百首鉴赏辞典》，上海辞书出版社，2017，第13页）强调"暗尘随马"和"明月逐人"。后来各种鉴赏辞典的解释，与马先生所言大同小异。这种解释只注意到诗句的表面意思，忽略诗人对"去""来"两个关键字眼的安排，也就没有触及"暗尘……去""明月……来"的隐喻意蕴，失之于浅。因为陈子昂主张的"兴寄"理论也关涉隐喻问题，所以针对这句诗的理解，多写了这么一条注释，一是对前贤提出的影响广泛的解释做个补充，二是借此具体案例简单介绍一下诗歌的隐喻。

们所写的那种辞藻华丽、内容空洞的诗文，被人称作"徐庾体"，引得人们争相模仿，蔚然成风，直到唐初依旧不衰。陈子昂所谓的"小庾体"，就是这一类型的诗歌。陈子昂此诗模仿的对象既然是"小庾体"，写得华而不实、文而无质，也就不奇怪了。

而且，陈子昂"效小庾体"，也是不得已而为之。参加宴会的一般文人或官员，赋诗能力足够，但完全缺乏灵感；他们被期望能写出一首诗来，就只能按照固定的程式，在现成意象和构思的基础上进行所谓的创作。这种程式，被美国学者宇文所安总结为"三部式"，由主题、描写式的展开和反应三部分构成：诗人在开头尽可能优雅地陈述主题，中间则以对偶的形式展开描述，诗篇的结尾是对前面部分的反应或评论，往往表达惊奇或遗憾的感情。[1]回看陈子昂的《上元夜效小庾体》，会发现它完全是"三部式"的产物；而苏味道的《上元》却打破了常规，开篇并没有机械地陈述主题，而是直接描绘了一个画面——苏味道的这种突破无疑是成功的，因为我们今天要形容元宵盛况，最容易想到的就是"火树银花合，星桥铁锁开"这一句。

这种程式化的创作，很适合于宴会场合，就如宇文所安所说："结构的程式化极大地便利了宫廷场合的迅速创作。""在宫廷诗中，一旦掌握了构造技巧，忙碌的朝臣对于突如其来的紧迫问题就能应付自如。"[2]这种宴会上的应酬诗因为程式而得以快速产生，也因为程式限制而很难产生精品，还是如宇文所安所说："陈子昂的诗篇表明，他这样一位大诗人，在宴会上却写出与其他官员一样枯燥乏味的作品……这类诗歌……能够将才华横溢的诗人和无能的诗人拉成大致同一的水平。"[3]这也可以说是宴会上的一种"潜规则"：宴会人员所写诗歌一致平庸，像《度荆门望楚》一样杰出的诗歌出现在这种场合，显然不合时宜。

陈子昂深谙宴会诗的"潜规则"。他调露二年、永隆元年（680）在洛阳，

---

① [美]宇文所安：《初唐诗》，贾晋华译，生活·读书·新知三联书店，2014，第9页。

② [美]宇文所安：《初唐诗》，贾晋华译，生活·读书·新知三联书店，2014，第9—10页。

③ [美]宇文所安：《初唐诗》，贾晋华译，生活·读书·新知三联书店，2014，第224页。

永隆二年、开耀元年（681）在长安，参加过多场宴会，所写诗歌均是同类型的"轻靡"风格的作品，可以证明他对"潜规则"的熟悉。

所以，我们在读陈子昂这个阶段的宴会诗时，不可拘泥于其字面表达。调露二年（680）三月三日——也就是所谓的"上巳节"，陈子昂在洛阳参加了王明府（名不详，明府是县令的尊称）的宴会，其所作《三月三日宴王明府山亭》诗云：

> 暮春嘉月，上巳芳辰。群公禊饮，于洛之滨。
> 奕奕车骑，粲粲都人。连帷竞野，祓服缛津。
> 青郊树密，翠渚萍新。今我不乐，含意未申。

这首诗虽是四言十二句，但结构依然是"三部式"的：前四句陈述主题，中间六句展开描写，最后两句是诗人的反应。彭庆生解释"今我不乐，含意未申"是"抒其应试落第之慨"[①]，"盖唐举进士，以正月应试，二月放榜，子昂初试落第，故不胜怅惘"[②]，就是拘束于陈子昂诗的字面表达，而产生的穿凿附会的解释。按照宴会诗的写作程式，陈子昂需要在诗的末尾做出情感反应，因此，"今我不乐，含意未申"其实是典型的"为文而造情"（《文心雕龙·情采》）。按照宴会诗的惯例，这句诗表达的更可能是这样一种情感：宴会这么快就结束了，我还没有尽兴呢，所以我现在不太开心。

当然，我们不排除陈子昂会借此机会抒发自己心中切实存在的不畅快。但这种不畅快，可能不是因为落第，而是因为无人举荐。他频繁参加这些宴会，在宴会上默默遵守着写作的"潜规则"，与参会之人应酬客套，如我们前面所说，是为了能得到达官贵人的推荐。但参加了多次宴会后，陈子昂并未得到实质性的回应。在宴会上的酒精麻醉下、热闹氛围中所说的那些话，与所作的那些诗一样，华而不实罢了。我们要知道，陈子昂在参加宴会时，肯定会相机表露自己寻求伯

---

① 彭庆生：《陈子昂集校注》，黄山书社，2015，第544页。
② 彭庆生：《陈子昂诗注》，四川人民出版社，1981，第88页。

乐推荐的愿望。他在调露元年（680）正月二十九高正臣举办的宴会上，照例作了一首题为《晦日重宴高氏林亭》的宴会诗，诗的尾联云："循涯倦短翮，何处俪长离。"表面意思是说自己翅膀过于短弱，无力与高正臣这样的凤凰齐飞，言外之意，自然是希望高正臣能带着他齐飞。但我们看不到高正臣对陈子昂在诗中的这种"暗示"或"隐喻"的任何反应，陈子昂当年大概也没看到。所以，他有着"今我不乐，含意未申"的不遇之感，是很正常的。

在宴会上作诗须遵守"潜规则"，让人看不出陈子昂真实的文学水平。但他在宴会上的谈吐，没有作诗"潜规则"那样的束缚，多少会引起人们的注意。所以，调露元年（680）正月二十九当天的首次聚会，陈子昂不但同众人一样写了题为《晦日宴高氏林亭》的诗，还受到众人推举，为这组诗写了一篇序言。这样的高光时刻当不止这一次，所以卢藏用才会说陈子昂"历抵群公，都邑靡然属目矣，由是为远近所称，籍甚"（《陈氏别传》），略显夸张的描述中还是有几分事实依据的。

永隆二年（681）闰七月末，陈子昂在长安的一次宴会上碰到了刚刚由中书侍郎升任中书令的薛元超。

唐朝实行三省六部制度，三省即中书省、门下省、尚书省，六部即吏部、户部、礼部、兵部、刑部、工部。秦汉以至宋元，皇帝们为了防止宰相权力过大，对宰相进行分权，但除了隋唐，其他几个朝代都是从分割权力的内容入手：秦汉、元代是行政、军政、监察"三权分列"，宋代则是行政、军政、财政"三足鼎立"——秦以前没有宰相，元以后废除宰相，所以不在讨论之列。用易中天的话说，这是"寓分权于分工"。[1]只有隋唐是例外，"三省六部"的"三省"从程序上而不是内容上将宰相职权一分为三：中书省管决策，门下省管审核，尚书省管执行。三省长官均是宰相。"三者之中，又以侍中（门下省长官）、中书令（中书省长官）为真宰相。"[2]

薛元超此时即为"真宰相"中书令，位高权重，陈子昂自然不会放过机会展

① 易中天：《隋唐定局》，浙江文艺出版社，2015，第92页。
② 钱穆：《国史大纲》，商务印书馆，1996，第394页。

现自己。当薛元超在宴会上注意到自己时，陈子昂除了展现自身才能，还有一层关系可以帮助他进一步引起薛元超的兴趣：我们前面提到过，陈子昂在蜀地时，与郭震、赵彦昭一同入蜀的有一人叫薛稷，而这个薛稷，正是薛元超同祖父的堂兄弟薛仁伟的儿子，也就是他的侄子；以陈子昂与郭震的关系、郭震与薛稷的关系来看，陈子昂与薛稷必然相识，薛稷或许还向陈子昂提过自己朝中的堂叔薛元超。陈子昂凭借着自己的才能和与薛稷的这层关系，成功获得了这样一个机会：薛元超让他在宴会结束后呈上一卷诗文。陈子昂终于看到了希望，回家后赶紧写了一卷自己颇为满意的诗文，第二天送呈薛元超，并附上了一封书信：

> 某启：一昨恭承显命，垂索拙文，祗奉恩荣，心魂若厉，幸甚幸甚！
>
> 某闻鸿钟在听，不足论击缶之音；太牢斯烹，安可荐藜藿之味。然则文章薄伎，固弃于高贤；刀笔小能，不容于先达。岂非大人君子以为道德之薄哉？某实鄙能，未窥作者。斐然狂简，虽有劳人之歌；怅尔咏怀，曾无阮籍之思。徒恨迹荒淫丽，名陷俳优，长为童子之群，无望壮夫之列。岂图曲蒙荣奖，躬奉德音，以小人之浅才，承令君之嘉惠，岂不幸甚！岂不幸甚！
>
> 伏惟君侯星云诞秀，金玉间成，衣冠礼乐，范仪朝野。致明君于尧舜，皇极允谐；当重寄于阿衡，中阶协泰。非夫聪明博达，体变知机，如其仁！如其仁！方当拔俊赏奇，使拾遗补阙，坐开黄阁，高视赤松，然后与稷契夔龙比功并德，岂徒萧曹魏丙屑屑区区而已哉！
>
> 某实细人，过蒙知遇，顾循微薄，何敢祗承？谨当毕力竭诚，策驽磨钝，期效忠以报德，奉知己以周旋。文章小能，何足观者？不任感荷之至。（《上薛令文章启》）

这封书信，我们在前面第二章第四节曾引用过只言片语，现在来看看它的全文。信的第一段叙述了写信缘由，是薛元超"垂索拙文"。第二段阐述了自己的文学观点，并谦虚地描述了自己的文学创作情况，意译过来就是在说：

我认为最重要的事情是治国理政，而不是舞文弄墨。我的能力有限，诗文写得并不好，虽然凭借自己的文采和个性写了一些抒发我这种忧劳之人情感的作品，也曾模仿阮籍的《咏怀》而抒发自己的志向，但我十分悔恨自己只能陷在这种舞文弄墨的生活中。我家乡的前贤扬雄说过，舞文弄墨只是童子的事情，壮夫是不做这些微不足道的小事的。我这样的"童子"，现在竟然能得到您的青眼和恩惠，实在是我的荣幸！

这是我们能见到的陈子昂对文学本身所发的最早的意见。这一段的表述，给人一种陈子昂反对文学本身的感觉，因为他对"文章薄伎"表达了不屑。其实，这只是陈子昂为了强调自己的志向不在文学而在入仕，所以把话说得有些过头；同时也是自谦自己的诗文没什么大不了的。我们读到后面，就会发现陈子昂所"恨"者，主要还是"迹荒淫丽，名陷俳优"，他反对的是成为文学弄臣，把文学创作当作笔墨游戏；他所引用的扬雄的那句话，原本也说的是"童子雕虫篆刻""壮夫不为也"（《法言》卷二）。

陈子昂"徒恨迹荒淫丽，名陷俳优"中的这个"恨"，与他两年来在长安、洛阳两地"历抵群公"的经历有关。虽然这两年创作的宴会应酬诗水平都很低，但正是因为有了这种应酬创作的经历，亲身体验到这种创作形式的华丽死板、内容的空洞无聊，他才会对"迹荒淫丽，名陷俳优"的舞文弄墨行为产生深切的"恨"。他后来高举"风骨""比兴"的大旗，反对"彩丽竞繁，而兴寄都绝"的齐梁体诗（《〈修竹篇〉并序》），跟他"历抵群公"这两年大量创作"轻靡"作品的经历，不无关系。如果没有这种经历，陈子昂的"恨"不会那么真切，主张也就不会那么鲜明。所以，陈子昂这两年的创作虽然乏善可陈，却为他后来鲜明的文学主张奠定了实践基础。

陈子昂书信的第三段先对薛元超进行了一番恭维，然后以一种"寓期望于夸赞"的方式委婉透露出自己想被提携的意愿：现在正是您"拔俊赏奇"、提拔人才的时候，如果这样的话，您的功德将远超萧何等贤相，而能与上古虞舜时期的贤相稷契夔龙相提并论！书信的最后一段表达了对薛元超的感谢和将竭诚效力的愿望。

陈子昂在信的最后称薛元超为"知己"，这是唐代文人行卷时对达官贵人的通称，宋人项安世就指出唐代举子行卷的行为"名之曰求知己"（《文献通考》卷二九）。可见陈子昂和其他行卷的举子一样，希望薛元超能在科举方面对自己有所帮助。确实，薛元超也以提拔举荐士人而闻名，"荐士若任希古、郭正一、崔融等，皆以才自名"（《唐诗纪事》卷五），崔融还是陈子昂一生交游中较为重要的一人。可惜的是，薛元超似乎并没有给予陈子昂相应的帮助，甚至可能连回信都没有一封。陈子昂在下一年——开耀二年（682）的落第，就是证明。

第五节　落第西还

　　陈子昂向中书令薛元超行卷后不久，永隆二年（681）十月，朝廷改永隆二年为开耀元年。就是在这个月，陈子昂报名参加了将在来年正月举行的考试。

　　开耀二年（682）正月某日，卯时初刻，也就是现在凌晨5点多，陈子昂翻身起床，穿好衣服，出门前往考试的地方。这样的早起，对于现在的一个普通人来说，是很痛苦的。其实在古代，卯时就是一天学习、工作的开始：所谓的"三更灯火五更鸡，正是男儿读书时"，五更就接近卯时初刻，而古代将上班之前的点名或签到称作"点卯""画卯""应卯"。陈子昂起床后，穿上白色的粗麻布衣——这是举子考试时应该穿的衣服，①将照明的蜡烛、取暖的木炭、早晚饭的餐具等东西收拾齐整。之所以要带这些东西，是因为这场考试既在天尚寒冷的初春，考试时长也有一个白天再加半个夜晚那么久。②陈子昂出门后，发现早春的天亮得很迟，此时完全可以说是黑夜，街上却已熙熙攘攘。就如百年后白居易《早送举人入试》一诗所描绘的那样："凤驾送举人，东方犹未明。自谓出太早，已有车马行。骑火高低影，街鼓参差声。可怜早朝者，相看意气生。日出尘埃飞，群动互营营。营营各何求，无非利与名。"出门赶考的举子、参加早朝的

---

　　① 程千帆：《唐代进士行卷与文学》，北京出版社，2020，第39—41页。

　　② 毕宝魁：《隋唐社会日常生活》，中国工人出版社，2021，第138、139、143页。

官员，或为求名，或为求利，都早早地、急匆匆地在这街上奔往自己的目的地。

开耀二年（682）二月，太子李显的孩子——皇孙——满月，为了庆祝，朝廷大赦天下，随后，即改开耀二年为永淳元年。也就是在这个月，吏部公布了这次科举考试的结果[①]，进士榜单上并没有陈子昂的名字。

是的，陈子昂落第了。与陈子昂同时竞争的有一千八百人左右，但最终能出现在进士榜单上的不过二三十人，[②]"其进士，大抵千人得第者百一二"（《通典》卷十五），只有百分之一二的幸运儿能够如愿以偿，可见竞争之残酷。更为残酷的是，在失意者中，像陈子昂这种二十来岁的人，算比较年轻的了，还有许多失意者已经是中老年了。《唐摭言》卷一《散序进士》云："其（指进士科）推重谓之'白衣公卿'，又曰'一品白衫'。其艰难谓之'三十老明经，五十少进士'。"进士科的前途是最好的，参加的人虽然目前还是"白衣""白衫"，但将来极有可能晋升为"一品""公卿"，所以非常受人重视，导致竞争异常激烈，五十岁能考上，就算比较年轻的了。当落第的陈子昂看着这些容颜憔悴、胡子花白、年年落第年年考的老举子时，心里恐怕更不是滋味了：科举的煎熬，何时是个头啊！

落第后，陈子昂在洛阳又待了几个月。这几个月的时间对陈子昂来说，一定特别煎熬。一般而言，落第举子为了争取时间更加充分地准备下一次应考，往往在京城里留下来，叫作"过夏"；即使必须回家乡去的，也会在春季落第还乡之后，又在当年秋天赶回京城来。当然，除了备考，他们也要准备新一轮行卷的材料，夏天准备材料叫作"夏课"，秋天用这些材料行卷叫作"秋卷"。[③]陈子昂最初可能就打算留在洛阳"过夏"，为了"秋卷"而完成"夏课"，并与一同应考的朋友"十人五人醵（jù）率酒馔，请题目于知己朝达"（《南部新书》乙卷）。但这种活动，陈子昂于前两年已经做过很多次，觥筹交错之中，写一些"轻靡"的诗歌，说一些不痛不痒的客套话，最后还不一定有用——去年都向中书令薛元超行卷了，今

---

① 唐初的科举考试，由吏部考功员外郎主持，开元二十四年（736）以后，改由礼部侍郎主持。参见程千帆：《唐代进士行卷与文学》，北京出版社，2020，第4页。

② 毕宝魁：《隋唐社会日常生活》，中国工人出版社，2021，第110页。

③ 程千帆：《唐代进士行卷与文学》，北京出版社，2020，第22—23页。

年依然落第，最显赫的朝达都是如此，还能指望其他什么朝达呢？

陈子昂在准备了一段时间后，想到近两三年的种种事情，开始有些心灰意冷了。所以，到了永淳元年（682）夏秋之交，正是"槐花黄，举子忙"（《南部新书》乙卷）的时节，其他举子都忙着将自己的"夏课"拿去行"秋卷"，24岁的陈子昂却收拾起行囊，告别洛阳国子监的刘祭酒等人，"别馆分周国，归骖入汉京"（《落第西还别刘祭酒高明府》），骑着马从洛阳西归长安，沿着出蜀的路回家去了。陈子昂在《落第西还别魏四懔》诗中描述了自己的心情：

> 转蓬方不定，落羽自惊弦。山水一为别，欢娱复几年。
> 离亭暗风雨，征路入云烟。还因北山迳，归守东陂田。

魏懔是时任吏部侍郎魏玄同的儿子，排行第四，故称魏四懔。陈子昂说："我现在客居洛阳，像蓬草一样飘飞不定，如今又科举落第，铩羽而归，若再一次听到弓弦的声音，只会胆战心惊——所以，我不考了，回老家去了。这一别，不知道我们下一次欢聚将是何年何月。你看我这前路风雨交加、烟云昏黑，我还是回家隐居吧！"魏懔是吏部侍郎的儿子，当时的科举考试就是由吏部主持[①]，看来魏懔也没有给陈子昂提供什么帮助。但少年时"驰侠使气"的陈子昂是重感情的，而且"尤重交友之分，意气一合，虽白刃不可夺也"（《陈氏别传》），所以尽管自己失意了，尽管这些交往过的人没有帮上自己的忙，但他还是会有"山水一为别，欢娱复几年"的感伤，甚至会有"莫言长落羽，贫贱一交情"（《落第西还别刘祭酒高明府》）的期待，自己的落第和心灰意冷导致自己摆脱不了"贫贱"[②]，与这些人的地位差别无法消弭，却依旧希望与他们的"交情"可以永恒。

陈子昂返乡的季节，与其21岁初次出蜀入京的季节差不多。风景相似，行进的方向却是反的，陈子昂自然也没了当初那斗志昂扬的心境，而是触景伤情，唱

---

① 开元年间，科举由吏部移至礼部。
② 陈子昂诗里所说的"贫贱"，是指地位低，而不是指经济差。

了一路的哀歌。当他到达襄阳、荆门一带时，写下了《宿襄河驿浦》《岘山怀古》《晚次乐乡县》等诗，充分表达了他此时的心境。

其《宿襄河驿浦》诗云：

> 沿流辞北渚，结缆宿南洲。合岸昏初夕，回塘暗不流。
>
> 卧闻塞鸿断，坐听峡猿愁。沙浦明如月，汀葭晦若秋。
>
> 不及能鸣雁，徒思海上鸥。天河殊未晓，沧海信悠悠。

诗的前两句交代了事件，接下来的六句都是描写令人忧伤哀愁的景象：天地昏暗，河水死寂，雁叫猿鸣更是惹人断肠；月光下的沙洲显得那么冷清，蒹葭也让人感受到秋天的肃杀。接下来的四句，陈子昂想起了自己的遭遇：天空中的大雁尚能发出自己的声音，我是比不上它们的，那我就干脆像海鸥遨游海上一样，隐居林泉吧！可是天尚未晓，江海悠悠，我又该飞往哪里呢？

其《岘山怀古》诗云：

> 秣马临荒甸，登高览旧都。犹悲堕泪碣，尚想卧龙图。
>
> 城邑遥分楚，山川半入吴。丘陵徒自出，贤圣几凋枯！
>
> 野树苍烟断，津楼晚气孤。谁知万里客，怀古正踟蹰。

这也是一首怀古题材的诗，但与我们前面讲到的《白帝城怀古》相比，情感基调迥然不同。学者们一般将此诗定为陈子昂初次出蜀的作品，认为三、四两句通过羊祜、诸葛亮的典故，抒发自己想要建功立业的雄心壮志，[①]实际上并非如此。这是怀古题材的诗歌，用一句话来概括一下此地的英雄往事，并不是什么需要我们特别注意的地方，更重要的还是整首诗的感情基调。更何况，陈子昂回忆了英雄往事，欣赏了山川形胜，紧接着发出来的感慨竟然是"丘陵徒自出，贤圣

---

① 彭庆生：《陈子昂诗注》，四川人民出版社，1981，第77页。韩理洲：《陈子昂评传》，西北大学出版社，1987，第10页。吴明贤：《陈子昂论考》，巴蜀书社，1995，第68页。相关文献较多，此处仅列举有代表性者，恕不一一列出。

几凋枯"。他没有被"城邑遥分楚，山川半入吴"的壮丽景象激起半分豪情，却说山川只是本来如此而已；他也没有任何要效仿羊祜、诸葛亮的意思，却在感叹圣贤功绩已成陈迹。这完全不同于《白帝城怀古》中所说的"荒服仍周甸，深山尚禹功"对前贤功绩的赞美，也没有了《白帝城怀古》中所写的"岩悬青壁断，地险碧流通""古木生云际，归帆出雾中"那样有气势的风景。陈子昂这时候看到的，只是"野树苍烟断，津楼晚气孤"，"野""苍""晚""孤"所传达出来的情感，与其初次出蜀的壮志凌云毫不相干。诗的最后两句"谁知万里客，怀古正踟蹰"表现出来的彷徨，更是与初次出蜀时"今日狂歌客，谁知入楚来"（《度荆门望楚》）的豪迈气概相差天壤。把《岘山怀古》当作陈子昂落第回乡途中的怀古诗，无疑更为合适。

而且，我们很快又可以看到"野树苍烟断"的相似表达。其《晚次乐乡县》诗云：

> 故乡杳无际，日暮且孤征。川原迷旧国，道路入边城。
> 野戍荒烟断，深山古木平。如何此时恨，嗷嗷夜猿鸣。

陈子昂《岘山怀古》中的"野树苍烟断"在这里变成了"野戍荒烟断"，只改动了两个字，句法、含义、情感基调都没有太大的区别，所以清人纪昀曾批评说："'野戍'句同《岘山怀古》诗，惟第四字少异，亦未免自套。"（《瀛奎律髓刊误》卷一五）这两首诗的创作时间相近，而《晚次乐乡县》最后两句"如何此时恨，嗷嗷夜猿鸣"所表现的情感，也如《岘山怀古》所表现出来的情感一样，与其说是初次出蜀时的偶然迷茫，不如说是落第还乡时的触景伤情。

再一次"而且"，"嗷嗷夜猿鸣"的相似表达，我们已经在前面提到的《宿襄河驿浦》中见到了"坐听峡猿愁"，又能在《入东阳峡与李明府舟前后不相及》中见到"孤狖啼寒月"——狖（yòu）就是黑色长尾猿，还能在《宿空舲峡青树村浦》中看到"啾啾寒夜猿"。后两首诗皆被定为落第西归时所作[1]，则

---

[1] 彭庆生：《陈子昂集校注》，黄山书社，2015，第214、220页。彭庆生将陈子昂落第西归的时间定为永隆元年（680），本传不认同。

《晚次乐乡县》应也作于同时。实际上，陈子昂这些关于猿猴鸣叫的描写，是有"上游文本"的，即《楚辞·九歌·山鬼》所云"猨啾啾兮狖夜鸣"。其《宿空舲峡青树村浦》诗中"宁知九逝魂"一句也化用了《楚辞·九章·抽思》所云"魂一夕而九逝"。《楚辞》中的不少篇章，都抒发了屈原所求未遂、怀才不遇的愤懑之情。我们可以想见，陈子昂落第西归的途中，或许就以翻阅《楚辞》作为消遣。《楚辞》相关描写的启发、眼前景物的触动、胸中失意的情感交织在一起，最终促成了落第西归这几首诗的创作。

陈子昂在《宿空舲峡青树村浦》一诗的后半段说："虚闻事朱阙，结绶骛华轩。委别高堂爱，窥觎明主恩。今成转蓬去，叹息复何言。"因为"事朱阙"干出一番事业的"虚闻"，就离开了父母，跑到京城去结交权贵，参加科举，妄想得到朝廷的器重、恩赐，结果失败了，落到有如飞蓬随风飘转的地步，还有什么可说的呢！我们可以想见，落第之事对陈子昂的打击是多么巨大。

这种心境，在陈子昂快回到家乡时，才发生了转变，因为他看到了熟悉的风景。其《入峭峡安居溪伐木溪源幽邃林岭相映有奇致焉》诗云：

> 啸徒歌伐木，鹜楫漾轻舟。靡迤随回水，潺湲溯浅流。
> 烟沙分两岸，露岛夹双洲。古树连云密，交峰入浪浮。
> 岩潭相映媚，溪谷屡环周。路迥光逾逼，山深与转幽。
> 麏麚寒思晚，猿鸟暮声秋。誓息兰台策，将从桂树游。
> 因书谢亲爱，千岁觅蓬丘。

在这首诗中，景色不再是前面的野树荒烟、蒹葭死水，而是茂密的树林、欢快的水流。往前走去，路虽然越来越狭窄，光虽然越来越黯淡，却更显清幽宜人。这是一种熟悉的感觉，家乡的环境就是如此，这样的环境终于将失意者受伤的心灵治愈，使陈子昂不再以悲观的心境看待所见的景色。陈子昂现在只想赶紧回到家乡，抛开建功立业的尘世妄想，"誓息兰台策，将从桂树游"，在山林中隐居，过上神仙一般的生活。

第六节　禅居林卧

永淳元年（682）秋天，陈子昂回到了家乡——梓州射洪县武东山。

我们在第一章第四节讲到过武东山的地理位置和环境。武东山的主峰今称天宝寨，海拔674.4米，是附近19000平方公里土地上的最高峰。据射洪本土学者考证，历史上的武东山应该仅限于以天宝寨为中心，位于今天宝村、武东村境内的一段山脉，陈子昂的故居，就在武东山南麓的张家湾。①除了山高林密，站在武东山主峰峰顶眺望，视野极其开阔。如果天气好的话，不仅可以向西望见几公里以外的射洪县城（今射洪市金华镇），向西北方向望去，还可以隐约看到30公里以外的郪县（今属四川省绵阳市三台县）县城，向南望去，也至少有二三十公里的山川可以映入眼帘。（图3.5）

陈子昂回到家乡后，在这个清幽而熟悉的环境中，暂时放下了建功立业的妄想，过起了"林岭吾栖，学神仙而未毕"（《晖上人房钱齐少府使入京府序》）的生活。永淳二年（683）春日，陈子昂登上了射洪县城北边的金华山。因为此山"贵重而华美"（嘉庆版《射洪县志》卷二），故名金华，陈子昂几年前读书的学堂就在这山上。但陈子昂此时登山并不以学堂为念，而是欣赏起了山间的风景，参观起了建于梁天监年间（502—519）的金华山道观（嘉庆版《射洪县志》

---

① 谢德锐：《陈子昂故里补考》，载李宝山、胡亮编《关于陈子昂：献诗、论文与年谱》，成都时代出版社，2021，第153—154页。

图3.5　嘉庆版《射洪县志》卷二《武东山图》

卷二）。其《春日登金华观》诗云：

> 白玉仙台古，丹丘别望遥。山川乱云日，楼榭入烟霄。
>
> 鹤舞千年树，虹飞百尺桥。还疑赤松子，天路坐相邀。

　　陈子昂被眼前的景象陶醉：山川上云雾缭绕，仿佛是山川楼阁高耸，扰乱了云雾本身的流动；白鹤古树，飞虹长桥，更是如人间仙境一般。陈子昂想起了《列仙传》里炎帝少女追随赤松子游而成仙的故事：现在身处这样的仙境，恐怕赤松子也要来邀请我去那昆仑山上西王母石室仙游吧！陈子昂可能还会想到，几百年前的东晋时代（317—420），有一个叫陈勋的人——或许就是陈子昂的某位祖先——修仙学道，在此"山中白日仙去"（嘉庆版《射洪县志》卷四），自己若能长居此山，终有一天可以飞升成仙吧！

　　金华观作为宗教场所，除了各种神仙造像，还有不少壁画作品。陈子昂在欣赏了金华山的真山真水后，走进金华观中，对一幅以山水为题材的壁画产生了丰富的联想，写下了《山水粉图》一诗：

> 山图之白云兮，若巫山之高丘。
>
> 纷群翠之鸿溶，又似蓬瀛海水之周流。
>
> 信夫人之好道，爱云山以幽求。

诗的前四句吟咏了画面的内容，画面上有山、有水、有树、有云，呈现出仙境一般的景色；末两句则吟咏了作品的主人，陈子昂指出，从画面内容可以确信作品的主人是好道之人，他热爱云山仙境，想在这幅作品中"幽求"大道。陈子昂对画面内容的描写，虽有几处用典，但也能让人产生历历在目的感觉；而且画面上只有景而无人，似乎是一幅纯粹的山水画——至少，我们可以说山水是画面主体，而非陪衬。山水作为画面背景出现，至少在魏晋时期就有了，但正因为其时山水并非主要表现对象，所以山水画水平很差，"群峰之势，若钿饰犀栉……列植之状，则若伸臂布指"（《历代名画记》卷一），像梳子也好，像手掌也罢，总之是造型机械，艺术性不如后世。而陈子昂生活的高宗、武后时代，正是山水画发生关键性变革的时期，所谓"山水之变，始于吴，成于二李"（《历代名画记》卷一），著名山水画家李思训（651—716或648—713）就与陈子昂同时。陈子昂所见所题的山水粉图今已消失了踪影，李思训的山水画便可作为我们理解陈子昂《山水粉图》一诗的参考材料。唐人形容李思训山水画云："其画山水、树石，笔格遒劲，湍濑潺湲，云霞缥缈，时睹神仙之事，窅然岩岭之幽。"（《历代名画记》卷九）这与陈子昂对山水粉图的描写和联想，何其相似！传为李思训所作的《江帆楼阁图》（图3.6），层峦叠嶂，林木葱郁，江天浩渺，则为我们遐想陈子昂所题之山水粉图提供了更为直观的视觉形象。由此可见，陈子昂的《山水粉图》一诗，作为描写那个时代山水画新变特征以及受众观感的文学作品，是可信的。尤其值得一提的是，现存唐以前的题画诗，并不涉及山水画，北宋官修《文苑英华》卷三三九"图画"类收录"画山水七首"，第一首即为陈子昂的《山水粉图》；所以我们基本上可以认定，日后成为中国画主流的山水画现

图3.6 李思训《江帆楼阁图》

存最早的一首题画诗，就是陈子昂的《山水粉图》。

永淳二年（683）夏日，陈子昂开始与家附近的真谛寺大和尚晖上人往还（嘉庆版《射洪县志》卷四），两人除了谈佛理、斗机锋，还有诗词赠答。陈子昂《酬晖上人夏日林泉见赠》诗云：

> 闻道白云居，窈窕青莲宇。岩泉万丈流，树石千年古。
> 林卧对轩窗，山阴满庭户。方释尘劳事，从君袭兰杜。

陈子昂对晖上人说："这样好的环境，我又刚刚放下尘事的纷扰，就让我跟随你一起以兰草作衣，以杜衡为带，在这里禅居林卧度过一生吧！"是的，这一年的夏日，陈子昂跟随晖上人一道，确实体会到了"禅居林卧"的境界是多么美好。有一次，陈子昂在晖上人房内为一位姓齐的梓州官员送行，他在饯别诗的序中描写了他当时的生活状态：

> 尔其岩泉列坐，竹树交筵，吐青蔼于轩窗，栖白云于左右。参差池榭，乱山水之清阴；缭绕阶庭，杂峰崖之异势。入禅林而避暑，肃风景于中林。开水殿而追凉，彻氛埃于户外。瑶琴合奏，翠罍时行。谭窈窕于天人，极留连于晷刻。既而欢乐极，良辰征，攀白日而不回，唱浮云而告别。山光黯黯，凝绿树之将暝；岚气沉沉，结苍云而遂晚。（《晖上人房饯齐少府使入京府序》）

虽然是送别，但这种情境怎会不使人流连呢！所以陈子昂对齐少府说："朝廷子入，期富贵于崇朝；林岭吾栖，学神仙而未毕。"（《晖上人房饯齐少府使入京府序》）齐少府你就做官去吧，我陈子昂还要隐居在这山林之内，继续过我的神仙生活！

但是，陈子昂也并未真的完全抛弃经邦济世的志向。他自己在晖上人面前强调"方释尘劳事"，实际上就是放不下"尘事"，他才会说出这句话来。因为真正放了尘事的人，根本不会意识到自己放下"尘事"这件事，也不会整天挂在嘴边。陈子昂在蜀中遇到因事入蜀的参军李崇嗣时，虽然以谈玄论道为主，还是说出了"青云傥可致，北海忆孙宾"（《酬李参军崇嗣旅馆见赠》）这样的话，借用赵岐提携孙嵩的典故，希望李崇嗣发达以后能提携自己。[①]可见，陈子昂对仕途还是念念不忘的。

是啊，"驰侠使气"的性格，数年苦读的付出与收获，以及他在长安、洛阳两都的所见所闻，怎么会因为一次考试失败，就完全舍弃呢？他在下一年（684）所写的《谏政理书》中所说"臣每在山谷，有愿朝廷，常恐没代而不得见也"，才是他"禅居林卧"时内心的真实写照。下一年（684）堪称陈子昂的"奇迹之年"，不仅考中了进士，还接连上了两篇名垂千古的谏书——《谏灵驾入京书》和《谏政理书》，这两篇谏书不仅受到了武则天的称赞和时人的争相传阅，史书如《新唐书》在写陈子昂传记时，也几乎全文引用，可见其议论之深入人心。如果陈子昂前一年（683）脑袋里只有"禅居林卧"的想法，大概是无法创作出《谏灵驾入京书》《谏政理书》这样鞭辟入里的政论文的。所以，陈子昂表面上在"禅居林卧"，实际上依旧在忧心天下，为"尘事"而"劳"心费神。

这也很容易理解。且不说陈子昂本来的性格、读书的收获——这一点我们前面已有讲述，就是在长安、洛阳的这几年宴会上、交游中所听闻的"秘辛"，对他形成的冲击也不是凭借几个月"禅居林卧"的生活便能够忘怀的。比如，永隆元年（680）八月，太子李贤被废为庶人，第二天即立武则天第三子李显为皇太子。作为武则天第二子的李贤当初被立为皇太子，是因为上元二年（675）武则天长子、当时的皇太子李弘离奇死亡，传说是被武则天鸩杀的。宫中还有流言

---

① 陈子昂与李崇嗣蜀中相遇，写有《酬李参军崇嗣旅馆见赠》《夏日晖上人房别李参军崇嗣（并序）》两首诗。学者们一般将这两首诗系年于长寿元年（692）或长寿二年（693）陈子昂因继母丧居家守制之时，实误。近年出土的《李浑金墓志》中云李浑金景云元年（710）卒，51岁；21岁，也就是调露二年、永隆元年（680）时行至成都，作《春江□诗》一首，"时蜀中有李崇嗣、陈子昂者，并文章之伯，高视当代。见君藻翰，遂丧魄褫精，不敢举笔"。则李崇嗣、陈子昂同在蜀中，当是680年前后。根据陈子昂行年，则只能是永淳二年（683）。《李浑金墓志》记李浑金入蜀是几十年后的追忆，误差几年很正常；但若陈子昂与李崇嗣蜀中相遇是长寿元年（692）或长寿三年（693），就与《李浑金墓志》所记出入甚大。故本传认为陈子昂关于李崇嗣的这两首诗作于永淳二年（683），他们蜀中相遇也在这一年。

说，李贤是武则天姐姐韩国夫人所生。韩国夫人的女儿——也就是武则天的外甥女魏国夫人在得到高宗宠幸后不久，也被武则天毒死。永隆二年（681）七月，武则天的女儿太平公主出嫁，"自兴安门南至宣阳坊西，燎炬相属，夹路槐木多死"，场面之浩大也是难得一见。①类似的这种朝廷表面的排场与暗里的斗争，陈子昂都看在眼里、听在耳中、记在心上，不会因为"禅居林卧"就消散掉。陈子昂所作《感遇》第十一首就以吟咏鬼谷子的方式，描绘了自己这种心境：

> 吾爱鬼谷子，青溪无垢氛。囊括经世道，遗身在白云。
> 七雄方龙斗，天下久无君。浮荣不足贵，遵养晦时文。
> 舒可弥宇宙，卷之不盈分。岂徒山木寿，空与麋鹿群。

鬼谷子一方面有着经世的才能，一方面又韬光养晦，不追求富贵，不参与天下的纷争。其实像鬼谷子这样的人，当他收敛才能的时候，人们察觉不到他的存在，所谓"卷之不盈分"；而当他施展才能的时候，又可以无所不能，所谓"舒可弥宇宙"。陈子昂自认为他就是鬼谷子这样能舒能卷、能行能藏、能仕能隐的人，所以他才会"爱鬼谷子"。那么，"舒"还是"卷"，"行"还是"藏"，"仕"还是"隐"？陈子昂在诗的最后一句给出了自己的答案："我怎么能像山中无用的树木一样，空有年岁而无益于世，终日与麋鹿做伴？"

这是陈子昂《感遇》组诗写作时间最早的一首。叶嘉莹对"感遇"这个题目做了一番很好的解读：

> ……所以中国古代的读书人，他们在遇与不遇之间所面临的仕和隐的抉择与考验，确实有很多令人悲慨的地方，这正是陈子昂之所以写《感遇》诗的道理。在这三十八首诗之中，有的是写不遇时的悲哀，有

---

① 相关史事，参见何磊：《武则天传》，天地出版社，2020，第51页、第55—59页。何磊在书中说太平公主出嫁在开耀元年（681）七月，小误；因当年十月方才"改永隆二年为开耀元年"（《旧唐书》卷五），所以太平公主出嫁的七月仍应为永隆二年（681）。

的是写遇了以后的不幸，还有的是写所遇何人的问题，所以就把中国过去的读书人在遇与不遇、仕与隐之间的各种悲慨全写到了。[①]

陈子昂落第"不遇"回家隐居后所写的这首《感遇》，第一次给出了关于"遇与不遇、仕与隐"问题的答案：我才不要隐居在山林空度岁月！于是，便有了陈子昂的第二次进京应考。结果如何，我们下一章再详细讲述。

① 叶嘉莹：《叶嘉莹说初盛唐诗》，中华书局，2008，第91—92页。

第四章

麟台正字

第一节　登科入仕

　　永淳二年（683）秋日，25岁的陈子昂出蜀入京，十月报名参加了第二年正月的进士科考试。途中的情形，我们不再详述，考试的情形，我们也不再悬想。需要说明的是，从他报名后到次年二月放榜期间，朝廷发生了怎样翻天覆地的变化。

　　永淳二年（683）十二月丁巳日[①]，唐高宗下诏改永淳二年为弘道元年。本来高宗准备自己登上则天门楼向臣民宣布改元和大赦的诏书，结果因为"气逆不能上马，遂召百姓于殿前宣之"。宣诏结束后，这位为人宽厚的皇帝向侍臣询问百姓的反应，侍臣当然会说"百姓蒙赦，无不感悦"这种让皇帝听着高兴的话。但久病的高宗听后，却感伤了起来："苍生虽喜，我命危笃。天地神祇若延吾一两月之命，得还长安，死亦无恨。"可惜，"天地神祇"并没有满足他生还长安的愿望，当天夜里，高宗崩于洛阳真观殿，时年56岁。高宗在遗诏里交代了三件事情：第一，皇太子李显可于灵柩前即位；第二，葬事务必节俭；第三，授予武则

---

　　① 农历的一至十二月，一般较公历的相应月份要晚一个月左右。所以，农历本年的十二月很可能已经属于公历的下一年。为了方便起见，本传以农历当年主要时间对应着公历哪一年为准，如永淳二年大部分月份都对应公历的683年，所以永淳二年十二月依然标为683年。特此说明。

天权力，"军国大事有不决者，取天后处分"。（《旧唐书》卷五）①

七日后，弘道元年（683）十二月甲子日，皇太子李显即位，是为唐中宗。②次年正月初一，中宗改年号为嗣圣，并立原太子妃韦氏为皇后。韦皇后大概也想效仿武则天当年的做法，擢用外戚来扩大后宫势力，撺掇中宗提拔韦家的亲戚，中宗在将韦皇后的父亲韦玄贞自从六品的普州（今四川安岳）参军擢升为从三品的豫州（治在今河南汝南县）刺史后，很快又想将之擢升为相当于宰相的正三品侍中，甚至还想"授（韦皇后）乳母之子五品官"。中书令裴炎劝谏中宗不要这样做，中宗竟然生气地说："我把天下交给韦玄贞，也没什么不可以，何必要吝惜一个侍中的职位！"裴炎听了中宗此话，对大唐的前途深感忧虑，遂将此事告知了太后武则天，两人商议后决定废除中宗。嗣圣元年（684）二月戊午日，仅当了两个多月皇帝的中宗被太后下令废为庐陵王。单纯的中宗还在质问："我何罪？"太后厉声答道："汝欲以天下与韦玄贞，何得无罪！"遂将李显幽禁。次日，武则天第四子、原雍州牧豫王李旦被立为皇帝，是为唐睿宗，大赦天下，改嗣圣元年为文明元年。不过睿宗虽立，却只是一个傀儡皇帝，"政事决于太后，居睿宗于别殿，不得有所预"，武则天开始"临朝称制"。（《资治通鉴》卷二〇三）

就在武则天临朝称制的文明元年（684）二月，进士科举考试结果揭晓。这一次，陈子昂顺利越过了"龙门"，中了乙科进士。陈子昂中的是乙科进士，可以从其后来获得的官阶反推。陈子昂说自己是"守麟台正字"（《〈麈尾赋〉并序》）、"将仕郎守麟台正字"（《谏雅州讨生羌书》《谏用刑书》），用一个"守"字，是因为"凡注官，阶卑而拟高则曰守，阶高而拟卑则曰行"（《唐六典》卷二），将仕郎是从九品下，麟台正字是正九品下。换句话说，陈子昂在被擢升为正九品下的麟台正字之前，已经获得了一个从九品下的文散官——将仕郎。按唐制，"进士、明法出身，甲第，从九品上；乙第，从九品下"（《旧唐

---

① 高宗改元、逝世日期，《旧唐书》卷五《高宗本纪》说是"十二月己酉"。《新唐书》卷二《高宗本纪》、《资治通鉴》卷二〇三则作"丁巳"。

② 皇太子李显即位时间，《旧唐书》卷六《则天皇后本纪》作"十二月丁巳"。《新唐书》卷四《则天皇后本纪》、《资治通鉴》卷二〇三则作"甲子"。总之，无论按《旧唐书》所载，还是按《新唐书》《资治通鉴》所载，太子即位的时间，都在高宗崩后七日。

书》卷四二），我们便可以据此反推出陈子昂所中为乙科进士。

既然说到陈子昂登科入仕，我们顺便探讨一个相关的问题。清人徐松《登科记考》是研究唐五代科举的重要文献。该书卷三垂拱三年（687）条记载了"陈伯玉"中状元一事。徐松作为一位严谨的学者，同时注明了他的依据为《玉芝堂谈荟》。这里的陈伯玉，就是本传的传主陈子昂。那么，问题来了，陈子昂真的在垂拱三年又参加了一次科举考试，并且高中状元吗？

20世纪40年代，岑仲勉最先发文对这种说法予以评述，他在《陈子昂及其文集之事迹》一文中指出："余意此特《谈荟》误考子昂是年登第，又不书其名而书其字耳。《续酉阳杂俎》五大历时虽有同姓名之陈子昂，但《谈荟》而外，别无征信，《记考》此条，断应删却。"①岑先生谨守史学考证"孤证不立"的原则，认为陈子昂中状元这种说法是"误考""别无征信""断应删却"，史识、史德令人钦佩。后来，徐文茂在《陈子昂年谱》中也明确指出，陈子昂最初所授官职为将仕郎，不过是一个"文散官"，属"从九品下阶"，所以可以反推陈子昂中的是乙科进士，当与状元无缘②。面对陈子昂中状元这个说法，岑先生从"孤证不立"的角度提出疑问，徐先生则从授官品阶的角度提出反证，共同对这个说法进行了否定。但是，他们否定得并不彻底。因为，岑先生认为是"孤证"，就未必真的是"孤证"，有可能还存在岑先生没有见到的其他材料；徐先生提出的反证也有站不住脚的地方，徐松《登科记考》说的是陈子昂垂拱三年（687）中的状元，用文明元年（684）的授官品阶去否定四年后的科举结果，逻辑上是有漏洞的。

那我们应该怎么办呢？找到这种说法的源头。徐松不是说他的依据是《玉芝堂谈荟》吗？我们就去看看《玉芝堂谈荟》是怎么说的。幸好，这本书今天我们还能检索得到。《玉芝堂谈荟》是明代学者徐应秋编纂的一部书，其卷二云："唐宋以来，状元科第姓名可考者……垂拱三年，状元陈伯玉。"看来徐松《登科记考》关于陈子昂中状元的记载，确实是有依据的。但问题在于，

---

① 岑仲勉：《陈子昂及其文集之事迹》，载《岑仲勉文集》，中山大学出版社，2004，第327—347页。

② 徐文茂：《陈子昂论考》，上海古籍出版社，2002，第51页。

徐应秋《玉芝堂谈荟》的记载就一定可靠吗？不一定。《玉芝堂谈荟》虽然是"考证之学"，"取材博瞻，足资采择"，但是其材料来源"大抵采自小说、杂记者为多"（《续文献通考》卷一七八），而且还有"援引昔人文辞，每不标明某书"（《冷庐杂识》卷一）的问题。所以，我们绝不能"尽信"《玉芝堂谈荟》的记载。

不幸的是，《玉芝堂谈荟》"垂拱三年，状元陈伯玉"的说法，恰好属于没有注明文献来源的情况；幸运的是，我们得益于大数据时代资料检索的便利，也很容易检索到此说的最早来源。最早说陈子昂是状元的，是明代四川籍著名学者

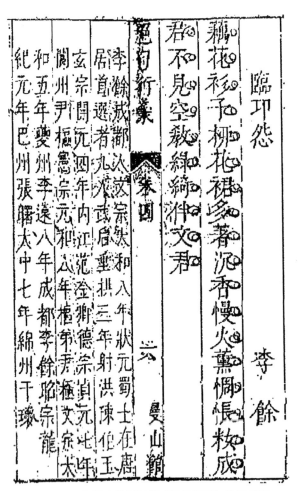

图4.1　明代曼山馆刻杨慎《绝句衍义》卷四书影

杨慎。（图4.1）

杨慎《绝句衍义》卷四云："蜀士在唐居首选者九人：武后垂拱三年，射洪陈伯玉；玄宗开元四年，内江范金卿；德宗贞元七年，阆州尹枢；宪宗元和八年，枢弟尹极；文宗太和五年，夔州李远；八年，成都李余；昭宗龙纪元年，巴州张曙；大中七年，绵州于瓖。"杨慎在前面说"九人"，实际上只列出了八人；"居首选者"，就是中状元的意思，第一人的信息也非常明确，射洪陈伯玉，时间是垂拱三年（687），那就只能是本传的传主陈子昂。徐应秋《玉芝堂谈荟》说陈子昂中状元，应该就是从杨慎这里承袭而来；徐松《登科记考》又承袭了《玉芝堂谈荟》的说法；时至今日，诸多"历代状元名录"一类的书籍都接受了这个说法。

杨慎的学术地位与学术成就，应该说比徐应秋、徐松两人都要高出一头，但问题在于，杨慎的学术品格历来受人诟病。比如梁启超就指出：

> ……杨老先生文章很好，手脚有点不干净，喜欢造假……

> 又如杨慎，生平喜欢吹渊炫博，一心要他人所未看之书。本来一个人讲学，只问见地之有无，不问学识之博否，但杨老先生则不然，专以博学为贵。《太平御览》是中国很大的一部类书，根据《修文御览》而出。《修文御览》早佚，杨老先生偏说他曾看见过。后来的人，因为知道他手脚不干净，所以对于他所说所写的，都不十分相信……[①]

我们就事论事。在杨慎所列举的"蜀士在唐居首选者"八人之中，目前只有三人有史可征，其余五人的状元头衔均无明确记载。就陈子昂本人而言，他对自己的"状元"身份未置一词，其好友卢藏用为其写传时也只说他"以进士对策高第"，至于后来的各种正史乃至《独异记》《唐才子传》等笔记小说都不言其中状元一事。陈子昂是"至年十七八未知书"（《陈氏别传》），在"三十老

---

① 梁启超：《国学要籍研读法四种》，江西教育出版社，2018，第6、24页。

明经，五十少进士"（《唐摭言》卷一）的科举环境下，如果他能在垂拱三年（687）不到30岁的年龄就考中状元的话，这无疑是一个宣扬陈子昂聪颖的绝佳标签，为什么他朋友为其写的传记中，以搜奇猎异为能的《独异记》《唐才子传》等笔记小说中，以及新旧《唐书》等官方记载中，都对"状元"一事绝口不提呢？陈子昂根本没有中状元，是唯一合理的解释。他垂拱三年（687）的这个状元头衔，是作为学者的杨慎为了"吹渊炫博""矜夸蜀中人士"①而捏造出来的，不足凭信。

所以，我们还是回到传统说法：陈子昂在文明元年（684）二月成为进士，然后"对策高第"（《陈氏别传》）或"射策高第"（《鲜于公为故拾遗陈公建旌德之碑》）。其实"对策"与"射策"存在着很大的区别："射者，谓列策于几案，贡人以矢投之，随所中而对之也。对则明以策问授其人而观其臧否也。"（《唐摭言》卷一）也就是说，"对策"相当于研究生面试中的考官问答，题目由考官定；"射策"相当于研究生面试中的抽题问答，考题由应试者在题库中抽取。除了这个形式上的区别，两者在考生与问题的关系、考试内容、考试所取重心三个方面都存在着不同。②陈子昂到底是"对策"还是"射策"，我们现在很难搞清楚了。总之，陈子昂完整地通过科举考试的流程，有了入仕为官的资格。我们前面说过，陈子昂参加考试时穿的是白色粗麻布衣，现在有了入仕的资格，就可以将这白色粗麻布衣脱下来，称为"解褐"。所以，陈子昂自己也说："甲申岁，天子在洛阳，余始解褐，守麟台正字。"（《〈麈尾赋〉并序》）当然，陈子昂脱下来的白色粗麻布衣应该不会直接扔掉，而会被还没有考取进士的举子们索要过去，作为一种吉利的兆头。③

关于陈子昂入仕的记载，卢藏用《陈氏别传》云：

① [明]杨慎：《绝句衍义笺注》，王仲镛、王大厚笺注，四川人民出版社，1986，第189页。
② 陈飞：《唐代"射策"与"对策"辨略》，《清华大学学报（哲学社会科学版）》2008年第1期。
③ 程千帆：《唐代进士行卷与文学》，北京出版社，2020，第41页。

属唐高宗大帝崩于洛阳宫,灵驾将西归,子昂乃献书阙下。时皇上以太后居摄,览其书而壮之,召见问状。子昂貌寝寡援,然言王霸大略,君臣之际,甚慷慨焉。上壮其言而未深知也,乃敕曰:"梓州人陈子昂,地籍英灵,文称伟曜,拜麟台正字。"时洛中传写其书,市肆闾巷,吟讽相属,乃至转相货鬻,飞驰远迩。

《全唐文》载赵儋《鲜于公为故拾遗陈公建旌德之碑》云:

其年,高宗崩于洛阳宫,灵驾将西归于乾陵,公乃献书阙下。天后览其书而壮之,召见金华殿。因言霸王大略,君臣明道,拜麟台正字。由是海内词人,靡然向风,乃谓司马相如、杨子云复起于岷、峨之间矣。

看来,陈子昂是向朝廷上书后受到武则天称赞,随即拜官麟台正字。其上书所议论者,不仅引起了武则天的注意,还在整个朝野产生了轰动效应,可谓"风起洛阳"。那么,这究竟是怎么一回事呢?下一节我们再详细叙述。

第二节　献书阙下

文明元年（684）五月，高宗灵驾西还长安，八月，葬于乾陵。

在这之前，朝廷将高宗灵驾西还的消息以诏书的形式昭告天下。陈子昂看到诏书后，对朝廷的这个举动感到忧虑。他花费几天时间，写好了一份谏书，以"危言正色，抗议直辞，赴汤镬而不回，至诛夷而无悔……敢触龙鳞，死而无恨"的精神，在"庙堂未闻有骨鲠之谋，朝廷多见有顺从之议"这种几乎无人谏言的情况下，"不顾万死，乞献一言"，"冒死献书阙下"，对诏书中高宗灵驾西还的决定提出异议，力主葬高宗于山河形胜的洛阳。陈子昂的这份谏书，名为《谏灵驾入京书》。

陈子昂在长达一千五百余字的《谏灵驾入京书》中，主要表达了三层意思：

第一，长安所属的关中一带已是今非昔比。秦汉时期的长安，"北假胡宛之利，南资巴蜀之饶，自渭入河，转关东之粟，逾沙绝漠，致山西之宝"，所以秦据咸阳、汉都长安可以"削平天下，弹压诸侯，长辔利策，横制宇宙"。现在的情况却有所不同。燕（今河北一带）、代（今山西一带）屡遭匈奴侵扰，巴（今四川一带）、陇（今甘肃一带）常受吐蕃威胁，致使"西蜀疲老，千里运粮；北国□男，十五来塞"，人民生活受战争影响极大。况且关中一带近年发生严重灾荒，黄河以西已成不毛之地，甘肃以北很少能见到青草，人民大量逃亡，"莫不父兄转徙，妻子流离"。去年的收成稍微好一点，不过能勉强保住性命，但"流人未返，田野尚芜，白骨纵横，阡陌无主"的情况依然没有改善，更不要说什么积蓄的粮食了。这种情况下，如果将高宗灵驾西迁，"千乘万骑，何方取给"？何况还要兴师动众营建陵墓，役使大批工匠，必然会影响到百姓的农时耕作，进而加深饥荒的程度。如果不幸再发生点水旱灾害，百姓还如何生活？

第二，天子以四海为家，不一定非得回长安安葬。备受推崇的上古圣君已经为我们做了榜样。"舜死陟方，葬苍梧而不返；禹会群后，殁稽山而永终"，他们难道是喜爱蛮夷之乡而鄙弃中原吗？不是的。舜葬苍梧（今湖南宁远县南）、禹葬会稽（今浙江绍兴市南），反而更加能够"示圣人之无外也"，展示出他们对四海一视同仁的态度，所以至今传为美谈。这事放到高宗身上，难道只有长安可以营造陵墓，洛阳就不行吗？显然说不过去。

第三，洛阳是风水宝地，于治国而言十分重要。洛阳附近有景山、嵩山、北邙山等名山，有祝融、太昊等上古帝王的遗迹，如果营建陵墓，哪还有比此处更好的地方呢？洛阳是天地交会的中心，"北有太行之险，南有宛叶之饶。东压江淮，食湖海之利；西驰崤渑，据关河之宝"，帝王居于此处，只需要克己修身就能够"天下和平"。如果陛下（唐睿宗）放弃洛阳而将高宗灵柩西迁长安，无异于"弃太山之安，履焦原之险"，斤斤计较于曾子、闵子骞所奉行的孝道，而忽略了治国的要道。况且"太原蓄钜万之仓，洛口积天下之粟"，如此重要的"国家之宝"，现今竟然要"舍而不顾"，如果有"鼠窃狗盗"之辈趁机作乱，"西入陕州之郊，东犯武牢之镇，盗敖仓一抔之粟，陛下何以遏之"？这种情况一旦发生，那就悔之晚矣。

以上的概述，基本上按照陈子昂《谏灵驾入京书》原文的顺序。看得出来，整篇文章逻辑清晰，史论结合，具有很强的说服力。其语言表述，也是根据论述的需要骈散结合，具有一定的气势和节奏感。同时，也表现出了陈子昂对人民疾苦的关注，对历史掌故的熟悉，以及对长安、洛阳两地情况了解之深入。

我们在本章第一节讲过，当时皇帝是睿宗，但是"政事决于太后"（《资治通鉴》卷二〇三），所以陈子昂的谏书虽然是献给皇帝"陛下"，其中也说到了"陛下何不……咨谋太后"这样的话，而实际上这封谏书也是上呈到了太后武则天面前。《谏灵驾入京书》让皇帝"咨谋太后"，武则天自然爱听；对比分析长安、洛阳之优劣，"盛言东都胜垲，可营山陵"（《新唐书》卷一〇七），更是说到了武则天的心坎里。武则天自高宗逝去后，多住洛阳，很少回到长安。据说武则天当年以极为残酷的方式处死王皇后、萧淑妃，武则天几次见到二人化为厉鬼，"被发沥血如死时状"。萧淑妃死前说了一句："愿它生我为猫，阿武为鼠，生生扼其喉。"因此宫中不再养猫。武则天连萧淑妃提到的猫都怕，整日疑心王、萧为祟，她的生活就全在阴影之中。所以，武则天"多在洛阳，终身不归长安"。（《资治通鉴》卷二〇〇）虽然现在学者们对这样的说法表示质疑[①]，但在武则天时期，像陈子昂之流和普通百姓听闻的宫廷"秘辛"，想必就是如此；大家私下里对武则天长居洛阳不愿回长安之事的看法，大概也会扯上她与王皇后、萧淑妃的恩怨。总之，长安，洛阳，武则天选择后者，长期留居东都洛阳，就连高宗西葬长安也未曾亲临。即使不谈迷信，就从政治角度而言，长安显然也不如洛阳："历经高祖、太宗、高宗三朝经营，长安早已成为李唐宗室政治势力的中枢所在，这对武则天一心要实现'以凤冠换龙袍'的目标是十分不利的。"[②]而陈子昂的《谏灵驾入京书》，则是从经济角度，言之凿凿地论证了洛阳比长安更好，岂不正中武则天下怀？

所以，武则天"览其书而壮之"，要召见《谏灵驾入京书》的作者。其貌不扬的陈子昂，却在金华殿上侃侃而谈，言"王霸大略，君臣之际，甚慷慨焉"，又一次让武则天十分满意。武则天下敕评价道："梓州人陈子昂，地籍英灵，文称伟曜。"遂授陈子昂为麟台正字。（《陈氏别传》《鲜于公为故拾遗陈公建旌德之碑》）

不过，陈子昂的意见并未被采纳。如我们前面所言，文明元年（684）五月高宗灵驾还是西还长安，八月葬于乾陵。但陈子昂在《谏灵驾入京书》中的精彩论述，却获得了武则天的肯定，成为其"授麟台正字"的关键因素之一。正如某些学者所说："作为进谏文来说，此文无疑是失败的。但作为干谒文来说，却

---

① 何磊：《武则天传》，天地出版社，2020，第70页。
② 何磊：《武则天传》，天地出版社，2020，第70页。

是成功的。"①当然，他能获得麟台正字这个官职，也与他在金华殿上的表现有着莫大的关系。他在金华殿上的慷慨陈词，已经湮没于历史的长河之中，但其言"王霸大略，君臣之际"的内容，我们却可以从他另一封谏书中看到相关的论述。这封谏书题为《谏政理书》。

《谏政理书》与《谏灵驾入京书》一样，开篇均自称"梓州射洪县草莽愚臣陈子昂"②。据《孟子·万章下》云"在野曰草莽之臣"，因此，这两份谏书都是陈子昂未获官时所献。大概在诏告高宗灵驾西还一事后不久，朝廷便下了另外一道诏令，"问于贤士大夫曰：'何道可以调元气？'"（《谏政理书》）。陈子昂在完成《谏灵驾入京书》的同时也完成了《谏政理书》。当他因《谏灵驾入京书》被"诏见金华殿"（《鲜于公为故拾遗陈公建旌德之碑》）时，遂一并上了《谏政理书》，并就"灵驾""政理"两书的相关内容，精彩地回答了武则天的各种询问，甚至还与朝臣进行了激烈的辩论，因为陈子昂在《谏政理书》中有言："陛下若不以臣微而废其言，乞以臣此章与三公九卿贤士大夫议之于庭。"显然，陈子昂为了这次献书和召见做了充分的准备工作，受到武则天赞赏与授官，自在情理之中。

那么，《谏政理书》是如何应答"何道可以调元气"这一问题的呢？陈子昂首先点明："元气者，天地之始，万物之祖，王政之大端也。"又以较多篇幅，论述了王政之大端在"安人"，③其政治主张是：

天地之道，莫大乎阴阳；万物之灵，莫大乎黔首；王政之贵，莫大乎安人。故人安则阴阳和，阴阳和则天地平，天地平则元气正矣。

① 蒋戈：《露才扬己，文质相宣——陈子昂〈谏灵驾入京书〉的写作策略》，《汉字文化》2021年第19期。

② 根据《谏政理书》的自称"草莽愚臣"，可知该书献于文明元年（684）陈子昂未获官时，当与献《谏灵驾入京书》的时间相隔不远。《新唐书》卷一〇七将此书系于"垂拱初"，显误。《唐会要》卷十一云"光宅元年梓州人陈子昂上疏曰"，即《谏政理书》，则庶几近之；唯改元光宅，事在此年九月，而陈子昂献书之时在五月以前，故仍为文明元年（684）。

③ 陈子昂因避唐太宗李世民的名讳，常常改"世"为"代"，改"民"为"人"。所以，"安人"原本可能是说"安民"。

为了阐明"安人"的重要性，陈子昂以董仲舒的"天人感应"说作为理论根基，指出"是以古先帝代，见人之通于天也，天之应乎人也。天人相感，阴阳相和，灾害之所以不生，嘉祥之所以迭作"，只有通过"观象于天，察法于地"了解"天地之道"，施行符合"天地之道"的做法，才能让人民"安其俗、乐其业、甘其食、美其服"，形成太平昌明之世。然后，陈子昂以正反两方面的历史经验佐证"安人"与否，涉及国家的兴衰成败：唐尧、虞舜、周文王、周武王之所以能成就太平盛世，关键就在于"敬授人时"，在于"顺天应人，诚信忠厚，加于百姓"，在于"天人之道始和""和之得也"；而夏桀、商纣、周幽王、周厉王以及隋炀帝之所以酿成乱亡之祸，根本原因就在于国君穷奢极欲、昏庸暴虐，违背"天地生人之理"，"和之失也"，致使民怨沸腾，天地震怒，灾变屡兴。总之，陈子昂认为"安人"是治国理政"调元气"的根本。

至于如何"安人"，陈子昂接下来便提出了几条具体措施：

第一，兴建明堂。所谓"明堂"，就是"明政教化之堂"，即孟子所谓"夫明堂者，王者之堂也"（《孟子·梁惠王下》），"是天子的庙堂，举凡祭祀、朝会诸侯、飨功、养老、教学、选士等，意义重大的活动，当在这里举行"。[1]"昔者黄帝合宫，有虞总章，唐尧衢室，夏后世室"，均是"明堂"的别称，正因为他们建立了明堂，所以才能"调元气、理阴阳"。所以，陈子昂谏言"于国南郊建立明堂"，以行王道教化之事。

第二，效法古代"藉田亲蚕"，即皇帝亲自耕种、皇后亲自接触蚕事，"以劝天下之农桑"，鼓励农业生产。

第三，效仿古代设"三老五更"之位，尊养年高德劭之人，"以教天下之孝悌"。

第四，明察诉讼，慎用刑狱，杜绝滥用刑罚。

第五，"除害去暴"，从而保证社会秩序安定。

第六，"修文尚德"，从而停止战乱。

---

[1] 南怀瑾：《孟子旁通》，复旦大学出版社，2017，第202页。

第七，"察孝兴廉"，斥逐一切贪官污吏。

第八，赈恤孤寡、伤残、年老、重病等不能自食其力的人。

第九，裁减后宫多余的宫女，将她们放出去许配人家。

第十，弃置不必要的装饰品，必要与否，在于这种装饰品是否"益于理"。

第十一，巫师进行不合礼制的祭祀，从而欺骗、诱惑人们的，需要禁止，并对巫师处以死刑。

第十二，兴太学。陈子昂曾在太学也就是国子监待过一段时间，他见到"国家太学之废，积岁月矣。堂宇芜秽，殆无人踪，诗书礼乐，罕闻习者"的现象，深感忧虑。陈子昂指出，只有振兴太学，才能"聚天下英贤"，也才可以"得贤臣"。

陈子昂提出的这十二条措施，第一条和最后一条讲得最详细，其余十条，则是罗列。这些措施的提出，一方面是由于陈子昂读书时善于"原其政理，察其兴亡"，详细地说就是"察天人之际，观祸乱之由，迹帝王之事，念先师之说"；另一方面，则是据其生活中的所见所闻，比如其对太学现状的批评。陈子昂对自己所提措施的正确性十分自信，他拍着胸脯保证，如果能施行他所说的这些措施，"不出数年之间，将见太平之化也"。

这么多具体措施，其实都基于一条总纲："先本人情而后化之。"这句话化用自《易·咸》所云："圣人感人心而天下和平。"也就是说，要先明白人心所向、人性根底，然后顺势而为，就能将天下治理得井井有条。陈子昂在《谏政理书》中说出这句话，是在总结"自伏羲、神农之初，至于周隋之际"的历史经验，他自己并未明确将之视为"安人"政治主张的总纲。但其《谏政理书》中所提之具体意见，以及《谏灵驾入京书》对长安百姓生活之忧虑、对洛阳有粮仓易招盗贼的推断，都是基于对"人情"——也就是基本人心的同情和理解，随之提出恰当的应对策略。后面的"谏兵谏刑"，我们也会看到这一点，陈子昂总是从"人情"角度出发考虑问题的产生根源与解决之道。所以，我们说"先本人情而后化之"是陈子昂"安人"政治主张的总纲，是符合实际情况的；这也可以让我们对陈子昂的各项谏言有一个更加深切、本质的认识，知道这一系列谏言背后其实有一个恒定的、核心的关切，那就是"人情"。

陈子昂凭借《谏灵驾入京书》《谏政理书》两篇谏书以及金华殿上的侃侃而谈——如我们前面所说，既获得了武则天的称赞，也获得了麟台正字这个官职。同时，这两篇文章还在朝野间产生了轰动效应，正所谓"时洛中传写其书，市肆闾巷，吟讽相属，乃至转相货鬻，飞驰远迩"（《陈氏别传》），"由是海内词人，靡然向风"（《鲜于公为故拾遗陈公建旌德之碑》）。陈子昂因此名声大噪。面对这样的现状，陈子昂胸中热血沸腾，他在《答洛阳主人》一诗中表露了此时的豪情万丈：

> 平生白云志，早爱赤松游。事亲恨未立，从宦此中州。
> 主人何发问，旅客非悠悠。方谒明天子，清宴奉良筹。
> 再取连城璧，三陟平津侯。不然拂衣去，归从海上鸥。
> 宁随当代子，倾侧且沉浮。

诗的前四句，写自己弃隐从官。五六两句回答主人的质疑：自己虽然是客居之人，却绝非庸碌之辈。接下来便说明自己的情况和愿景：我即将谒见贤明的皇帝，呈献治国的良策，从而像蔺相如取连城璧、公孙弘对策一样，建功立业，拜相封侯；如果不能这样，那我也宁愿拂衣而去，隐居学道，绝不会与势利小人一起随波浮沉。这首诗的写作时间，大概就在垂拱元年（685）前后[1]，至于是献《谏灵驾入京书》《谏政理书》之前还是之后，并不重要。因为，陈子昂接下来还会以极大的热情和自信的心态，多次"方谒明天子，清宴奉良筹"。欲知他还会指出一些什么样的朝政弊端，提出什么样的政治主张和措施，那就请读者诸君继续往下看吧。

---

[1] 罗庸：《陈子昂年谱》，载韩理洲《陈子昂研究》，上海古籍出版社，1988，第306—307页。

第三节 条上利害

文明元年（684）九月，武则天以自己的年号临朝称制，改睿宗文明元年为武则天光宅元年。年号是皇帝专有，作为皇太后的武则天建元光宅的举动，实际上已经昭示她在行使皇帝的特权。她不废除睿宗的帝号，仅仅是出于策略上的考虑：万一朝臣反对激烈，自己尚有回旋的余地。①改元的同时，武则天还对旗帜、朝服、官名、官署名称等也做了改变。比如，我们前面提到过的中书省、门下省、尚书省，改名为凤阁、鸾台、文昌台。陈子昂的官职麟台正字，也是这次才改的。麟台本名秘书省，龙朔二年（662）改名兰台，咸亨元年（670）恢复旧名，光宅元年（684）九月五日改名麟台。②麟台下设正字四人，负责校订典籍、正其文字（《唐六典》卷十）。所以，严格说来，陈子昂在文明元年（684）五月以前得官，其时尚应称为秘书省正字。卢藏用《陈氏别传》写在陈子昂去世以后，当时秘书省早已改为麟台，卢氏追述往事，误以时行官名称之，后世也随之讹传。③我们前面引用过陈子昂《〈麈尾赋〉并序》所云"甲申岁，天子在洛阳，余始解褐，守麟台正字"，这句话里的官名"麟台正字"，《文苑英华》卷

---

① 何磊：《武则天传》，天地出版社，2020，第72页。

② 麟台之名起于何时，文献记载不一，相关诸说，参见彭庆生：《陈子昂集校注》，黄山书社，2015，第10—11页。本传所据为《唐会要》卷六五、《资治通鉴》卷二〇三胡三省注。

③ 韩理洲：《陈子昂研究》，上海古籍出版社，1988，第28—29页。

一〇八、《全唐文》卷二〇九均作"秘书省正字"，也可以说明问题。但是，讹传已久，且陈子昂任秘书省正字后不久即改名为麟台正字，麟台正字为其一生之重要标签，即所谓"麟台正字垂拱臣"（《宝真斋法书赞》卷五），故本传上一节为了叙述的方便，就按卢藏用《陈氏别传》等文献所载，径称其为麟台正字；现在讲到武则天大改官名一事，也就顺便一提，让读者知晓这个情况。另外，武则天还"改东都为神都"（《旧唐书》卷六），意味着"大唐帝国的东都洛阳再也不是国都长安的陪都了，此举反映了太后决心将政治中心从长安转移到洛阳，准备一切从头开始的思想"[①]。陈子昂《谏灵驾入京书》对长安、洛阳利弊的分析，或许起了一定的作用。

武则天一系列"越轨"的举动，引起了一部分唐王朝宗室和大臣的不满。英国公李勣之孙李敬业等人被武则天贬官，"会于扬州，各自以失职怨望，乃谋作乱"（《资治通鉴》卷二〇三），打着匡复被贬为庐陵王的废中宗李显的旗号，十余天内，拼凑起十余万兵马，公开反对武则天临朝称制。与他们一起共事、号称"初唐四杰"之一的骆宾王还写出了传诵一时的《代李敬业以武后临朝移诸郡县檄》（又名《代李敬业传檄天下文》），历数武则天的种种罪状，将之描写为"人神之所同嫉，天地之所不容"的妖后，又将李敬业塑造成"爰举义旗，誓清妖孽"的英雄，鼓动天下之人"共立勤王之师，无废旧君之命"（《旧唐书》卷六七）。从文学角度看，这是一篇辞采瑰丽、气势磅礴的骈体佳作，据载武则天在洛阳见此檄文，读到"一抔之土未干"时，便急忙询问身边人："这是谁写的？"听说出自骆宾王之手后，武则天惋惜地说："宰相真是失职啊！朝廷竟然没有好好地任用此人。"（《旧唐书》卷六七）武则天这边，则是命左玉铃卫大将军李孝逸为扬州道大总管，率领大军三十万讨伐李敬业，十一月，也就是李敬业起兵尚不足两月时，这场被骆宾王鼓吹为"班声动而北风起，剑气冲而南斗平。暗鸣则山岳崩颓，叱咤则风云变色。以此制敌，何敌不摧？以此图功，何功不克"（《旧唐书》卷六七）的武装事变就被平息了下来。陈子昂曾如此形容这次动乱："扬州构祸，殆有五旬，而海内宴

---

① 何磊：《武则天传》，天地出版社，2020，第74页。

然，纤尘不动。"（《谏用刑书》）

除了李敬业的举兵反对，朝堂上亦有大臣对武则天的做法表示不满。对于这一类人，武则天的做法是毫不犹豫地杀之。最为典型的是中书令裴炎。武则天听从其侄子武承嗣的建议，"追王其祖，立武氏七庙"（《资治通鉴》卷二〇三）。据《礼记·王制》云"天子七庙"，武则天此举明显又是在行使天子特权，故裴炎出来劝谏："太后您以皇帝之母的身份临朝，就应该向天下展示自己的公心，不可以因私心而过分地为自己亲人谋利。难道您忘了汉代的吕后就是因偏私外戚而失败的吗？"武则天对裴炎说："吕后是因为以朝政大权委任活着的亲人，我现在追尊的不过是去世的先人，有何不可呢？"裴炎回答道："这种事情就应该防微杜渐。"（《资治通鉴》卷二〇三）毫无疑问，这个上半年还支持武则天废黜中宗李显的宰相，现在在临朝称制这件事上站到了武则天的对立面，引起了武则天的反感。李敬业举兵之后，武则天问裴炎对策，裴炎却趁机让太后还政于睿宗，说如此李敬业他们就再无起兵的借口，叛乱自平。这下彻底惹恼了武则天，裴炎以谋反的罪名被下狱。刘景先、胡元范等人认为裴炎不可能谋反，还以十分确切的口吻向武则天谏言："我们敢断定裴炎没有谋反。如果他算谋反，那我们都可以算谋反了。"武则天说："我知道裴炎确实谋反了，我也知道你们没有谋反。"（《资治通鉴》卷二〇三）何磊先生曾指出，"谋反"在古代有两层含义：一是公开反对皇朝的武装叛乱，二是不同意皇帝对某一问题的处理。[1]李敬业属于前者，裴炎属于后者。当然，裴炎的问题还有一个复杂之处：是站在哪个"皇帝"的立场上考虑问题。裴炎力主武则天还政于睿宗，对无实权的睿宗而言是忠心，对有实权的武则天而言则毫无疑问是"谋反"。所以，裴炎的命运不可更改，不久后即被斩于都亭。

而且，自从扬州叛乱发生以后，武则天"疑天下人多图己"，又"知宗室大臣怨望，心不服"，于是"盛开告密之门"。武则天让驿站为告密者提供交通、食宿之便，亲自召见告密者，告密内容如果有用则授官，如果不实也不予追究。

---

[1] 何磊：《武则天传》，天地出版社，2020，第49页。

"于是四方告密者蜂起，人皆重足屏息。"（《资治通鉴》卷二〇三）有一个叫索元礼的胡人因告密而被擢为游击将军，负责审查办理相关案件。索元礼生性残忍，往往审查一人便能牵连出几十上百人，因此得到武则天的重用。周兴、来俊臣等人纷纷效仿，"专以告密为事"，形成了酷吏政治的风气。他们为了逼出自己想要的口供，设置了种种凶狠毒辣、惨无人道的刑法，"每得囚，辄先陈其械具以示之，皆战栗流汗，望风自诬"。来俊臣甚至还与人一起编出了《罗织经》这样的"教材"，专教酷吏如何"网罗无辜，织成反状"。武则天认为这些做法是忠于自己的表现，因此更加宠幸和重用酷吏。但是朝廷内外却十分畏惧这帮酷吏，认为他们的凶狠甚于吃人的虎狼。确实，酷吏横行造成了不可胜数的冤案，"无辜民众，被株连者不下万千，非止残杀李氏宗支已也"[1]。

在这样的环境下，虽然也有李敬业、裴炎等人以不同的方式反对武则天临朝称制，但更多的人还是选择识时务，溜须拍马，所以"四方争言符瑞"（《资治通鉴》卷二〇三）。但是陈子昂却并不如此。垂拱元年（685）十一月十六日，武则天召见陈子昂，赐其纸笔，命他"言天下利害"，也就是关系国计民生之大事。陈子昂如他在《答洛阳主人》诗中所说，"宁随当代子，倾侧且沉浮"，没有说些无关痛痒或武则天爱听的谄媚之言，而是激扬文字写下了《上军国利害事》，切实指出了目前朝政存在的三大时弊。

陈子昂第一条谈的是"出使"问题。其时，武则天曾下诏派遣使臣巡察天下诸州。陈子昂认为，使臣人选应该满足"雅合时望，为众人所推，仁爱足以存恤孤惸，贤明足以进拔幽滞，刚直足以不避强御，明智足以照察奸非"的条件，才能起到考察地方官员、知晓民间疾苦的作用。武则天派遣使臣的目的是好的，但由于对出使一事的重视不够，因此"不选人"，任非其人，导致"黜陟不明，刑罚不中，朋党者进，贞直者退"，不但无功，反而干扰了百姓的正常生活，使臣"愈出而天下愈弊"，使臣"弥多而天下弥不宁"。这是陈子昂在家乡时的亲身经历，所以他深切知道其中的弊病。陈子昂建议武则天召集朝廷百官，推选德高望重之人作为使臣，并且以崇高的礼节表示对"出使"一事

---

① 岑仲勉：《隋唐史》，河北教育出版社，2000，第152页。

之重视，很快就能产生应有的效果："陛下圣教，不旬月之间，天下家见而户习也。"

陈子昂第二条谈的是"牧宰"问题。这一条，我们已经在第二章第四节提到过。陈子昂认为，刺史、县令等地方官员是朝政落实的关键，如果地方官员不得其人，朝廷虽然"布德泽，下明诏"，百姓却因为地方官员的贪暴而生活在水深火热之中。百姓无法知晓朝廷的盛德眷顾，他们只会以为天子的政令就是如此，所以会对朝廷产生怨恨。"自有国来，此弊最深，而未能除也"，因此陈子昂建议武则天要高度重视这个问题，与贤明的宰相一道拿出对策，"救正此弊，使天下之人稍得以安"。

陈子昂第三条谈的是"人机"问题。陈子昂提醒武则天，天下百姓尚不能安居乐业，而造成百姓不安的主要原因乃是频繁地发动扩张领土的战争。他说：

> 当今天下百姓，虽未穷困，军旅之弊，不得安者，向五六年矣。夫
> 妻不得相保，父子不得相养。自剑以南，爰至河陇秦凉之间，山东则有
> 青徐曹汴，河北则有沧瀛恒赵，莫不或被饥荒，或遭水旱，兵役转输，
> 疾疫死亡，流离分散，十至四五，可谓不安矣。

在此之前，唐军曾与吐蕃军发生过两次大的战争：高宗咸亨元年（670）大非川之战，吐蕃军队大败唐军；仪凤三年（678），唐军与吐蕃军在青海展开激战，又一次惨败。（《资治通鉴》卷二〇一、卷二〇二）陈子昂本着"遂事不谏，当复何言"的原则，直截了当地批评说："国家所伐吐蕃，有大失策。中国之众，半天下受其弊。"陈子昂说目前边境之战停了大概半年，百姓得到休息，"人心稍安"。而现在之所以要向武则天提出这个问题，"更论天下之危机"，是想提醒武则天不要听信"贪夷狄之利"的将相的话，不要"以广地强武为威，谋动甲兵以事边塞"。现在看来，陈子昂的忧虑是对的。几乎与陈子昂写这篇谏书同时，武则天命天官尚书（即吏部尚书）韦待价为燕然道行军大总管，

讨伐突厥。（《资治通鉴》卷二〇三）①陈子昂写谏书时是否知道此事或直接针对此事，我们不得而知；我们只知道，他恰好在这个时候向武则天提出了这个问题——可以说是"逆龙鳞"了。陈子昂还告诫武则天应该记取隋炀帝"北讨胡貊，东伐辽人。于是天下百姓穷困，人不堪命，机动祸构，遂丧天下"的教训。他认为，只要实行较为宽松的仁政，"垂衣裳，修文德，去刑罚，劝农桑"，让天下百姓安居乐业，周边少数民族"自知中国有圣人，重译而入贡"，就能不战而屈。

从以上三条我们可以看出，陈子昂论述的核心还是"安人"，这三条关系"军国利害"的谏言都是站在"安人"的角度提出的。他从历史经验和现实启示中深切认识到："夫百姓安则乐其生，不安而轻其死。轻其死，则无所不至也。"（《上军国利害事·人机》）这一点认识，也是基于其"先本人情而后化之"（《谏政理书》）的总纲而提出来的。千年后康熙皇帝在读了陈子昂《上军国利害事》后就明确指出："论事简当，不涉枝蔓。百姓安则乐生，不安则轻生，洞达人情，可谓经国之言。"（《全唐文纪事》卷首）陈子昂提出的"出使""牧宰"是官吏选用问题，"人机"是边疆战争问题，这二者都在我们上节所讲的《谏政理书》中出现过："修文尚德，以止天下之干戈。察孝兴廉，以除天下之贪吏。"只不过陈子昂现在从"安人"的核心政治主张、"先本人情而后化之"的总纲出发，讲得更加翔实具体。时间不过一年有余，谏书不过两篇（若算上也有"安人"思想的《谏灵驾入京书》则为三篇），我们已经能看出陈子昂政治思想的核心、总纲、延续与发展。

是的，陈子昂的形象会随着本传的展开而越来越丰满。现在的陈子昂，虽然在《上军国利害事》中谈到了战争的问题，但他自己实际上并未真正上过战

---

① 韩理洲云："《资治通鉴》卷二〇三载，就在陈子昂写这篇谏疏的前几天，武则天曾'命天官尚书韦待价为燕然道行军大总管，以讨吐蕃'。对此，陈子昂直截了当地批评：'国家所伐吐蕃，有大失策。中国之众，半犬卜受其弊。'"见韩理洲：《陈子昂评传》，西北大学出版社，1987，第27页。这种说法是混淆了材料，误解了陈子昂的原文。陈子昂批评"国家所伐吐蕃，有大失策"，是针对咸亨元年（670）、仪凤三年（678）之旧事，所以他才说"遂事不谏，当复何言"。而陈子昂写谏书之时，武则天命韦待价讨伐的是"突厥"而非"吐蕃"，《资治通鉴》原文有误。

场。他之所以反对与吐蕃、突厥作战，主要还是以"安人"的政治主张为根基，同情百姓，做一些书生之谈罢了。而就在下一年，垂拱二年（686）春，陈子昂第一次负剑北征，亲历军旅生活。那么，曾经"驰侠使气"，后又成为一介书生的陈子昂，其军旅生活究竟如何？在"西驰丁零塞，北上单于台"（《感遇》其三十五）后，陈子昂的思想又会发生怎样的变化呢？我们在下一节中继续讲述。

第四节　负剑北征

太宗贞观四年（630）正月，定襄道行军总管李靖大破突厥；与此同时，李勣，也就是本传上一节所讲扬州叛乱首领李敬业之祖父，"出云中，与突厥战于白道，大破之"；三月，大同道行军副总管张宝相生擒颉利可汗；四月，军吏向太宗告捷，以颉利可汗敬献。自此以后，西北地区少数民族均上书请尊太宗为"天可汗"。（《旧唐书》卷三）唐朝官府根据这些部落的情况列置州县，"其大者为都督府，以其首领为都督、刺史，皆得世袭"。（《新唐书》卷四三、《资治通鉴》卷一九三）

垂拱二年（686）春，金微州（今内蒙古鄂温克族自治旗巴彦乌拉至蒙古国温都尔汗一带）仆固叛乱，南下掳掠，边境地区的人民惨遭荼毒。朝廷派遣大军阻击，兵分两路。东路军由贺兰山北上，西路军从居延海（今内蒙古额济纳旗境内）进发。左豹韬卫将军刘敬同统领西军，陈子昂的诗友左补阙乔知之以代理侍御史的身份监军。①

---

① 《资治通鉴》卷二〇三将北征一事系于垂拱元年（685），误。据陈子昂《观荆玉篇并序》《燕然军人画像铭》《吊塞卜翁文》，知事当在"内戌"年，即垂拱二年（686）。参见罗庸：《陈子昂年谱》，载于韩理洲《陈子昂研究》，上海古籍出版社，1988，第307—308页。按，文集所记，乃当时人之见闻；史籍所载，是后来人之整理；故可以当时人所写之文集，纠正后来人整理之史籍。这是一个很好的案例。另外，北征分东、西两路军，此事《旧唐书》《新唐书》《资治通鉴》均无记载，本传参考韩理洲的考证。韩理洲：《陈子昂评传》，西北大学出版社，1987，第30、47页。

陈子昂也随乔知之一道参加了北征的西路军，担任幕僚。他在《燕然军人画像铭》序言中这样叙述我们上两段所讲之内容：

> 龙集丙戌，有唐制匈奴五十六载①，盖署其君长，以郡县畜之，荒服赖宁，古所莫记。是岁也，金微州都督仆固始箓鸷，惑乱其人。天子命左豹韬卫将军刘敬同发河西骑士，自居延海入以讨之，特敕左补阙乔知之摄侍御史，护其军。

四月，大军在张掖河（今甘肃张掖市附近）驻扎。陈子昂在河边的沙洲上见到了自己在家乡经常食用的一种植物——仙人杖。有一天，当张掖戍边老兵把仙人杖作为一味鲜美的蔬菜进献到餐桌时，陈子昂有了一种"他乡遇故知"的惊喜感受："与你分别之后，没想到还能在这里相遇。看来是上天眷顾，要延我寿命啊！"陈子昂热情地向乔知之介绍了仙人杖延年益寿的效用，同行的王无竞听说后，便连续吃了半个月仙人杖。一天，一个自称懂药物的人对乔知之说："这是白棘，不是仙人杖。你们搞错了！"王无竞遂对陈子昂的话产生了怀疑，乔知之还写了《采玉诗》讥笑他不识货。陈子昂自信没有错，写了《观荆玉篇》作答：

> 鸱夷双白玉，此玉有缁磷。悬之千金价，举世莫知真。
> 丹青非异色，轻重有殊伦。勿信工言子，徒悲荆国人。

"鸱夷"是装玉的皮囊，"缁磷"指玉石表面之瑕疵。陈子昂说：这样的玉石，如果悬之以千金的价格，世人不知真假，都会持怀疑的态度；这玉石颜色虽然没什么特别的，其品质却与其他石头有高下之分；你们不要相信那些自称懂玉的人胡说，如果信了，怀抱价值连城之和氏璧的楚人将是多么悲哀！陈子昂还在诗的序言中指出：人们完全可以根据自己目之所见和口之所感做出独立的判断，却会因为别人的议论而心生疑惑，"君臣之际，朋友之间"的关系，何尝不是如

---

① 从贞观四年（630）到垂拱二年（686），实为57年。

此呢？"万物之情"又何尝不是如此呢？

陈子昂由此发出的人生感慨，是较为严肃、悲凉的。但是这种幕府文人之间的赋诗戏谑，倒也为军旅生活增加了乐趣，起到了很好的调节作用。

至于陈子昂所说是否正确，我们可以找到旁证。开元年间（713—741）陈藏器《本草拾遗》记载："又别一种仙人杖，味甘，小温，无毒。久服长生，坚筋骨，令人不老，作茹食之，去痰癖，除风冷。生剑南平泽。叶似苦苣，丛生。"[1]陈藏器接下来就引用了陈子昂的《观荆玉篇》，可见陈子昂死后卢藏用所编的《陈子昂集》在开元年间的流行；也可见陈藏器是同意陈子昂关于"仙人杖"的说法的。后来李时珍《本草纲目》卷二七引宋代苏颂《图经本草》，专门为陈子昂进行辩护，此处就不详述了。（图4.2）总之，我们知道，陈子昂确实是

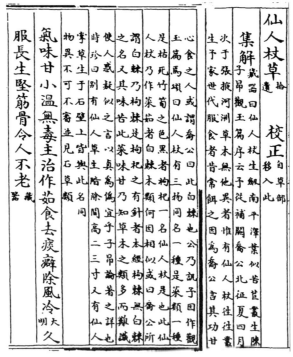

图4.2 《本草纲目》卷二七"仙人杖草"

① [唐]陈藏器：《〈本草拾遗〉辑释》，尚志钧辑释，安徽科学技术出版社，2002，第144页。

识得"荆玉"之人，他对仙人杖的认定有他的根据，他对整个事件的讽喻也包含着深刻的人生哲理。

在张掖逗留了半个多月后，陈子昂随军继续向东北驰驱一千五百余里，五月抵达边塞要冲——同城（今内蒙古额济纳旗东南）。这里临近突厥，东、西、北三面皆是千里大漠，黄沙与盐碱遍地，水草不生。陈子昂来到这荒僻的古战场，抚今追昔，深有感慨地写了《感遇》（其三）：

> 苍苍丁零塞，今古绌荒途。亭堠何摧兀，暴骨无全躯。
>
> 黄沙漠南起，白日隐西隅。汉甲三十万，曾以事匈奴。
>
> 但见沙场死，谁怜塞上孤。

自古及今，丁零人（汉时属匈奴）居住的边塞之地是这样苍茫辽阔。陈子昂看到那边塞上一座座亭堡是多么高峻，想到古今不知多少壮士弃骨于这荒野之地。白日西坠的黄昏时候，狂风卷着黄沙铺天盖地而来，陈子昂眼前浮现出汉代三十万大军在此与匈奴作战的场景。只见这一位位战士为国捐躯、惨死沙场，异常悲壮，可是又有谁来怜悯这边塞地区的孤儿寡老呢！亲历古战场的陈子昂，第一次真切地感受到边关常年战乱给人民带来的伤痛。他通过这首《感遇》指出"边备不修，将帅非人，以致斯患"（《诗比兴笺》卷三）。

确实，陈子昂开始意识到他在《上军国利害事·人机》中笼统反对战争的提议过于天真，朝廷还是需要认真做好边防工作，抓住时机解除突厥之患，稳定边疆，老百姓才能真正地安定下来。所以，某日在同城的一座古祠庙里聚会，陈子昂指出：

> 君子曰："兵者凶器，仁者恶之。"丑虏猖狂，厥自招咎，今至尊不得已而顺伐。尝闻西方之圣有能仁者，凶吉之业，各报以直。则使元恶授首，群氓不孤，兵无血刃，荒戎底定，岂不在于大雄乎？（《〈燕然军人画像铭〉（并序）》）

陈子昂谨记古人箴言："兵者，不祥之器，非君子之器。不得已而用之。"（《道德经》第三十一章）现在突厥猖狂，朝廷正是不得已而用兵。但是，陈子昂虽然承认用兵的正当性，同时也提出了用兵的限度：我们的主要目标是惩戒作恶的元首。如果把握好这个限度，那么就可以兵不血刃地解决问题，从而不让双方将士们白白牺牲，也就不会留下那么多无人照顾的孤儿和老人。在场的将帅们都对陈子昂的说法表示赞同。[①]为了纪念这次出征，士兵们在将军的带领下，在这座古祠庙中"图画形容"，以壁画的形式留下神采，其中也有"古之弥勒像也"。陈子昂形容这些壁画说："天人备容，丹青毕彩，盖以昭乎景福也。"（《〈燕然军人画像铭〉（并序）》）这些绘画作品究竟怎样"丹青毕彩"，我们无缘得见。初唐时期长乐公主墓中的两幅壁画（图4.3），可资我们遐想陈子昂在同城见到的"燕然军人画像"。陈子昂是否参加了此次"图画形容"的具体工作，我们也不得而知，只是知道陈子昂为此写了《燕然军人画像铭》及序文。2017年，中蒙联合考察队在蒙古国杭爱山一带发现了东汉班固所撰《封燕然山铭》石刻，轰动一时；陈子昂的《燕然军人画像铭》及其序文应该也刻在了同城的某处石壁上，一千余年过去，不知道这铭文是否还存于天地之间？我们是否还有机会一睹铭文真迹？

图4.3　长乐公主墓《战袍仪卫图》（左）与《甲胄仪卫图》（右）

---

① 认为战争应由元首决斗以定胜负，从而减少流血牺牲和人民苦难，是古今中外之老生常谈。相关的有趣议论，可参见钱锺书：《管锥编》，生活·读书·新知三联书店，2007，第453—454页。

同城北面有一座峡口山，位居“大漠南”，“横绝界中国”，是古代匈奴与中原王朝的分界线。这里乱石林立，草木茂盛，远望气象万千，近看又普普通通。孤峭突兀的山峰迂回曲折，形势险要，是抗拒胡兵侵扰、守住汉人边塞的要冲。陈子昂和乔知之、王无竞曾骑马越过此山，写了《度峡口山赠乔补阙知之王二无竞》一诗，描绘了这里的奇异景色，并勉励友人英勇进击，平寇立功：

峡口大漠南，横绝界中国。丛石何纷纠，小山复翕赩。
远望多众容，逼之无异色。崔崒乍孤断，逶迤屡回直。
信关胡马冲，亦距汉边塞。岂伊河山险，将顺休明德。
物壮诚有衰，势雄良易极。逦迤忽而尽，泱漭平不息。
之子黄金躯，如何此荒域。云台盛多士，待君丹墀侧。

“物壮诚有衰，势雄良易极。”陈子昂这句诗空泛地来看，是在讲物极必衰的道理；而实际上，他是有具体所指的。其《为乔补阙论突厥表》云：

夫以汉祖之略，武帝之雄，谋臣勇将，势盛雷电，穷兵黩武，倾天下以事之，终不能屈一王、服一国。宣帝承衰竭之后，抚疮痍之人，不敢惕然有出师之意，然而未有遗矢之费，而臣仆于单于之长者，其故何哉？盖盛衰有时，理乱有数。故曰：圣人修备以待时，是以正天下如拾遗。

陈子昂总结了秦汉以来中国与匈奴之战的历史经验，深刻认识到了“匈奴为中国之患，自上代所苦久矣”，以及“匈奴未灭，中国未可安卧”的道理，并根据汉高祖、汉武帝、汉宣帝的事迹指出一个道理：以汉高祖、汉武帝时之强盛，对匈奴也无可奈何，而汉宣帝却能轻易地降服匈奴，这是因为匈奴“盛衰有时，理乱有数”，汉宣帝时恰逢匈奴发生严重内乱，“残虐死者，计万亿数，畜产耗减，十至八九，人以饥饿，相燔烧以求食”。所以，朝廷应该“修备以待时”，平定天下也就轻而易举。而现在唐军面对的突厥，正是“物壮诚有衰，势雄良易极"，盛极而衰。陈子昂在表文中指出，"今者同罗、仆固都督早已伏诛"，突厥诸部发生了严重内讧，并且连年大旱，饥饿频仍，人心浮动，争相归附，正是派大军深入漠北、予敌以毁灭性打击的有利时机。朝廷应该抓住这个时机，"大定北戎"，就可使其再也无力南下骚扰掳掠，"千载之后，边鄙无虞，中国之人，得安枕而卧"。同时，陈子昂还提出两点建议：一是利用居延海泽与张掖河之间水草丰茂的广阔地带，军垦屯田，发展畜牧业，养鱼产盐；二是要改变用兵"主将不选，士卒不练，徒如驱市人以战"的现状。（《为乔补阙论突厥表》）

值得注意的是，在陈子昂代拟的这份表文开篇，乔知之一面向皇帝认罪说自己"无尺寸之功"，"孤负圣明"，一面又向皇帝解释自己其实是日夜"以蕃事为念"，请皇帝明察。（《为乔补阙论突厥表》）表文下面所提的各项策略，大概也有向皇帝表明这就是其日夜"以蕃事为念"的成果的意思。原来，在这次北征战役中，年近五十的乔知之不但没有得到应有的奖赏，还遭到了别人的谗毁。所以，陈子昂为乔知之写了表文之后，又写了《题居延古城赠乔十二知之》一诗：

> 闻君东山意，宿昔紫芝荣。沧洲今何在，华发旅边城。
> 还汉功既薄，逐胡策未行。徒嗟白日暮，坐对黄云生。
> 桂枝芳欲晚，蕙茞谤谁明。无为空自老，含叹负生平。

诗的前四句是说乔知之本来欲像谢安隐居东山一样，在山间行采芝求仙之事，现在不但没有过上隐居的日子[①]，头发花白一把年纪了，还来到边关打仗。诗的中间四句则是此次从军的"一无所获"：归还朝廷也没有什么功劳可叙，向朝廷献的"论突厥表"也还没有施行，不过是看着日落云生枉自嗟叹罢了。最后四句则是劝慰乔知之不必为此哀叹。

我们借陈子昂此诗顺便谈一下"生"字的问题。人们常说张九龄"海上生明月"（《望月怀远》）的"生"是"炼字"，他不用只能体现物理过程的

---

① "沧洲"泛指隐居之所，"沧洲今何在"即无处隐居、未能隐居。

"升"，而用有拟人意味的"生"来形容明月，是点睛之笔。我们也会以同样的理由赞美杜牧"白云生处有人家"（《山行》）对"生"的选用，因为他没有选用只有空间意味的"深"。其实，写无生命之物而用"生"的，不可胜数，何止张九龄、杜牧两家！比如杜牧所写的云，陈子昂说"坐对黄云生"（《题居延古城赠乔十二知之》），李白说"云生结海楼"（《渡荆门送别》），杜甫说"荡胸生层云"（《望岳》）；又如张九龄所写的月，张若虚说"海上明月共潮生"（《春江花月夜》），崔融说"月生西海上"（《关山月》），陈子昂说"微月生西海"（《感遇》其一）；其他无生命之物如烟，王昌龄说"寒烟生里闾"（《客广陵》），李白说"日照香炉生紫烟"（《望庐山瀑布》），李商隐说"蓝田日暖玉生烟"（《锦瑟》）。正因为其常见，所以古人评点根本不会注意到"生"字，比如张九龄《望月怀远》一诗，古人称道的是"共""怨""灭烛""光满"等（《唐诗成法》《唐诗选脉会通评林》），而绝不是"海上生明月"的"生"。由此可见，古代文人写无生命之物而选用"生"，并非有意"炼字"的结果，而是一种固有观念的体现。钱锺书先生曾指出："盖吾人观物，有二结习：一、以无生者作有生看（animism），二、以非人作人看（anthromorphism）。"[1]其实钱先生的说法还不够彻底，因为区分出"有生"与"无生"只是今人的一厢情愿，而在古人的观念里，万物皆是"有生"，皆是阴阳变化的结果。所以古代画家直接称呼石头为"云根"（《芥子园画传·山石谱》），认为云就像植物一样是有生机、会生长的，而且还有"根"——这绝不是什么"拟人"手法，而是他们的固有观念。在这种观念下，写云、月、烟等无生命之物而选用"生"，就一点儿也不奇怪。我们阅读古人之诗，应当知晓古人之观念，否则就会出现一些不必要的"赞赏"；古人若是地下有知，也会对今人这种自以为是的"赞赏"感到莫名其妙吧！

言归正传。陈子昂以《题居延古城赠乔十二知之》一诗对乔知之表示劝慰，但以他"驰侠使气"的性格，这口气大概是忍不了的。所以，他又写了《题祀山烽树赠乔十二侍御》一诗："汉庭荣巧宦，云阁薄边功。可怜聪马使，白首为谁

---

① 钱锺书：《管锥编》，生活·读书·新知三联书店，2007，第2115页。

雄！"陈子昂以简洁明了的语言，愤怒地斥责了朝廷宠信那些善于钻营取巧的小人，却不奖赏像乔知之一样耿直清廉、辛勤戍边的功臣。这是我们今天能看到的陈子昂诗歌中强烈讥刺朝政最早的诗篇。

陈子昂在边关除了考虑政治军事问题，偶尔也会产生惆怅的思乡之情。我们前面提到过，陈子昂在张掖看到仙人杖时就想起了家乡剑南。西北边地天气寒冷，五六月份尚"无芳树"，一天他偶然听到黄莺鸣叫，便想起昭君、蔡文姬身在异邦的孤苦，怀念起"故园春"，写下了《居延海树闻莺同作》一诗：

> 边地无芳树，莺声忽听新。间关如有意，愁绝若怀人。
> 明妃失汉宠，蔡女没胡尘。坐闻应落泪，况忆故园春。

七月的一天清晨，陈子昂辞别同城，准备返回朝廷。仍然留守边地的乔知之等人在同城郊外为同衾战斗的诗友饯别，乔知之《拟古赠陈子昂》一诗写道：

> 悙悙孤形影，悄悄独游心。以此从王事，常与子同衾。
> 别离三河间，征战二庭深。胡天夜雨霜，胡雁晨南翔。
> 节物感离居，同衾违故乡。南归日将远，北方尚蓬飘。
> 孟秋七月时，相送出外郊。海风吹凉木，边声响梢梢。
> 勤役千万里，将临五十年。心事为谁道，抽琴歌坐筵。
> 一弹再三叹，宾御泪潺湲。送君竟此曲，从兹长绝弦。

乔知之在诗中深情地描述了与陈子昂"同衾"的战友之情。在这白霜满地、胡雁南飞、海风吹树的时节，大家为陈子昂的离别，也为战事的辛劳、满腔的心事，弹琴吟歌，一唱三叹，以至泪水盈眶。

陈子昂原路返回，七月从同城出发，八月到达了张掖。在这里，他听到了北征的东路军在贺兰山一带大捷的消息，便向自己在东军的朋友韦虚己道贺，写了一首《还至张掖古城闻东军告捷赠韦五虚己》。他以霍去病皋兰山大捷、韩信井陉大捷的典故形容了东军势如破竹的胜利："闻道兰山战，相邀在井陉。屡斗关月满，三捷虏云平。汉军追北地，胡骑走南庭。"同时，他也祝贺精通兵法的韦虚己能够在这次对突厥的作战中大显身手，建立功勋："君为幕中士，畴昔好言兵。白虎锋应出，青龙阵几成。披图见丞相，按节入咸京。"最后，陈子昂想到自己此番从戎的劳而无功，不禁感慨万端："纵横未得意，寂寞寡相迎。负剑空叹息，苍茫登古城。"这种壮志未酬的激愤萦回在陈子昂心中，借着登山望远怀古之机一抒为快，除了在这首写给韦虚己的诗中有所表露外，他在《感遇》（其三十五）一诗中也激昂地剖白道：

> 本为贵公子，平生实爱才。感时思报国，拔剑起蒿莱。
> 西驰丁零塞，北上单于台。登山见千里，怀古心悠哉。
> 谁言未亡祸？磨灭成尘埃。

陈子昂在诗中追述了自己之所以出仕、之所以随军北征的心路历程："我本是一个富家子弟，可以自由自在地生活，但这并不能使我感到满足，因为我想成为对国家有用的人才。现在北方边境受到突厥侵扰，这正是我报效国家的大好时机，于是我投笔从戎、拔剑而起，参加了这次北征。"北征时的纵横驰骋，陈子昂以大写意的手法为我们展现出来："西驰丁零塞，北上单于台。"但是，陈子昂并没有被这种热血的场面冲昏头脑。他在边塞之地登高眺望，目视八荒，心游万仞，不禁想起了"匈奴未灭，中国未可安卧"（《为乔补阙论突厥表》）的历史教训。他已把这些历史教训总结出来，并制定好对策，以乔知之的名义上报给了朝廷。可是，朝廷却未理会他们的谏言，"逐胡策未行"（《题居延古城赠乔十二知之》）。是啊，自古以来的边患早已灰飞烟灭，又有谁还记得呢！

陈子昂在另一首《感遇》（其三十七）中也直陈面对突厥"猖狂"，朝廷之"塞垣无名将，亭堠空崔嵬。咄嗟吾何叹，边人涂草莱"，实际上就是其《为乔补阙论突厥表》中所言边塞唐军"主将不选，士卒不练，徒如驱市人以战"的弊病。可见，陈子昂经过此次北征，切身感受到了军事的重要性。在本节前面提到过的《〈燕然军人画像铭〉（并序）》、《为乔补阙论突厥表》、《感遇》（其三、三十五、三十七）等诗文中，陈子昂以不同的形式反复提出自己的军事主张。突厥之患的解决之道，成了他心心念念的东西。

陈子昂此次北征，在其一生中至少具有以下三点重要意义。第一，如我们上面所言，他对边关军事更为熟悉，一方面了解到了边防的重要性和弊病，一方面也感受到了边境人民和戍边战士的苦难，促使他对军事的思考更加深入；第二，则是对朝政的一些黑暗现象有了切身体会，比如他朋友乔知之的经历让他看清了"汉庭荣巧宦，云阁薄边功"的现实；第三，他的诗歌内容开始由赞颂美好的理想、抒发建功立业的豪情，转入揭露理想与现实的矛盾，抒发壮志难酬的悲愤，甚至揭露时弊、批评朝政，诗歌创作的情感基调，也由豪爽乐观转为慷慨沉郁。由此看来，此次负剑北征，是陈子昂由憧憬未来进入批判现实的转折点，是陈子昂思想和诗文发展的转折点。①

陈子昂于垂拱二年（686）九月返回洛阳，复任麟台正字。是的，与北征前一样，陈子昂依然是麟台正字。但是，就如佛教一句名言所说："吾犹昔人，非昔人也。"（僧肇《物不迁论》）这一句陈子昂有可能听到过的话，用来形容此时的陈子昂，再合适不过了。那么，思想和诗文发生了转变但依然是麟台正字的陈子昂，接下来又将如何呢？

---

① 关于陈子昂垂拱二年（686）北征之意义，参见韩理洲：《陈子昂评传》，西北大学出版社，1987，第34页。韩理洲：《陈子昂研究》，上海古籍出版社，1988，第50—52页。

第五节 边州安危

    一些学者根据陈子昂"安人"的政治主张，断定其思想渊源于儒家的"仁政""民本"，显得过于片面。比如道家的思想，也在陈子昂"安人"的政治主张中有着非常明显地反映。他盛赞古代帝王缔造的"人得安其俗，乐其业，甘其食，美其服"的政治图景（《谏政理书》），出自《道德经》第八十章对上古社会的描述；他谏言如果出使不得其人，只会"劳天下之人，是犹烹小鲜而数挠之尔"（《上军国利害事·出使》），是谨记老子"治大国若烹小鲜"（《道德经》第六十章）的箴言，提醒当政者不要扰民；他指出对于边防事务应该未雨绸缪，"圣人所贵者，去祸于未萌"（《为乔补阙论突厥表》），显然受了老子"为之于未有，治之于未乱"（《道德经》第六十四章）的影响；至于他说突厥现在的形势是盛极而衰，"物壮诚有衰，势雄良易极"（《度峡口山赠乔补阙知之王二无竞》），那更是道家朴素辩证法的体现。

    陈子昂北征时，曾写过一篇《吊塞上翁文》。传闻居延海南四百余里处，有一座名为"塞上翁城"的古城遗址。陈子昂想起了"塞翁失马，焉知非福"的典故，无论面对坏事还是好事，塞上翁都以一种福祸相依的辩证思维看待。后来，塞上翁儿子坠马残疾，胡人入侵，青壮年均被征入伍，"死者十九"，而塞上翁之子因为腿瘸躲过一劫，"父子相保"："故福之为祸，祸之为福，化不可极，深不可测也。"（《淮南子·人间训》）陈子昂对塞上翁深知"无往不复"之理表示赞扬，"贤叟之德"；同时又对世人不知此理而感到"心伤"，感叹"天道何远，而兹理茫茫"。（《吊寒上翁文》）陈子昂写这篇文章，当然是在继续表达他对"物壮诚有衰，势雄良易极"（《度峡口山赠乔补阙知之王二无竞》）的认识，其实也有同情边疆人民的意味在其中。

可见，道家思想对陈子昂的影响很深。他不只是"饵地骨，炼云膏"，"种树采药以为养"（《陈氏别传》），做一些道士乃至术士的事情，而是对道家哲学有着深刻的体认，并将之用于构建自己的政治主张。他脑中时刻盘旋着"其安易持，其未兆易谋；其脆易泮，其微易散。为之于未有，治之于未乱"（《道德经》第六十四章）之类的"先师之说"。所以，他在垂拱二年（686）北征返回洛阳后上献的《上西蕃边州安危事》开篇就说：

> 臣闻圣人制事，贵于未乱，所以用成功，光济天下大业。

陈子昂在这篇《上西蕃边州安危事》中谏言武则天"为之于未有，治之于未乱"的有三件事。

第一件事，如何对待十姓部落。突厥部落在隋代分裂为东突厥、西突厥，贞观九年（635），西突厥沙钵罗咥利失可汗将其国分为十部，每部设一酋长，"自是都号为十姓部落"（《旧唐书》卷一九四）。垂拱二年（686），原东突厥所属的同罗、仆固等九姓部落反叛，唐王朝在派遣刘敬同率领唐军北征的同时，又派田扬名调集金山（即阿尔泰山，在今新疆与内蒙古交界处）道的原西突厥十姓部落三万骑兵，协助平叛。十姓部落"奉诏之日，若报私仇，莫不为国家克剪凶丑"，而且还"自食私粮"，未向大唐索要战略物资，鏖战六个月，为夺取这次战争的胜利做出了贡献。现在，十姓部落首领"拟入朝"觐见，武则天却下诏"不许朝觐"，让他们从凉州（治在今甘肃武威市）返回各自的部落，原因是十姓部落未得到朝廷批准，"妄破回纥部落"——回纥与同罗、仆固等同属九姓部落。陈子昂指出，武则天的做法"非善御戎狄，治于未乱之长策"。十姓部落为朝廷效忠，现在已经与回纥结仇，如果朝廷对十姓部落首领"拒而遣还，不许朝觐"，"阻其善意，逆其欢心"，十姓部落腹背受敌，"内无国家亲信之恩，外有回纥报仇之患"，他们无法自安，就只能"亡叛沙漠"。朝廷需要十姓部落与九姓部落相互制衡，所谓"夷狄相攻，中国之福"；现在"九姓叛亡，北蕃丧乱"，"碛北诸姓，已非国家所有"，如果又使十姓部落"亡叛沙漠"，"则河西诸蕃，恐非国家所有"，损失是非常惨重的。朝廷现在归罪田扬名，已经足以安慰回纥等族首领，没必要牵连有功无罪的十姓部落。所以，陈子昂最后指出："十姓首领，国家理合羁縻，许其入朝，实为得计。"

第二件事，关于同城设置安北都护府。垂拱二年（686）五月——也就是陈子昂北征时到达同城的那个月，武则天下令在同城设置安北都护府，"以招纳亡叛，振匈奴之喉"（《为乔补阙论突厥表》）。陈子昂认为这是"见几于万里之外，得制匈奴之上策"（《为乔补阙论突厥表》），并指出了两个原因：一是同城地理位置相当重要，"此地逼碛南口，是制匈奴要冲"；二是突厥大乱，"乱而思理，人之大情"，所以"招纳归降"的安北都护府能起到很好的"安人"作用，效果也十分明显，已经安置近一万帐降户。但是，陈子昂也尖锐地指出，在同城设置安北都护府的政策虽好，却并没有落到实处，而是"空委此府安抚"。这是因为朝廷没有做好充分准备，"同城先无储蓄"，也就无法真正地安置那些"伤残羸饿，并无人色""携幼扶老，远来归降"之人，导致这些人走投无路，铤而走险，"时有劫掠，自相屠戮"。同城有"官羊及牛六千头口，兵粮粟麦万有余石"，孤城兵少，"夫人情莫不以求生为急，今不以此粟麦，不以此羊牛，大为其饵，而不救其死，人无生路，安得不为群盗乎？"陈子昂从基本人情出发，从人的求生本能出发，指出朝廷这样做是在"故诱其为乱，使其为贼"，将酿成严重的边祸。

第三件事，加强甘州（治在今甘肃省张掖市）边备。陈子昂指出，西北诸蕃的粮草均有赖于甘州、凉州的屯田，而屯田成效不佳，主要是因为"兵防数少，百姓不多，屯田广远，收获难遍"，人力资源严重缺乏，导致甘州今年有超过产量三分之一的粮食都未能及时收割。况且目前"甘州仓粮，积以万计"，而守军又不足以抵抗侵扰，如果吐蕃趁机"纵兵大入，以寇甘、凉"，即使不掠人口、不占城池，只是烧毁甘州屯粮，都会产生十分可怕的后果："河西诸州，国家难可复守也。"所以，陈子昂谏言"甘州宜便加兵"，有了更多的兵力，既可以增加屯田人手，"务穷地利"，改善屯田效果，又可以外防吐蕃侵扰。这样的话，"仓廪既实，边境又强"，那就可以无往不胜了。

可以说，陈子昂《上西蕃边州安危事》这三条谏言都是很有远见的。比如最后一条，虽然未得到武则天的及时采用，却被其好友郭震予以实施。陈子昂去世的后一年，大足元年（701），郭震出任凉州都督、陇右诸军州大使："令甘州刺史李汉通开置屯田，尽其水陆之利。旧凉州粟斛售至数千，及汉通收率之后，数年丰稔，乃至一匹绢粟数十斛，积军粮支数十年。"（《旧唐书》卷九七）郭震实施的，正是十五年前陈子昂提出的方案。或许，就是长寿二年（693），因母丧在家守制的陈子昂前去刚刚丧偶的通泉县尉郭震处吊唁（《馆陶郭公姬薛氏墓志铭》），两人曾探讨过这个问题。唐玄宗时，更是以全国三分之一以上的精兵镇守河西、陇右、剑南，才从根本上改变了与吐蕃的军事态势。就如彭庆生所说，陈子昂的很多政治主张，虽不行于当世，却对"开元之治"有所启示。[1]

一年以后，垂拱三年（687）深冬[2]，武则天准备调遣梁州（治在今陕西省汉中市）、凤州（治在今陕西省凤县）以及巴賨（古西南部落，活动于今南江、渠江和嘉陵江一带）活动区域的驻军，从雅州（治在今四川省雅安市）与青藏高原接壤的崇山中开辟一条通路，出击羌族，借机攻袭强敌吐蕃。陈子昂闻知此讯后，愤然写了《感遇》（其二十九）：

> 丁亥岁云暮，西山事甲兵。赢粮匝邛道，荷戟争羌城。
>
> 严冬岚阴劲，穷岫泄云生。昏曀无昼夜，羽檄复相惊。
>
> 拳跼克万仞，崩危走九冥。籍籍峰壑里，哀哀冰雪行。
>
> 圣人御宇宙，闻道泰阶平。肉食谋何失，藜藿缅纵横。

---

[1] 彭庆生：《陈子昂的政治思想》，载《陈子昂研究论集（二）》，（香港）中国与世界出版公司，1993，第1、6页。

[2] 此事《资治通鉴》卷二〇四系于垂拱四年（688），误。陈子昂《感遇》（其二十九）云："丁亥岁云暮，西山事甲兵。赢粮匝邛道，荷戟争羌城。"即说此事，因此事当在丁亥年——垂拱三年（687）岁末。参见罗庸：《陈子昂年谱》，载《陈子昂研究》，上海古籍出版社，1988，第309—310页。

陈子昂说，这场战争一旦发生，兵士们就背着粮食，扛着武器，顶风冒雪，跋涉崎岖险峻的山路和阴冷幽深的峡谷，没日没夜地担惊受怕，成批成批地丧生弃骨于荒僻沟壑之中。陈子昂大概想起了他去年北征时所看到的惨象，边地民族百姓"疮痍羸惫，皆无人色，饥饿道死"，"莫不掘野鼠，食草根，或自相食，以活喉命"。（《为乔补阙论突厥表》）当这些惨象浮现在陈子昂眼前时，他想起了曹刿的名言："肉食者鄙，未能远谋！"（《左传·庄公十年》）也想起了东郭祖朝更为直白的控诉："设使食肉者一旦失计于庙堂之上，若臣等之藿食者，宁得无肝胆涂地于中原之野与？其祸亦及臣之身，臣与有其忧深，臣安得无与国家之计乎？"（《说苑·善说》）所以，陈子昂在写了《感遇》（其二十九）痛斥"肉食谋何失，藜藿缅纵横"之后，又立即向武则天上奏《谏雅州讨生羌书》，详细陈述了七条不应该攻打羌族的理由：

第一，自唐朝建国以来，羌人"未尝一日为盗"，如果让他们"无罪受戮，其怨必甚"。而据基本人情推断，"乱生必由怨起"，如果羌人生怨，就会因怨恨而产生叛乱，"蜂骇西山"，西蜀边地就此战事连连。

第二，吐蕃气焰正盛。如我们在本章第三节所讲，高宗咸亨元年（670）大非川之战，吐蕃军队大败由薛仁贵带领的十万唐军；仪凤三年（678），李敬玄带领十八万唐军与吐蕃在青海展开激战，又一次惨败。当年如此"精甲勇士，势如云雷"，尚且大败于吐蕃，而朝廷现在"欲以李处一为将，驱憔悴之兵，将袭吐蕃"，不过是再一次让吐蕃看笑话罢了。

第三，蜀地以山河险阻为屏障，古蜀国国君曾因贪图秦国的美女金钱，"使五丁力士凿山通谷，栈褒斜，置道于秦"，从而导致"险阻不关，山谷不闭"，最后被秦国"纵兵大破之"。古蜀国国君"贪利而亡"的教训，应该记取。

第四，吐蕃本来就"爱蜀之珍富"，贼心早起，只是由于"山川阻绝，障隘不通"，所以未能得逞。现在，如果朝廷灭掉羌族，打开通道，吐蕃必以逃亡的羌人作为向导犯边。这无异于"借寇兵为贼除道，举全蜀以遗之"，将天府之国拱手送人。

第五，蜀地是"国家之宝库"，"人富粟多"，如果能充分利用江河漕运，其地的财宝"可以兼济中国"。而西羌"地不足以稼穑，财不足以富国"，兴兵杀害这里的"无辜之众"，没什么利益，反而招致不仁不爱的恶名，费力不讨好。况且，唐军还不一定能侥幸取胜。

第六，"蜀之所宝，恃险也，人之所安，无役也"，现在朝廷"开其险，役其人"，对外利于吐蕃，对内劳民伤财。而且，恐怕奸盗之人也会借机敛财。此前益州长史李崇真就谎称吐蕃将入侵松州（治在今四川省松潘县），遂使国家大肆增兵运粮，结果"未二三年，巴蜀二十余州骚然大弊，竟不见吐蕃之面，而崇真赃钱已计巨万矣"，致使"蜀人残破，几不堪命"。现在朝廷欲举兵攻打羌族，难道就没有像李崇真一样的"奸臣欲图此利，复以生羌为计者哉"？

第七，蜀人体弱，不习兵战，蜀地又与中原有精兵强将的地方相距甚远，朝廷"若击西羌，掩吐蕃"，能打赢还好；但现在的情况是打不赢，那么蜀地可能会就此沦没，最终沦为蛮夷之地。

陈子昂还强调说，国君的职责是"务在仁，不在广，务在养，不在杀"，不应该穷兵黩武。况且如今"山东饥，关陇弊，历岁枯旱，人有流亡"，国内人民尚不安定；"西军失守，北军不利"，边地也是人心浮动；所以现在最重要的是"宁静"与"思和"，千万"不可动甲兵，兴大役，以自生乱"。陈子昂最后提醒武则天说："臣闻古人善为天下者，计大而不计小，务德而不务刑，图其安则思其危，谋其利则虑其害，然后能享福禄。"

陈子昂这份谏书的大意，陈沆曾作过精简的总结："结怨无罪之西羌，袭不可幸之吐蕃，开险道以引寇兵，弊全蜀以事穷夷，人劳则盗贼必生，财匮而奸赃日饱，其患无穷。"（《诗比兴笺》卷三）如此抽丝剥茧地分析利弊，武则天最终听进去了，"既而役不果兴"（《资治通鉴》卷二〇四）。陈子昂的谏言终于被采纳，产生了实效，这是很难得的。就如彭庆生所说："在他的全部奏疏中，这几乎是唯一的例外。"[①]

不但武则天采纳了陈子昂的谏言，千年后康熙皇帝在读了这篇谏书后，也深有感慨地赞许说："子昂本蜀人，故言蜀用兵利害，警切动听。蜀恃险为固，险不可使通，良有远识。"（《全唐文纪事》卷首）但也需要指出，陈子昂在

———————————

① 彭庆生：《陈子昂的政治思想》，载《陈子昂研究论集（二）》，（香港）中国与世界出版公司，1993，第7页。

这篇谏书中说"国家近者废安北，拔单于，弃龟兹，放疏勒，天下翕然，谓之盛德"，赞美朝廷放弃龟兹、疏勒，纯粹是书生之见。龟兹、疏勒等安西四镇，对捍卫唐朝本土安全、保障丝绸之路畅通，具有十分重要的意义。咸亨元年（670）薛仁贵大非川之败，让吐蕃夺了四镇，是政治军事上的大失败，而绝不是什么"盛德"。对于这一点，武则天还是很清醒的，所以在其帝位巩固后，便于长寿二年（693）命王孝杰等出兵收复四镇，设安西都护府于龟兹，屯兵镇守。这才应该说是武则天的"盛德"之一。①

---

① 彭庆生：《陈子昂的政治思想》，载《陈子昂研究论集（二）》，（香港）中国与世界出版公司，1993，第7页。

第六节　措刑用贤

我们在本章第二节讲到过武则天改元光宅后的扬州叛乱以及由此引发的酷吏之祸。武则天猜忌臣下，宠信酷吏，利用告密，罗织罪名，制造恐怖，宰相大臣屡遭告密者诬陷迫害。陈子昂亲见亲闻这些事情，遂以诗歌的形式展现心中的愤怒，通过咏史、咏物的方式，曲折地揭露武则天的酷吏政治。如其《感遇》（其二十一）云：

> 蜻蛉游天地，与物本无患。飞飞未能去，黄雀来相干。
> 穰侯富秦宠，金石比交欢。出入咸阳里，诸侯莫敢言。
> 宁知山东客，激怒秦王肝。布衣取丞相，千载为辛酸。

陈子昂开篇四句以蜻蜓、黄雀的寓言，隐喻本来与世无争、自由自在的人莫名遭到迫害。①后面八句，则是叙述穰侯的故事：穰侯原名魏冉，是秦昭王母宣太后之弟，其时昭王年少，太后专权，故魏冉得以重用，把持朝政，封于穰地，号曰穰侯；穰侯权势熏天，朝中诸臣均不敢有异言；后来作为布衣的范雎劝谏秦

---

① 这个寓言出自《战国策·楚策四》，本来是讲蜻蜓无端受到五尺童子捕捉、黄雀无端受到公子王孙捕捉，陈子昂诗前四句说黄雀"相干"了蜻蜓，是记错了典故。参见彭庆生：《陈子昂集校注》，黄山书社，2015，第93—94页。

昭王，一席话触动了昭王，于是废太后、逐穰侯，范雎也因此被拜为丞相。陈子昂讲穰侯的故事，并非说反对正在临朝称制的太后武则天，结合蜻蜓、黄雀的寓言来看，他所反对的是武则天宠幸酷吏，迫害无辜之人。同时，范雎成为他的榜样。所以，垂拱四年（688）五月以前，陈子昂以"不避汤镬之罪"的无畏精神，"以蝼蚁之命，轻触宸颜"，献上了一份反对滥刑的《谏用刑书》。

在《谏用刑书》中，陈子昂首先肯定了刑罚的必要性。但相比"仁义""权智"，刑罚只是最末的、不得已而用之的手段：

> 臣闻古之御天下者，其政有三：王者化之，用仁义也；霸者威之，任权智也；强国胁之，务刑罚也。是以化之不足，然后威之；威之不变，然后刑之。
>
> …………
>
> 且臣闻刑者政之末节也，先王以禁暴整乱，不得已而用之。

我们在本传第三章第一节讲到过，"质"与"文"并非平行关系，而是本末关系；其实本末关系在中国传统中是十分常见的，这里讲到的"仁义""权智""刑罚"，也是明显的本末关系。所以，陈子昂认为，武则天"专任刑杀，以为威断，可谓策之失者也"。那么，什么时候需要用到刑罚呢？就是在处理李敬业这种"敢谋乱常"的"逆党"时，对这种"法合诛屠"之人施以刑罚，是"顺天行诛"，是没有问题的。但是，如果因此"大开诏狱，重设严刑"，与逆党有关之人皆被牵连进来，"穷捕考训，枝叶蟠拏"，弄得"朝廷惶惶，莫能自固，海内倾听，以相惊恐"，就是在滥用不必要的刑罚了。陈子昂如实地揭露了当时冤假错案的严重性："顷年以来，伏见诸方告密，囚累百千辈，大抵所告皆以扬州为名，及其穷究，百无一实。"被冤枉者如此之多，全是大搞逼供刑讯，不断株连的结果。

陈子昂一针见血地指出，武则天重设严刑的动机是"冀以惩创观于天下"，目的在于用刑杀威慑群臣，加强自己的统治。在镇压李敬业等人党羽时，由于株连过甚，人心惶恐不安，为了缓和矛盾，武则天曾下令不要株连太广，以示宽怀。这也取得了很好的效果，"时人获泰，谓生再造"。但是没过多久，又仍其旧，"比者刑狱纷纷复起"。武则天在临朝称制时改元光宅，是取《尚书·尧典序》中"昔在帝尧，聪明文思，光宅天下"之意，以示其将发扬尧舜之道治理国家；几年前改元垂拱，也是取《尚书·武成》中"惇信明义，崇德报功，垂拱而天下治"之意，以显其仁政。但现在这种宠信酷吏、滥用刑罚的行为，"恐非三皇五帝伐罪吊人之意也"；而武则天表示宽怀的政令也是朝令夕改，"使前者之诏不信于人"。陈子昂分析了隋炀帝的历史教训：隋炀帝"穷毒威武"，致使杨玄感造反；杨玄感之失败，在于"蒸人之心，犹望乐业"，普通百姓不希望天下大乱；隋炀帝不明白此理，以为"元恶既诛，天下无巨猾也，皇极之任，可以刑罚理之"，因此"专行屠戮，大穷党与"，天下之人于是奋起反抗，以至于隋朝灭亡。陈子昂希望武则天汲取隋炀帝的教训，不要继续"专任刑杀"。

以上都是从统治者的角度进行分析。陈子昂还从酷吏和百姓两个角度对滥刑问题进行了深刻分析。陈子昂指出，武则天对这些不识大体的"刀笔之吏""屈法容之"。他们断案主要是抢时间、看严重性，而不是看是否符合事实；他们以深文周纳的手段陷害好人，却被称为最公正的人，就连皇帝"亦谓其奉法"。这样的话，就造成了"利在杀人，害在平恕"的局面，从而鼓励了酷吏的行为，也扭曲了酷吏的价值观。因为他们其实并非喜欢杀人，只是知道这样做对自己有利："故狱吏相诫，以杀为词，非憎于人也，而利在己，故上以希人主之旨，下以图荣身之利。"陈子昂说，"人情莫不自爱其身"，所以酷吏肯定会因趋利避害而滥刑，"滥及良善，则淫刑逞矣"也就不可避免。

从百姓层面而言，陈子昂指出"人安则乐生，危则思变"。陈子昂以汉武帝时"巫蛊之祸"致使戾太子刘据兵乱的历史教训劝谏武则天要"恤刑"——"巫蛊之祸"我们已在本传第二章第三节讲到过，这里不再重述。陈子昂提醒说："倘大狱未休，支党日广，天下疑惑，相恐无辜，人情之变，不可不察。"所谓"人情之变"，就是百姓因为恐惧而产生叛乱。而且，这不是"巫蛊之祸"的特殊现象，他说："臣窃以此上观三代夏、殷、周兴亡，下逮秦、汉、魏、晋理乱，莫不皆以毒刑而致败坏也。"现在北胡西戎连年侵扰，"兵革相屠，向历十载"，又加上"大兵之后，屡遭凶年"，所以"今天下百姓，思安久矣"——

扬州叛乱之所以能很快平息，正是因为百姓所思所盼者，是安居乐业。如果这时候"不务玄默，以救疲人，而反任威刑，以失其望"，以不得已而用于"禁暴整乱"的刑罚治理欲安居乐业的人民，绝非"适变随时"的好政策。

可以说，陈子昂在《谏用刑书》中的分析还是很有深度的，尤其是从酷吏和百姓两个角度的分析，再一次体现出了其"先本人情而后化之"（《谏政理书》）的政治思想总纲。但《谏用刑书》上呈后，武则天对此"奏疏不省"（《旧唐书》卷五十），冤狱有增无减。而且，时局的发展果然不出陈子昂所料。就在他上书后不久，不满武则天临朝称制、忍受不住武则天高压政治的李唐宗室就开始密谋推翻武则天的统治，酝酿着一场新的动乱。垂拱四年（688）七月，琅琊王李冲等人假睿宗皇帝之名，煽动李唐宗室起兵反对武则天。八月，李冲在博州（治在今山东省聊城市）募兵五千起事，"七日而败"；李冲之父越王李贞在豫州响应，武则天派十万大军，很快平息了这场叛乱。平叛后，武则天又掀起了遍及朝野的穷治谋反党羽的风暴。是时，狄仁杰为豫州刺史，"治越王贞党与，当坐者六七百家，籍没者五千口"，狄仁杰实在不忍心看到如此之广的冤案株连，因此密奏武则天说："这些人都是被冤枉的。我若公开上奏，仿佛是在为逆贼开脱；但若知而不报，又违背陛下仁恤之旨。"武则天听后，没有将这些人斩杀，而改为流放。（《资治通鉴》卷二〇四）由此可见，当时冤案株连到了何等程度。

总之，陈子昂的谏书没有被采纳。如我们前面所说，他的谏书不被采纳是常态，被采纳才是特殊情况——比如《谏雅州讨生羌书》。本章第四节曾讲到陈子昂在《谏政理书》中提议兴建明堂，垂拱四年（688）二月，武则天确实下令"毁乾元殿，就其地造明堂"，并在次年正月"亲飨明堂，大赦天下"，改元为永昌（《旧唐书》卷六）；但这并非武则天想起了陈子昂几年前的谏言，而是"为借助神道称帝而做的又一项准备工作"[1]。叶嘉莹先生指出："武则天这个人不是不认识人才，她也很欣赏陈子昂的才华，可她的欣赏是将其作为自己

---

① 何磊：《武则天传》，天地出版社，2020，第88页。

的装饰。"①叶先生的判断是比较中肯的。当初陈子昂因《谏灵驾入京书》受到武则天赏识，其中或许确有让武则天感到满意的论调——比如他指出洛阳优于长安，就切合了武则天长居洛阳的打算，甚至有学者径直认为这是陈子昂"刻意揣摩，有意迎合"的结果②；但武则天"览其书而壮之"，更多的只是"奇其才"罢了，所以对其的评价是"地籍英灵，文称伟曜"八个字（《陈氏别传》《新唐书》卷一〇七）。就如张明非先生所说："就武则天一方说，她心目中的陈子昂从来都只是文学家而非政治家，她赏识的是他的文才而非政见。"正因为武则天没有将陈子昂视为政治家，所以"既不重视他的谏议，也不以他的直言为忤"③。这对陈子昂来说，肯定会产生一定的挫败感。献《谏用刑书》时，是垂拱四年（688），陈子昂已经足足30岁了。圣人说"三十而立"（《论语·为政》），陈子昂现在书上了不少，却依然没有什么真正"立"住的东西。这不得不让他做进一步的反思，因此，他在思考国家对于刑罚的政策时，也思考了另一个与之相关的重大问题：用贤。

永昌元年（689）三月十九日，武则天又一次召见了官卑职微的麟台正字陈子昂，令他"不须远引上古"，直截了当地谈"当今政要，行何道可以适时"。于是陈子昂上《答制问事》，论述了措刑、任贤、明贤、信贤、招谏、劝赏、息兵、安宗子等八个问题。后世史家评价此文说："辞婉意切，其论甚美，凡三千言。"（《资治通鉴》卷二〇四）

这篇谏书，陈子昂依旧本着"先本人情而后化之"的总纲，所以他在开篇带有"总序"性质的一段里说他自己"尝洗心精意，静观人理"，发现了"国之政要，兴废在人，能知人机，顺而施化，趋时适变，静而勿动，政要之贤，可得而行"。所谓"能知人机，顺而施化"，就是"先本人情而后化之"的另一种表达。所以，在《答制问事》八条之第一条"请措刑科"中，陈子昂再一次从"顺

① 叶嘉莹：《叶嘉莹说初盛唐诗》，中华书局，2008，第109页。
② 陈尚君：《陈子昂的孤寂与苦闷》，载李宝山、胡亮编《关于陈子昂：献诗、论文与年谱》，成都时代出版社，2021，第129—138页。
③ 张明非：《论陈子昂的悲剧》，载《陈子昂研究论集（二）》，（香港）中国与世界出版公司，1993，第73页。

人施化"的角度谏言"措刑"。陈子昂指出：

> 圣人用刑，本以禁乱，乱静刑息，不为升平所设。何者？太平之
> 人，悦乐于德，不悦乐于刑，以刑穷于人，人必惨怛。故圣人贵措刑，
> 不贵烦刑。

所谓"措刑"，即置刑罚而不用。现在朝廷"刑狱尚急，法网未宽"，不是治理国家之良策。陈子昂也提到李贞谋反党徒，"逆臣贼子，顿伏严诛"，"虺贞①群党，同恶就戮"，"魁首已灭，朋党已屠"，这些都没问题；问题是现在牵连面过大，"近来诏狱推穷，稍复滋长，追捕支党，颇及远方"。陈子昂恳切地规劝武则天说："杀一人则千人恐，滥一罪则百夫愁。人情大端，畏惧于此。"因此，"以神皇②好任刑法，则非太平安人之务"。

史载李贞一党于垂拱四年（688）叛乱伏诛后，"自是宗室诸王相继诛死者，殆将尽矣。其子孙年幼者咸配流岭外，诛其亲党数百余家"（《旧唐书》卷六）。所以李贞的问题关涉宗室，是很敏感的。陈子昂"披肝沥胆，不知忌讳"，还是提到了由李贞等人引发的滥刑问题。更为"不知忌讳"的是，陈子昂在《答制问事》八条之最后一条"安宗子科"提出了宗室问题。当然，陈子昂不可能直接触碰武则天的禁忌，而是先颂扬武则天具有"敦睦九族""崇重宗枝"的"圣德"，在处理越王李贞一党的叛乱时，"唯罪其构逆者，更无他坐，宗室子弟，获以安宁"。然后，陈子昂劝谏武则天对宗室子弟要进行安慰，"惠以恩信，使其显然明知陛下慈念之至"。为什么要这样呢？陈子昂还是从基本"人情"出发进行考虑的："臣闻人情不能自明，则必疑虑，疑虑则必不安，不安则必危惧，危惧积则愆过生。"人会对未知充满恐惧，如果武则天能直接安慰宗室子弟，则会让他们明白武则天的用心，他们也就不会整日惴惴不安以至于叛乱了。

---

① 李贞一党造反被诛后，武则天将其姓改为虺（huǐ），即古书上说的一种毒蛇。见《旧唐书》卷六。

② 垂拱四年（688）五月，武则天加尊号曰"圣母神皇"。见《旧唐书》卷六。

在武则天晚年时，狄仁杰不止一次劝谏太子不能立武承嗣，而应该立庐陵王李显，因为武承嗣毕竟是侄子，血缘关系不可能亲过自己的儿子李显。（《资治通鉴》卷二〇六）武则天虽然打破了男性才能做皇帝的常规，但男权社会是由一整套系统构建起来的，其中就包括狄仁杰所讲的人伦血缘亲疏关系，武则天无法做到完全打破这套系统，最后也就只好还政于李唐。于是，就有人将陈子昂"安宗子"的谏言与狄仁杰的谏言进行对比，从而贬低陈子昂。对于这种意见，元代文礼恺在《金华书院记》中反驳说：

> 后之评史者，谓先生谏说武后，非狄公仁杰比。或者讥其失言，以武后不可与之言，遂谓事同而情异。殊不究夫先生所谓抚慰宗室者，果何意乎？其为唐室谋深矣。则先生之心，即狄公之心也。但狄公言之于武后衰老悔悟之际，其势为甚易，所以成反正之功。先生言之于武后淫虐方炽之时，其势为甚难，非惟不见听，竟殒于贼奸之手。自古不可以成败论人，原其心可也。（嘉庆版《射洪县志》卷十六）

文礼恺站在传统政治立场为陈子昂辩护，认为陈子昂"为唐室谋深矣"，未必符合陈子昂的本意。但他指出陈子昂劝谏之时与狄仁杰劝谏之时，武则天的状态完全不同，所以陈子昂劝谏无功，而狄仁杰劝谏生效，这无疑是正确的。陈子昂上《答制问事》的永昌元年（689），正是武则天准备正式革唐之命、改朝换代的前夕，李唐宗室是其心腹大患，她怎么可能"安宗子"呢？所以，陈子昂《答制问事》的第一条"请措刑科"、第八条"安宗子科"，又被武则天束之高阁，弃置不闻了，对李唐宗室和朝廷大臣的滥刑诛杀依然如故：一个月后，即永昌元年（689）四月，蒋王李恽、道王李元庆、徐王李元礼、曹王李明等诸子孙，徙其家属于巂州（今四川西昌市）；七月，纪王李慎被诬告谋反，流于巴州（今四川巴中市），改姓虺氏；八月，诛内史张光辅；九月，纳言魏玄同被赐死于家……（《旧唐书》卷六）

《答制问事》八条的另外六条中，"重任贤科""明必得贤科""贤不可疑科""招谏科""劝赏科"五条明确提出用贤的问题，"请息兵科"表面上谈的是用兵问题，实际上谈的还是用贤问题："臣恐庸将无智，未审庙算之机，故使兵甲日多，徭役日广。"这几条用贤的谏言，可以用"重任贤科"中的一段话来概括：

> 实以天下之政，非贤不理；天下之业，非贤不成……则贤人既任须信，既信须终，既终须赏。夫任而不信，其才无由展；信而不终，其业无由成；终而不赏，其功无由别。必神皇如此任贤，则天下之贤云集矣。

陈子昂在"明必得贤科"中指出，要解决滥刑的问题，"政在任贤"。而且，根据物以类聚、人以群分的原则，如果"今神皇诚能信任贤良，旌纳忠正，知左右之臣灼然有贤行者，赐之尊爵厚禄以荣宠之"，贤人就会"以类相举"，那么天下贤人都会为朝廷所用，武则天就可以垂拱而治了。只要任用了贤人，其他贤人就会被发现从而得到任用。在"贤不可疑科"中，陈子昂提醒武则天不能因为曾经重用过的贤人如裴炎等背叛了自己，就因噎废食，猜忌多疑，不再信任所有的贤人。"若外有信贤之名，而实有疑贤之心"，即使"日得百贤，终是无益"。陈子昂在"招谏科"中劝谏武则天应该向唐太宗学习，"广延直臣，旌赏谏士"，纠正"朝廷尚未见敢谏之臣、骨鲠之士，天下直道，未得公行"的时弊。在"劝赏科"中，陈子昂主张武则天旌赏功臣烈士，改变"死节勤公，名爵不及；偷荣尸禄，宠秩或加"的现状，"赏一人而千万人悦"，可以鼓励贤者建功立业，报效国家。

陈子昂提出用贤问题，或许就有对自身现状的不满；至少，很明显可以看出来，陈子昂批判"死节勤公，名爵不及；偷荣尸禄，宠秩或加"的现象，与他垂拱二年（686）为乔知之打抱不平说"汉庭荣巧宦，云阁薄边功"（《题祁山烽树赠乔十二侍御》）是一脉相承的。至于武则天本人的"用贤"情形，历史上争议较大。比如《资治通鉴》卷二〇五云："太后虽滥以禄位收天下人心，然不称职者，寻亦黜之，或加刑诛。挟刑赏之柄以驾御天下，政由己出，明察善断，故当时英贤亦竞为之用。"一方面指出武则天为了收买人心而滥用禄位，一方面也称赞了其对人才的任用和对不称职官员的处理。《新唐书》卷七十六也指出：

"太后不惜爵位，以笼四方豪杰自为助，虽妄男子，言有所合，辄不次官之，至不称职，寻亦废诛不少纵，务取实材真贤。"清代学者赵翼还为武则天"务取实材真贤"进一步张目，指出其"纳谏知人，亦自有不可及者"（《廿二史札记》卷一九）。但是，隋唐史研究专家岑仲勉就反对赵翼的说法，指出武则天任用姚崇等几个"实材真贤"，只是偶然事件：

> 彼所用宰相，绝无表现者占四分之一，无一长可取者数亦不少。薛怀义市井无赖，而三付以讨突厥之任，武攸宜、武懿宗皆裙带儿，而各使出讨契丹，张易之、昌宗兄弟更面首之流，而特为置控鹤府，设官署，此犹可曰务取实才真贤耶？①

所以，陈子昂《答制问事》中大谈"用贤"之道，还是很有针对性的。

陈子昂上了《答制问事》后，"俄迁右卫胄曹参军"（《新唐书》卷一〇七）。这是一次正常的官职变动。据《旧唐书》卷四二记载："凡入仕之后，迁代则以四考为限。四考中中，进年劳一阶叙。每一考中上，进一阶；一考上下，进二阶。"陈子昂从文明元年（684）春登科入仕后，到永昌元年（689）春末，五年中经历了四考，每次考核都被上司视为平平，得了四个"中中"，于是按照惯例"进年劳一阶叙"，将之由正九品下的麟台正字升为正八品下的右卫胄曹参军。同时其散官也由从九品下的将仕郎升为从八品下的承务郎。所以，陈子昂在永昌元年（689）九月所上《谏刑书》中自称"承务郎守右卫曹参军"。右卫胄曹参军的职责是管理禁军的兵器、房屋修缮等事（《唐六典》卷二四），也就是为禁军打杂。据记载，陈子昂任右卫胄曹参军后，"上数召见，问政事，言多切直，书奏则罢之"（《陈氏别传》），一切依然如故。不过，虽然陈子昂的遭遇没有太大变化，朝堂上却酝酿着一场巨大的变革——武则天称帝的意图越来越明显。那么，陈子昂将如何应对这千古未有之风云变幻呢？我们在下一章继续讲述。

---

① 岑仲勉：《隋唐史》，河北教育出版社，2000，第152页。

第五章

擢右拾遗

第一节　大周受命

儒家正统思想不许妇人参与朝政。《尚书·牧誓》有云："牝鸡无晨。牝鸡之晨，惟家之索。"牝鸡即母鸡，"牝鸡无晨"即说母鸡不做打鸣的事儿，比喻妇人不掌朝政。古人也是如此理解这句话的喻体和本体："雌代雄鸣则家尽，妇夺夫政则国亡。"（《尚书》伪孔传）《诗经·大雅·瞻卬》有云："妇无公事，休其蚕织。"也是主张"妇人无与外政，虽王后犹以蚕织为事"（《诗经》毛传）。因此，武则天想要开创中国政治上未有之创局，以妇人之身而为帝王，就不得不用各种办法证明这种做法的合理性。

垂拱四年（688）四月，武则天侄子武承嗣派人在一块白石上凿刻了"圣母临人，永昌帝业"八字，指使唐同泰诡称得之于洛水。武则天十分高兴，擢唐同泰为游击将军，并假戏真做地命名此石为"宝图"。五月，武则天宣布将亲自拜洛水，以接受"宝图"，并将在洛阳南郊举行盛大的祭天仪式，"命诸州都督、刺史及宗室、外戚以拜洛前十日集神都"，自己也加尊号为"圣母神皇"。七月，大赦天下，将"宝图"更名为"天授圣图"，将洛水改名为永昌洛水，禁止渔钓，按祭祀四渎（长江、黄河、淮河、济水的合称）规格加以祭祀，命名"宝图"所出之处为"圣图泉"，泉水所在地新置永昌县。十二月，武则天带领着皇子皇孙、文武百官、外国使节，搞了盛况空前的"拜洛受图"仪式，"珍禽、奇兽、杂宝列于坛前，文物卤簿之盛，唐兴以来未之有也"。（《资治通鉴》卷二〇四）

陈子昂曾在《谏政理书》中说过六个字："天瑞降，地符升。"这是中国传统的一种很常见的观念，即太平盛世之时，自然界会有祥瑞的事物出现。"天瑞"是上天降下的祥瑞，如卿云、甘露之类；"地符"则是大地涌出之符瑞，如《河图》《洛书》之类。所谓"洛书"，据《尚书·洪范》及伪孔传所言，就是传说大禹时代洛水所出的一只神龟背上的符号。我们看后人所画的"洛书"（图5.1），将之翻译出来，会发现它其实是我们现在的一个数学游戏：将1—9这九个数填到3×3的格子里，每个横排、纵列以及两条对角线相加，和都是15。但古人并不将此视为游戏，而将之看作上天给圣人的启示，所谓"河出图，洛出书，圣人则之"（《易·系辞上》），"洛书"给予大禹的启示就是"洪范九畴"，是三代之治的经纶大法。①所以，"洛出图"实际上象征着一种由上天授予的存在

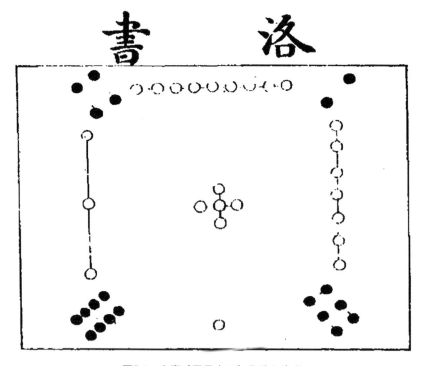

图5.1　朱熹《周易本义》卷首之洛书

---

① 参见刘梦溪：《〈尚书〉是三代之治的经纶大法》，《文史哲》2022年第2期。

合理性。一种艺术若"上非天象所垂，下非河洛所吐，中非圣人所造"，便会受到人们的非议（《法书要录》卷一）；人间的最高权力，更是如此。现在，曾出过"洛书"的洛水里出现了一块刻着"圣母临人，永昌帝业"八个字的石头，武则天称帝也就有了合理性。

次年正月，武则天在飨万象神宫（即"明堂"）时，"服衮冕，搢大珪，执镇珪为初献，皇帝为亚献，太子为终献"，后大赦天下，改元"永昌"。（《资治通鉴》卷二〇四）衮冕、大珪、镇珪都是古代皇帝的服饰，只有皇帝有资格用。现在武则天不仅公然穿戴了皇帝专属的服饰，在祭祀时也毫不客气地为初献，让皇帝和太子跟在后面为亚献、终献。这俨然是一次登基当皇帝的预演。

陈子昂参加了这次仪式，并写了《洛城观酺应制》一诗：

> 圣人信恭己，天命允昭回。苍极神功被，青云秘箓开。
> 垂衣受金册，张乐宴瑶台。云凤休征满，鱼龙杂戏来。
> 崇恩逾五日，惠泽畅三才。玉帛群臣醉，徽章缛礼该。
> 方瞻升中禅，言观拜洛回。微臣固多幸，敢上万年杯。

陈子昂在诗的前四句极力歌颂武则天德高功大，上天为之感动，降赐了受命帝业的祥符，也就是所谓"宝图"。五至十二句，则极力铺陈场面之壮观。最后四句则说："我是何其幸运，竟然躬逢盛事。祝愿圣母神皇千秋万岁！"我们不能否认，一个人在一种浩大的仪式之中，不免会受到那种积极、喜庆、自豪的氛围的感染。所以，陈子昂这首"宴会诗"或"应制诗"对武则天歌功颂德虽然很肉麻，但如果我们能设身处地地想象陈子昂当时所处之环境，也就可以理解了。

永昌元年（689）二月，武则天又追封她已故的父亲武士彠、母亲杨氏分别为"忠孝太皇""忠孝太后"。在此举之前，陈子昂用永昌县百姓的名义，写了《为永昌父老劝追尊忠孝王表》，劝谏武则天通过追尊祖先，"远以光祖宗之德，下以顺黎元之望"。事后，陈子昂又写了《为百官谢追尊魏国大王表》，称颂武氏追封考妣，"以大孝而居尊，勒至仁而育物"，百官乃至百姓都为之欢欣鼓舞。

永昌元年（689）十一月初一，冬至。北半球冬至这天白日最短，夜晚最长，之后逐渐变化，到夏至时白日最长，夜晚最短，所以，古人认为"冬至一阳生"（《易·复》孔疏），从阴阳运化生成的角度而言，冬至是一年的开始，传统中国社会的迎日、祝朔、颁历、改元等大典都在这一天举行。武则天就在这一天，"享万象神宫，赦天下。始用周正，改永昌元年十一月为载初元年正月"，并新造了一些字，其中包括武则天自己的名字"曌"（zhào）。日月当空即为"曌"，在传统语境里，日可象征君、男，月可象征臣、女，武则天以"曌"作名字，"反映出曾经为妃为臣的太后亦欲为君的思想"，寓意着她"先为妃，后为帝，集日月为一身悬于天空"。①

载初元年（690）七月，洛阳东魏国寺僧法明等人伪造《大云经》四卷，上表朝廷，说武则天是"弥勒佛下生"，应当代替李唐称帝管理人间。武则天很快就将《大云经》颁布全国。（《资治通鉴》卷二〇四）不久，云宣等僧人又为《大云经》作疏，现在我们还能看到敦煌文书中遗留下来的《大云经疏》残本，里面"既编造佛典女主当帝之谎言，又包含几十则荒诞无稽的谶言"，比如"陇头一丛李，枝叶欲雕疏。风吹几欲倒，赖逢鹦鹉扶"，就是说李唐王室衰微，需要武则天扶持，"为神皇即武后登基张目，不顾宗社将倾全赖鹦鹉扶之类的设喻有多丑陋"。②

针对《大云经疏》事件，陈子昂作了《感遇》其九，进行讽喻：

> 圣人秘元命，惧世乱其真。如何嵩公辈，诙谲误时人。
> 先天诚为美，阶乱祸谁因。长城备胡寇，嬴祸发其亲。
> 赤精既迷汉，子年何救秦。去去桃李花，多言死如麻。

陈子昂说：圣人不言天命，害怕会因此而扰乱世间秩序；可世间总有卫元嵩一类的人，以诡谲之词贻误时人。卫元嵩是北周（577—581）术士，传说炮制过

---

① 何磊：《武则天传》，天地出版社，2020，第94—95页。
② 陈尚君：《陈子昂的孤寂与苦闷》，载李宝山、胡亮编《关于陈子昂：献诗、论文与年谱》，成都时代出版社，2021，第129—138页。

李唐将代替杨隋的谶言，有云："桃源花□□，李树起堂堂。只看寅卯岁，深水没黄杨。"（《大唐创业起居注》卷三）现在《大云经疏》中也有传为卫元嵩所制的谶言，为武则天制造舆论。陈子昂指出，如果确实行事符合了先天的谶言，那当然是美事；可由此产生的怨恨和祸乱又该由谁负责呢？秦始皇曾听术士说"亡秦者胡也"，于是派蒙恬筑长城、屯重兵以备胡人南侵，最后却因自己的亲人（小儿子胡亥）和亲信而败。还有汉哀帝受到"赤精子"谶言的迷惑，王子年"未央"的谶言救不了前秦淝水之战的失败。这种种关于谶言的历史教训，难道不应该引起警觉吗？陈子昂最后借当时的谶言，表达了一种隐忧：谶言说李树凋疏、风吹即倒，不正是因为武则天不"安宗子"，致使李唐宗室"死如麻"吗？[①]当然，这些话陈子昂只能通过诗歌的方式隐晦地表达，而不能明言。

载初元年（690）九月，从六品下阶侍御史傅游艺纠集九百多人上书，请求改国号为周，赐睿宗皇帝姓武。武则天没有答应，但将傅游艺由从六品下阶侍御史擢为正五品上阶给事中。武则天的真实用心，已经很明显了，"于是百官及帝室宗戚、远近百姓、四夷酋长、沙门、道士合六万余人，俱上表如游艺所请"。迫于形势，做了六年傀儡皇帝的睿宗李旦也只好上书请求让位于他的母亲，并请"赐姓武氏"。两天后，群臣百官又上书说："有凤皇自明堂飞入上阳宫"，"赤雀数万集朝堂"，这都是"祥符瑞兆"，天意要武则天南面称帝。又过了两天，武则天批准了百官的请求。九月九日重阳节，也就是在傅游艺上书六天后，67岁的武则天登上则天楼，宣布大赦天下，"以唐为周"，改元天授，表明其君权为天授。三天后，武则天加尊号曰"圣神皇帝"，废唐睿宗为"皇嗣"，赐姓武氏，以皇太子为皇孙。再过一天，则立武氏七庙，追封自己的先祖，并对武氏宗亲大加分封："立武承嗣为魏王，三思为梁王，攸宁为建昌王，士蒦兄孙攸归、重规、载德、攸暨、懿宗、嗣宗、攸宜、攸望、攸绪、攸止皆为郡王，诸姑

---

① 最后一句，陈沆《诗比兴笺》卷三认为陈子昂是提醒自己要学"桃李不言"，否则就会因"多言"而"死如麻"。亦可通。彭庆生也是采用的这种解释，而未像本传一样联系上相关的谶言。见彭庆生：《陈子昂集校注》，黄山书社，2015，第54—55页。陈寅恪先生最早敏锐地指出《感遇》其九与《大云经疏》的关系。见陈寅恪：《读书札记二集》，生活·读书·新知三联书店，2001，第292页。

姊皆为长公主。"（《资治通鉴》卷二〇四）这里面的梁王武三思、建安王武攸宜我们后面还会遇到。

面对武则天改朝换代——史称"武周革命"，陈子昂称其为"大周革命"（《故宣义郎骑都尉行曹州离狐县丞高府君墓志铭》）——的举动，陈子昂持什么样的态度呢？在武则天称帝后，陈子昂到洛城南门，向武则天呈献了《上大周受命颂表》和《大周受命颂（四章并序）》，表示拥护。

所谓《大周受命颂（四章并序）》，就是陈子昂写了《神凤章》《赤雀章》《庆云章》《氓颂章》四篇颂词和序言，而《上大周受命颂表》就是向武则天敬献这四篇颂词时所写的表文。四篇颂词没有什么可讲的，无非是通过祥瑞现象歌颂武则天，指出她称帝是"顺乎天而应乎人"（《大周受命颂·神凤章》）。序言倒不失为一篇重要的文献资料，详细记录了武则天称帝前几天百官进言的情况，这些内容《旧唐书》《新唐书》《资治通鉴》都语焉不详，我们可以从陈子昂的记述里获得更加翔实的细节。而其《上大周受命颂表》中的一句话，似乎可以窥见这批亲身经历"武周革命"的百官的心理状态，至少，陈子昂是这样想的：

> 伏惟圣神皇帝陛下，阐玄极，升紫图，光有唐基，以启周室。不改旧物，天下惟新，皇王以来，未尝睹也。

陈子昂指出，李唐王室是今日大周的基础，今日大周是李唐王室的延续，武则天的称帝，是"不改旧物，天下惟新"，这是自古以来没有过的事儿。武则天其实也考虑到了这一点，就如何磊先生所分析的那样：

> 武则天改唐为周后，立武氏七庙于神都洛阳时，并未取消位于西京长安的李氏太庙，致使武周时期出现武、李太庙并存的独特现象。同时祭祀武、李二氏太庙，以此表明武则天既是武周政权的建立者，又是李唐王朝的继承者，其权力既来源于天，亦来源于李唐先祖。如此看似矛盾的手段与举措，恰恰体现出武则天这个过去的李家媳妇、现在的皇帝

寻求皇权来源正当性、合法性时的聪明与智慧。[1]

　　这应该是陈子昂能够接受并拥护"武周革命"的第一个原因。我们之所以要讲这个原因，是由于接受并拥护"武周革命"是评价陈子昂时争议比较大的一个问题。一些人说陈子昂叛唐附周，"上《周受命颂》以媚悦后"（《新唐书》卷一〇七），"大节不足言矣"（《直斋书录解题》卷六），"其下笔时不知世有节义廉耻事矣，子昂真无忌惮之小人哉"（《带经堂诗话》卷二四）。一些人又说陈子昂其实是忠于李唐的，比如本传第四章第六节提到的文礼恺《金华书院记》就以陈子昂"安宗子"的主张证明其对李唐的忠心。这两种相反的说法，其实都没有跳出"封建正统"的藩篱——当然，他们不可能跳得出，我们也不能要求他们跳出。对于这个问题，我们现在的主张，是回到历史情境当中，去感受一下陈子昂当时的心路历程。"光有唐基，以启周室，不改旧物，天下惟新"，就是其如何看待"武周革命"这件事的自我陈述。在陈子昂看来，"武周革命"其实是"不改旧物"的，是与李唐王室一脉相承的。如果是这样，后世文人提出的叛唐附周，在陈子昂那里就是一个伪命题，因为唐是周的根基，周是唐的延续，两者是一是二，没有太大的分别。

　　当然，陈子昂之所以接受并拥护武则天称帝，还有其他方面的原因。我们再分析一下其中两个原因。

　　第一，陈子昂自文明元年（684）入仕以来，就一直是武则天临朝称制。换句话说，朝廷的最高权力在武则天手里，从陈子昂入仕起就是这样。陈子昂之前的奏疏，名义上都是给"陛下"——也就是睿宗皇帝——谏言，实际上是在给武则天谏言。这一点，陈子昂是非常清楚的。所以他在第一次上《谏灵驾入京书》时就写道："况皇太后又以文母之贤，协轩宫之耀，军国大事，遗诏决之，唐虞之际，于斯盛矣。"又说："陛下何不……咨谋太后……"陈子昂与裴炎不一样。裴炎经历过高宗时代，所以当武则天临朝称制的行为太过分时，他会主动劝谏太后，最后因劝谏太后还政于睿宗而丧命。而对于陈子昂来说，朝廷的最高统

　　① 何磊：《武则天传》，天地出版社，2020，第101—102页。

治者一直就是武则天，武则天"不改旧物"，只是"惟新"取一个帝王的名分，又有什么不可以呢？

第二，睿宗李旦未曾有过实权，所以我们也无法对其进行评价，但在此之前的中宗李显又如何呢？无非是想着为韦皇后一家人滥封官职。所以，就如何磊先生所分析的那样："太后的临朝称制，远比上台后一心只想着给外戚加官晋爵的中宗强得多，只要我们不是站在维护封建宗法世袭制的立场上，大致都会得出这一结论的。"[①]后来被世人公认的唐王朝的忠臣贤相如狄仁杰、娄师德、姚崇、宋璟等人，都愿意忠于并歌颂武则天；几十年后，以"致君尧舜上"为使命的杜甫也赞扬武则天说："惟昔武皇后，临轩御乾坤。"（《赠蜀僧闾丘师兄》）可以看出武则天在当时及唐朝后世确实是一位受到臣下尊敬的较为能干的统治者。陈子昂对武则天的谀辞颂扬，其中或许有文学夸张、公文套话的成分，但也不可否认里面包含着真实的情感——陈子昂有充分的理由觉得自己"生长休明，亲逢圣人，又睹昌运"（《上大周受命颂表》），他也有充分的理由在武则天称帝时欢呼："天授万年，圣帝煌煌！"（《大周受命颂·赤雀章》）

武则天"素多智计，兼涉文史"（《旧唐书》卷六）。她登上皇帝宝座的第一个春天——天授二年（691）正月，在京城东郊筑园丘祭祀天地，为了附庸风雅粉饰太平，她令文人学士们赋诗助兴。素负"文章宿老"之名的朝官李峤，写了《皇帝上礼抚事述怀》一诗，堆砌雅句丽词，歌颂武则天的功德和天下的太平。武则天听后很是高兴，于是指令陈子昂赋诗唱和。陈子昂遵从圣旨，提笔献颂，写了《奉和皇帝上礼抚事述怀应制》：

> 大君忘自我，膺运居紫宸。揖让期明辟，讴歌且顺人。
> 轩宫帝图盛，皇极礼容申。南面朝万国，东堂会百神。
> 云陛旍常满，天廷玉帛陈。钟石和睿思，雷雨被深仁。
> 承平信娱乐，王业本艰辛。愿罢瑶池宴，来观农扈春。
> 卑宫昭夏德，尊老睦尧亲。微臣敢拜手，歌舞颂维新。

---

① 何磊：《武则天传》，天地出版社，2020，第74页。

就基调而言，这首诗与李峤所作是一致的，都是吹捧武则天的功德和天下的太平。但是，"李诗通篇颂谀，此首则合颂、讽为一"，所以，相比较而言，陈子昂的诗比李峤的诗立意更高。[①] 陈子昂诗的前十二句均是在颂扬，从第十三句开始就有了讽喻的意味。他提醒统治者天下太平，娱乐一下固然很好，但莫要忘了"王业本艰辛"。"愿罢瑶池宴，来观农扈春"，则一语双关：一方面是说人间过于美好，所以甘愿不吃瑶池之宴席而要来看人间的农作；另一方面也在提醒统治者应该重视农业，少一些奢侈铺张的宴席。陈子昂想起了孔子赞美大禹的话："卑宫室而尽力乎沟洫。"（《论语·泰伯》）也想起了《尚书·尧典》中对尧行政过程的记述："克明俊德，以亲九族。九族既睦，平章百姓。百姓昭明，协和万邦。"所以，陈子昂说："看一看夏朝开创者大禹的德行光辉吧，宫室不要修得那么精美！同时效仿上古帝王尧，通过弘扬自己的德行，使家族和睦，社会安定，天下太平！"要知道，陈子昂的这些话并不是泛论，而是有其现实针对性的。武则天称帝前后，动辄"赐酺五日""赐酺七日"，频繁举行盛大的聚饮，祭祀拜神的活动也是次数多且极为讲究排场。其举行仪式、大宴群臣的明堂即所谓"万象神宫"（图5.2），也是极尽奢华：

> 明堂成，高二百九十四尺，方三百尺。凡三层：下层法四时，各随方色；中层法十二辰，上为圆盖，九龙捧之；上层法二十四气，亦为圆盖，上施铁凤，高一丈，饰以黄金。中有巨木十围，上下通贯，栌栱樱椽藉以为本。下施铁渠，为辟雍之象。号曰万象神宫。（《资治通鉴》卷二〇四）

所以，当时就有侍御史王求礼上书批评说："古之明堂，茅茨不翦，采椽不斫。今者饰以珠玉，图以丹青，铁鹫入云，金龙隐雾，昔殷辛琼台，夏癸瑶室，无以加也。"（《资治通鉴》卷二〇四）武则天当然不会搭理这种谏言。不仅如

---

① 韩理洲：《陈子昂评传》，西北大学出版社，1987，第57页。

此，她"又于明堂北起天堂五级以贮大像"，三级之处即可俯视明堂，五级也就相当于明堂的两倍高。陈子昂有感于此，就借着武则天让其作诗的机会予以讽谏。由此可见，无论武则天称帝前还是称帝后，只要武则天的政治作为与自己的政治理想有所违背，他就会进行讽刺规谏，而并非一味吹捧。

图5.2　洛阳武则天明堂遗址复原南立面图[①]

---

① 杨鸿勋：《杨鸿勋建筑考古学论文集：增订版》，清华大学出版社，2008，第505页。

第二节　归蜀守丧

天授二年（691），陈子昂在公事之余，替人写了一些墓志铭和祭文：《故宣义郎骑都尉行曹州离狐县丞高府君墓志铭》《唐故袁州参军李府君妻清河张氏墓志铭》《唐陈州宛丘县令高府君夫人河南宇文氏墓志铭》《上殇高氏墓志铭》《祭黄州高府君文》《祭外姑宇文夫人文》。第一篇墓志已于洛阳出土，现藏洛阳古代艺术博物馆，有拓片流传（图5.3），尺寸44cm×43cm，正书，共23行，行24字。①这应该是目前与陈子昂关系最为密切的一件出土文物，十分珍贵，我们还能从中看到武则天所造的新字，如"日"作"☉"，"月"作"卍"。

后面的两篇墓志铭（高县令夫人宇文氏、上殇高氏）、两篇祭文（黄州高府君、宇文氏）的主人，相互之间是有关系的：黄州高府君是高县令的父亲，宇文氏是高县令的夫人，上殇高氏是高县令的儿子。据王辉斌先生考证，高县令当为陈子昂的岳父，陈子昂的妻子高氏就是高府君与宇文夫人所生。②至于陈子昂妻子高氏的生平、与陈子昂结婚的时间和地点，由于资料的缺乏，现在

---

① 洛阳市文物管理局、洛阳市文物工作队编：《洛阳出土墓志目录》，朝华出版社，2001，第180页。
② 王辉斌：《陈子昂婚姻纵横探》，载李宝山、胡亮编《关于陈子昂：献诗、论文与年谱》，成都时代出版社，2021，第139—146页。

已经无从得知了。[①]

图5.3　高像护墓志铭拓片

---

① 王辉斌认为宇文氏卒于永淳元年（682），年27岁，则其生年为显庆元年
（656），总章二年（669）14岁嫁与高县令；其第三子即"上殇高氏"生于咸
亨元年（670），则长子、次子只能出生于总章二年（669）年底，为双胞胎；
陈子昂妻子高氏必为双胞胎中的一个，故其应生于总章二年（669）；文明元
年（684）陈子昂在洛阳时，与16岁的高氏结婚。按，王先生的这个推论是武
断的。第三子生于咸亨元年（670），距宇文氏去世之永淳元年（682）尚有十
余年时间，为何陈子昂妻高氏只能是前面那对双胞胎中的一个，而不能是咸亨
元年（670）以后所生？故本传只取王先生对人物关系的考证，而不取其对高
氏生年、结婚时间与地点的考证。

陈子昂的墓志铭写作，在文学史上应该有一席之地。墓志铭本来是一种极易写得呆板、俗套、空洞的文体。其铭文内容无非是用一些固定的辞藻夸赞墓主的生平；其语言形式，则多以四六骈体为主。陈子昂在内容和形式两个方面都有所突破：内容上，他不说空话，不事虚浮夸赞，而以具体事例展现墓主人的生平风采，偶尔还会兼带着批评时政；形式上，他突破骈词丽藻，时常以散句行文，随着行文的需要变换句子的长短，更加质朴清新、明白晓畅。陈子昂甚至还打破墓志铭的固定行文程式，比如《上殇高氏墓志铭》，"没有像其他墓志铭一样一开始就从志主的姓氏、籍贯及生平历官、家谱开始叙述，而是直接从'殇子高氏卒'开始，叙述顺序的变化让作者的感情得到很好的展现，不像其他格式化的墓志铭缺乏感情的投入，读之无味，不能引起人的共鸣"[1]。所以，从这个角度讲，岑仲勉先生的判断是有道理的：

> 陈子昂生高、武间，承四杰之弊（王勃、杨炯、卢照邻、骆宾王为初唐四杰，今存四杰集皆骈文），虽诗序小品仍参用骈俪，然大致能恢复古代散文之格局，唐文起八代之衰，断推子昂为第一……[2]

关于陈子昂的墓志铭写作，我们稍微做个对比，就能更加形象地感觉到其革新之处。比如初唐著名文人虞世南所写《大唐故汝南公主墓志铭》（图5.4）云：

> 公主讳，字，陇西狄道人，皇帝之第三女也。天潢疏润，圆折浮夜光之采；若木分晖，秾华照朝阳之色。故能聪颖外发，闲明内映，训范生知，尚观箴于女史；言容成则，犹习礼于公宫。至如怡色就养，佩帉晨省，敬爱兼极，左右无方。加以学殚绵素，艺兼肇绁，令问芳猷，仪

① 康光磊：《初唐诗人墓志铭研究》，华中科技大学中国古典文献学专业硕士学位论文，2010，第42页。
② 岑仲勉：《隋唐史》，河北教育出版社，2000，第173页。

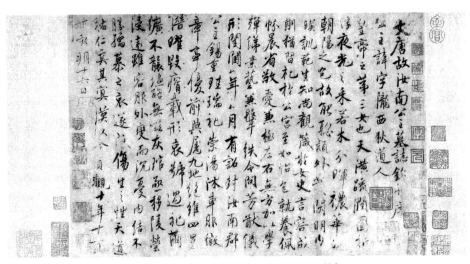

图5.4　虞世南书《大唐故汝南公主墓志铭》

形闺闱。厶年厶月①，有诏封汝南郡公主。锡重珪瑞，礼崇汤沐，车服徽章，事优前典。属九地绝维，四星潜曜，毁瘠载形，哀号过礼，茧纩不袭，壇酪无噬，灰琯亟移，陵茔浸远，虽容服外变，而沉忧内结，不胜孺慕之哀，遂成伤生之性，天道佑仁，奚其冥漠，以今贞观十年十一月丁亥朔十六日。

再看陈子昂的《上殇高氏墓志铭》：

维唐垂拱二年，太岁景戌，七月二十日，殇子高氏卒。呜呼哀哉！含琼敷而不玉实者，有矣夫。吾观颢元机化，出入天寿之数，荣落之原，皆一受而不易者也。悲夫！古人之仁懿中庸，不幸短命，今复见之于高子矣。高子渤海蓚人也，黄州府君之幼孙，宛丘府君之叔子。生而岐嶷，实章实华，越在襁褓，神明滋茂，童蒙渊敏，光润玉颜。八岁始教方书，受甲子，已知孝悌之道，诗礼之规，宛丘府君钟爱之。他日，

---

① 厶年厶月，即"某年某月"。"厶"是"某"的简写。参见启功：《启功全集（修订版）》第4卷，北京师范大学出版社，2012，第310—312页。

尝趋庭与诸儿戏，神情涵泳，绰然如鸿雏鹄子，有青云之意也。府君美之曰："能光我家者此儿。"十五通《左氏春秋》及《尚书》，飞骞之志，日新宏大矣。不幸享年十七，遇暴疾而夭。呜呼哀哉！宛丘府君感恸，哀过于礼，曰："不恨尔寿之不长，惜尔器之不彰。夫何苗育，今也则亡。呜呼！吾将老矣，远尔何哉！"其年七月，殡于家园，日月云徂，六载于兹矣。天授二年，龙集辛卯，府君方大崇元域，以安先兆，诸子之柩皆祔焉。其年二月癸卯朔十八日庚申，启殡归瘗于大茔，礼也。铭曰：

来不可遏，去不可止。唯死与生，由生以死。于戏殇子，噫何往矣！伤慈父之肝情，独冥冥而长已。死而有知可也；若其无知悲尔！

我们可以看到，同样是描绘一个人早年聪慧，虞世南所写墓志铭就偏于形式化、空洞化，而陈子昂所写就要灵活得多、感人得多。陈子昂首先说明"殇子高氏卒"的事情，紧接着不是介绍高氏信息，而是发了一通关于"不幸短命"的感慨。在介绍高氏信息时，陈子昂也描写了高氏生平的一个具体场景："他日，尝趋庭与诸儿戏，神情涵泳，绰然如鸿雏鹄子，有青云之意也。"让读者能真切地感受到高氏幼时的神态。接着叙述一句高氏父亲的希望之语，为后面高氏早夭其父亲说出的悲痛之言做好铺垫和对照，通过这种对照让读者能够体会高氏之殇的遗憾。最后的铭文更是升华了整篇墓志铭的哲学高度和情感浓度，陈子昂交代了他对死亡的看法是"来不可遏，去不可止。唯死与生，由生以死"，死亡是一件无奈的事情；但他希望死去的人是有知觉的，人不能就这样默默地离开，留下活着的人独自伤心欲绝。

陈子昂还在这一年或前两年为他的一位朋友孙过庭写过墓志铭和祭文。[①]孙过庭是初唐著名书法家和书法理论家，其于垂拱三年（687）所写《书谱》（图5.5）既是书法作品之名帖，又是书法理论的继往开来之作；从文体上看，也与陈子昂的文章很像，属于骈散结合。相比于做官发达，孙过庭更希望"老而有

① 参见李宝山：《陈子昂与孙过庭关系新考》，《艺术学研究》2021年第4期。

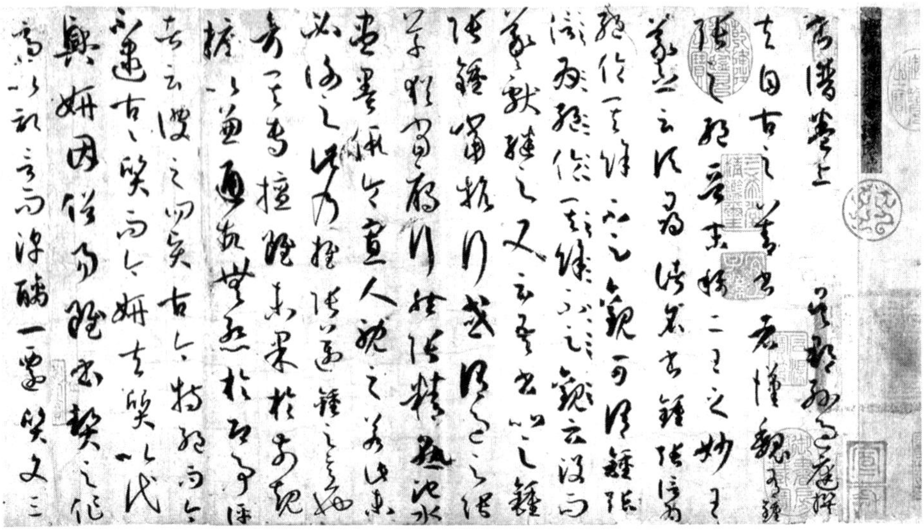

图5.5　孙过庭书《书谱》局部

述"，可惜《书谱》写成后不久，大概在垂拱四年（688）到天授二年（691）之间，就"遇暴疾，卒于洛阳植业里之客舍"（《率府录事孙君墓志铭》）。陈子昂盛赞孙过庭书法水平之高："元常既没，墨妙不传，君之逸翰，旷代同仙。"（《祭率府孙录事文》）元常即汉末曹魏著名书法家钟繇。陈子昂认为钟繇以后，书法的精妙之道湮没不传，要到孙过庭出，方能与钟繇并列。有人就要问，陈子昂这样的叙述，过分夸张了吧？钟繇以后，晋代王羲之、王献之、卫夫人等难道都不值一提吗？陈子昂这样叙述，可能确实有谀墓夸张的成分，但其中也包含有他自己的真情实感。因为他不止一次作过这样的表述："文章道弊五百年矣。汉魏风骨，晋宋莫传。"（《〈修竹篇〉（并序）》）这种动辄以几百年为单位的叙述方式，可能也有他父亲的影响，他父亲就曾告诉过他天意以四五百年为一个循环（《我府君有周居士文林郎陈公墓志文》）。所以，陈子昂略过几百年历史，直接以孙过庭上接钟繇，并不违背他自己对历史的认知，不是违心地、漫无边际地夸张。他又曾夸赞过东方虬的诗"可使建安作者相视而笑"（《〈修竹篇〉（并序）》），这中间不也隔着几百年吗？再者说，唐太宗虽然极力推崇过王羲之的书法，使得王书蔚然成风，但也并非唐代所有文人都愿意买唐太宗这个账。写过"国朝盛文章,子昂始高蹈"(《荐士》)的韩愈就写诗说,与石鼓文相比,王羲之的书法显得很俗:"羲之俗书趁姿媚,数纸尚可博白鹅。"(《石鼓歌》)与钟繇的古朴相比,王羲之的书法确实俗媚;就像与汉魏相比,晋宋齐梁的诗歌就是"彩丽竞繁"(《〈修竹篇〉(并序)》);陈子昂在文学史上推崇钟繇所处的汉魏时代,而贬斥王羲之所处的晋代,他在书法史上推崇钟繇而忽略王羲之,也就可以理解了。总而言之,陈子昂将孙过庭与钟繇并列,虽不免文学夸张的成分,总体上表露的还是真情实感。一位有才华的书法家,与自己是"平生知己,畴昔周旋",现在却英年早逝,一想到"相视而笑,宛然昨日;交臂而悲,今焉已失",陈子昂除了"呜呼哀哉",也只能感叹命运不公,天道如此,无可奈何!那就帮忙照顾好朋友那"孤藐"的"嗣子"吧:"山涛尚在,嵇绍不孤,君其知我,无恨泉途。"(《祭率府孙录事文》)山涛将已故好友嵇康的儿子视为己出,陈子昂在祭文中告诉孙过庭自己也会这样,让孙过庭安心。为已故友人照顾孤儿的事情,在陈子昂的交游圈中是很常见的,史载卢藏用"少与陈子昂、赵贞固友善,二人并早卒,藏用厚抚其子,为时所称"(《旧唐书》卷九八),就是佳例。陈子昂"尤重交友之分"(《陈氏别传》),他的朋友最终也对他尽仁尽义,这也是我们愿意看到的结果。

就在陈子昂为他人频写墓志的这一年秋天,天授二年(691)八月,一个噩耗从故乡传来:他的继母病故。按照丁忧守丧的礼制规定,陈子昂辞去右卫胄曹参军职务,返回射洪。返回蜀地的第二年,如意元年(692)五月十三日,他的叔祖陈嗣去世,享年85岁;第三年,长寿二年(693)七月[①],堂弟陈孜早逝,年龄和陈子昂一样,35岁。陈子昂分别写了《梓州射洪县武东山故居士陈君碑》

---

① 陈子昂在《堂弟孜墓志铭》中说死于"龙集癸巳,天授二年",又说葬于"甲午岁"一月。癸巳是长寿二年(693),甲午一月是长寿三年(694)。甲子纪年不易出错,且能看出是隔年而葬,次序合理;因此,陈子昂文中的"天授二年"当是"长寿二年"之误。考辨参见罗庸:《陈子昂年谱》,载韩理洲《陈子昂研究》,上海古籍出版社,1988,第316页。

《堂弟孜墓志铭》①，我们在第一章讲陈子昂家世情况时都提到过，这里就不再重复。

长寿二年（693）二月末，从通泉县尉郭震那里也传来一个噩耗：郭震姬妾薛氏于本月十七日病逝。陈子昂应郭震请求，写了《馆陶郭公姬薛氏墓志铭》。在铭文中，陈子昂追述了薛氏的家世和生平。薛氏父亲薛永冲原是新罗（在今朝鲜半岛）人，在唐高宗时随新罗王族金仁问一起来到唐朝，曾担任过左武卫大将军。薛氏幼时就长得漂亮，"若彩云朝开，微月宵映"，被称为"仙子"。她对神仙眷侣般的生活也有着向往，十分喜欢萧史、弄玉夫妇一同飞升的故事。15岁时，父亲薛永冲去世，薛氏便剪发出家。可是出家六年，也没有修得正果，于是作了一首歌谣，最后两句云："瑶草芳兮思菶菶，将奈何兮分青春。"茂盛的仙草散发着芬芳，思绪也如这仙草一般繁乱，有什么办法呢，这就是春天啊！薛氏因此还俗，嫁给了郭震。婚后两人的生活十分幸福，"如青鸟翡翠之婉娈也"。现在薛氏因病逝世，郭震"恍然，犹若未亡也"。陈子昂在铭文中对薛氏的逝世表达了无尽的惋惜，也对郭、薛二人的感情进行了热烈的赞美：

> 高丘之白云兮，愿一见之何期。
>
> 哀淑人之永逝，感绀园之春时。
>
> 愿作青鸟长比翼，魂魄归来游故园。

---

① 陈嗣死于如意元年（692）五月十三日，迁葬于长寿二年（693），故学者们均认为陈子昂《梓州射洪县武东山故居士陈君碑》一文写于长寿二年（693）。这没有问题。陈孜死于长寿二年（693）七月，暂时埋葬于家附近的真谛寺北园，迁葬于长寿三年（694）一月二十五日，故学者们均认为《堂弟孜墓志铭》写于长寿三年（694）。这就有问题。陈子昂于长寿二年（693）八月离开家乡，又去了洛阳，堂弟陈孜在家乡迁葬时陈子昂根本不在家。所以，更大的可能是这两篇文章的写作时间都在长寿二年（693）七月底或八月初，即陈子昂离开家乡前。至于陈孜第二年迁葬的事儿也写进《堂弟孜墓志铭》了，有两种情况：一是陈子昂写墓志铭时，陈孜迁葬日期已经商定，故写进去了；二是陈子昂最初没有写迁葬日期，日期是迁葬后补写的。以一般现在时态写未来之事，是文学创作、墓志铭写作的常见情形。在《梓州射洪县武东山故居士陈君碑》中，陈嗣迁葬日期写的是"长寿二年，龙集癸巳，某月某朔日"，就是日期未定待填的例证。

中华人民共和国成立后影响较大的一套《中国文学史》曾说陈子昂"对七言诗这种新形式也不重视，集中竟没有一首七言诗"[①]。陈子昂这段铭文的最后两句"愿作青鸟长比翼，魂魄归来游故园"，其实就是标准的七言诗句，而且写得也很好：它扣合了铭文前面所讲薛氏喜欢萧史、弄玉夫妇一同飞升的故事，以"青鸟""比翼"作为爱情的象征，并希望已经化作青鸟的薛氏能够魂魄归来，与郭震一起故地重游。这一联铭文，与此前的名句"得成比目何辞死，愿作鸳鸯不羡仙"（卢照邻《长安古意》），与此后的名句"在天愿作比翼鸟，在地愿为连理枝"（白居易《长恨歌》）相比，一点儿也不逊色，甚至还更好：卢照邻、白居易只是将"鸳鸯""比翼鸟"等作为一个象征爱情的概念使用，而陈子昂对之有所描述，使概念变成了形象，更加生动。所以，我们只能说《陈子昂集》中所存之诗没有使用七言，而不能武断地认为陈子昂本身对七言不重视、不会作、不擅长。[②]

薛氏去世后，被安葬在了通泉县惠普寺。惠普寺建于梁武帝大同（535—546）年间（嘉庆版《射洪县志》卷四）。他们能在这里看到初唐四杰之一的王勃所写《梓州通泉县惠普寺碑》，碑文描写了寺庙所得山水之胜以及寺庙本身的画栋雕梁：

> 绀坛烟属，疏绝阁而三休；紫殿云深，彻回廊而四注。重栾复栋，雾绵霞张；绣栭雕楣，鸢伸鹤跂。珍台控景，羲和获练辔之因；绮榭栽氛，屏翳得停镳之所。连甍积翠，交玉琐于星衢；洞户流丹，缀金铺于月窦。垂珠网露，傍倾汉浦之琛；列铎吟飙，上合钧天之乐。固以轮奂之美，冠真宰以先鸣；雕范之奇，告灵基而得隽。

---

① 游国恩等主编《中国文学史（二）》，人民文学出版社，2002，第37页。
② 现在的《陈子昂集》收录有一首七言的《杨柳枝》，但已被证明非陈子昂所作。参见蒋寅：《陈子昂集〈杨柳枝〉证伪》，《学术研究》1982年第6期。又参见韩理洲：《陈子昂研究》，上海古籍出版社，1988，第211—213页。但蒋寅先生在文中说"子昂诗学建安正始，集中七言诗绝无仅有，此诗可断非子昂所作"，则不甚妥当。

这应该就是陈子昂、郭震在惠普寺能看到的景象。王勃在文中提到了这寺中有一尊"相好端足，华姿朗备"的弥勒佛雕像，陈子昂、郭震也可能看见并且一同参拜过。碑文中还有一句"鹅鹭同归，华夷共聚"，展现了唐朝开明的文化观念。郭震之娶新罗姬，实际上也是这种观念的体现。

当然，除了王勃的碑文，陈子昂、郭震还能在惠普寺看到他们的朋友薛稷的书画作品。薛稷，这位初唐时期的书画名家，题写了"惠普寺"三个字，每字长宽约一米，刻于碑上，并张之于匾额，"笔画雄劲"，几十年后杜甫访此寺看到后赞美说："仰看垂露姿，不崩亦不骞。郁郁三大字，蛟龙岌相缠。"（《观薛稷少保书画壁》）这寺中还有薛稷画的壁画，内容是西方诸佛的变相，自墙根以至屋顶，铺满墙面，虽然只是未上色的线稿，却依然活灵活现，杜甫有诗记云："又挥西方变，发地扶屋椽。惨澹壁飞动，到今色未填。"（《观薛稷少保书画壁》）薛稷与郭震一同在通泉县衙署，所以衙署墙壁也被薛稷画上了栩栩如生的仙鹤，杜甫《通泉县署屋壁后薛少保画鹤》云：

薛公十一鹤，皆写青田真。画色久欲尽，苍然犹出尘。

低昂各有意，磊落如长人。佳此志气远，岂惟粉墨新。

万里不以力，群游森会神。威迟白凤态，非是仓庚邻。

高堂未倾覆，常得慰嘉宾。曝露墙壁外，终嗟风雨频。

赤霄有真骨，耻饮洿池津。冥冥任所往，脱略谁能驯。

天授二年（691），薛稷登进士第。（《登科记考补正》卷三）陈子昂与郭震于长寿二年（693）同看薛稷作品之时，薛稷已经不在蜀中。他们或许都写了睹书画而思友人的作品，可惜没有留存下来。薛稷的书画作品也无流传于世者，我们只能从同时期的绘画中，比如永泰公主墓甬道顶部的《云鹤图》（图5.6），遐想一下陈子昂、郭震以及杜甫当年所见的通泉县署墙壁上的薛稷鹤画。

陈子昂在守丧期间，除了与郭震等朋友往来，也与家附近真谛寺的晖上人谈玄论道、酬唱作答。晖上人与郭震一样，也算是陈子昂的老朋友了，我们在

第三章第六节曾讲到过他们的初次交往。如意元年
（692）夏日，陈子昂在晖上人处，在"对户池光
乱，交轩岩翠连"的环境中，纵谈"色空"一类的佛
理，直到晚上，两人还一起"乘月弄澄泉"（《夏日
游晖上人房》），诗意禅意十足。到了这年八月，秋
气渐深，天气渐凉，陈子昂不幸染病一场，于是居家
养病。一个思想和情感丰富的人在病居之时最容易胡
思乱想，陈子昂便将自己的想法写下来呈送给晖上人
看。其《秋园卧疾呈晖上人》云：

图5.6　永泰公主墓
《云鹤图》

幽寂旷日遥，林园转清密。疲痾澹无豫，独坐泛瑶瑟。

怀挟万古情，忧虞百年疾。绵绵多滞念，忽忽每如失。

缅想赤松游，高寻紫庭逸。荣答始都丧，幽人遂贞吉。

图书纷满床，山水蔼盈室。宿昔心所尚，平生自兹毕。

愿言谁见知，梵筵有同术。八月高秋晚，凉风正萧瑟①。

　　陈子昂在诗的前八句描述了自己现在的困境：因病居家，虚度时日，只能独
自鼓瑟歌唱，胸中无尽的情感转化为对自己人生的忧虑，绵绵不绝，郁结于心，
但又好像什么都没有。那怎么办呢？陈子昂在诗的第九至十六句说：我想跟随着
赤松子一起云游，寻找那神仙之境，这样的话，所谓的荣辱都与我无关系了，我
自然也就顺利了；或者，就像现在这样，满床的图书，满眼的山川，也是我所乐
意的生活状态。陈子昂最后对晖上人说："我这些心愿啊，也只有跟您交流一
下。您看这八月夜晚的秋风，是多么的清冷萧瑟！"最后一句以景语作结，开放
式的结尾增加了诗歌的情感容量，有一种余味不尽的效果。

---

① "萧瑟"，某些版本作"萧飒"，误。此诗押"质"韵，而"飒"为"合"
韵，因此《全唐诗》等版本的"萧瑟"是对的。参见彭庆生：《陈子昂集校
注》，黄山书社，2015，第482页。除了彭庆生所举的几种版本外，雍正本
《古今图书集成·人事典》卷八七、四库本《石仓历代诗选》卷二二、四库本
《唐诗镜》卷三等也作"萧瑟"。

陈子昂还写了一首《卧疾家园》，表达的思想、情感与这首《秋园卧疾呈晖上人》大致相同。我们说这是一个病人的牢骚，其中确实道出了一些潜意识里的希冀，却并非他此时最为突出的思想。他辞官是由于丁忧，他依旧算是大唐的官吏，官场上所受的挫折，无非就是谏言不被采纳，官位没有实质性提升。这不足以让陈子昂真正做到"纵横策已弃，寂寞道为家"（《卧疾家园》）的地步，不足以让他改变自己"以义补国"（《〈喜马参军相遇醉歌〉（并序）》）的夙愿。此时他的父亲陈元敬已经于高宗逝世那一年（683）"山栖绝谷，放息人事，饵云母以怡其神"（《我府君有周居士文林郎陈公墓志文》），彻底隐居，至今已有十年左右。但他父亲的隐居没有给现在的他造成太大影响，反而是他父亲隐居时"幽观大运"悟出的一个道理，对陈子昂产生了影响。陈元敬曾对陈子昂说：贤臣与明君遇合，方有盛世，而这种遇合，四五百年一个轮回，汉兴四百年后，"天纪复乱，夷胡奔突，贤圣沦亡，至于今四百年矣，天意其将周复乎"？（《我府君有周居士文林郎陈公墓志文》）陈元敬让陈子昂牢牢记住他的话，把握好这个时机。[1]

　　所以，当陈子昂守丧结束后，很快便动身返回洛阳。按照唐代守丧制度的规定，子为母服丧，名为三年，实际为二十五个月。[2]长寿二年（693）八月，陈子昂从射洪启程，沿涪江而下，经遂州（今四川遂宁市），作《遂州南江别乡曲故人》，在无尽的离愁中长歌而去。一日黎明，雨过天晴，绚丽多彩的朝霞即将消散，长江涨潮，陈子昂呼朋唤友，从万州（今重庆市万州区）乘潮起航。其《万州晓发放舟乘涨还寄蜀中亲友》诗云：

　　　　空濛岩雨霁，烂熳晓云归。啸旅乘明发，奔桡鹜断矶。

----

[1] 学者们一般将陈元敬的这段话系年于陈子昂落第还乡之时。其时陈元敬尚未隐居或刚刚隐居，无法"幽观大运"悟出这个天意轮回之道。这段话是父子俩"宴坐"时说的，则须是陈子昂在家时；陈元敬让陈子昂记住这段话，是希望他能抓住时机，则是在陈子昂能继续做官时。所以，本传认为，陈元敬说这段话的时间，在陈子昂归蜀守丧期间。

[2] 守丧期限，参见彭庆生的考证。彭庆生：《陈子昂集校注》，黄山书社，2015，第1538—1539页。

苍茫林岫转，络绎涨涛飞。远岸孤云出，遥峰曙日微。

前瞻未能晌，坐望已相依。曲直还今古，经过失是非。

还期方浩浩，征思日骈骈。寄谢千金子，江海事多违。

由于是涨潮，所以船行进得很快。随着络绎不绝的波涛飞溅，一座座苍茫山峰从身边掠过；前一处景色尚未看清楚，后一处景物已经到了眼前。陈子昂触景生情，联想到古往今来人生征途上的一切是非曲直无不如此，一眨眼都会流逝泯灭。前路漫漫，只会让人产生思乡的愁绪。所以，陈子昂写了这首诗，寄给蜀中亲友，告知他们自己途中的所见所思。

当陈子昂行至宜都（今湖北宜都市）时，翘首回望故乡，高高的巫山已经遮住了视线。陈子昂伫立江渚，望着天边的彩云，忽然落泪。他想起了一个与此地此景有关的故事：战国时期，楚王曾经梦遇一位巫山神女与之同席共枕，"且为行云，暮为行雨"（《高唐赋序》）。这是一个"荒淫亡国"的典故。陈子昂感慨万端，写下了《感遇》（其二十七）：

朝发宜都渚，浩然思故乡。故乡不可见，路隔巫山阳。

巫山彩云没，高丘正微茫。伫立望已久，涕落沾衣裳。

岂兹越乡感？忆昔楚襄王。朝云无处所，荆国亦沦亡。

很快，陈子昂来到了当年楚王所建的章华台、高唐观遗址地，又写下了《感遇》（二十八）：

昔日章华宴，荆王乐荒淫。霓旌翠羽盖，射兕云梦林。

竭来高唐观，怅望云阳岑。雄图今何在？黄雀空哀吟。

陈子昂的脑海里浮现出楚王在章华台荒淫作乐、簇拥旌旗翠盖嬉戏射猎的历史画面，为强大的楚国毁丧于骄奢淫逸者之手而深感痛惜。陈子昂这两首诗，并非单纯地怀古，而有其现实针对性。我们在上一节讲过，陈子昂归蜀守丧之前，已经在诗中批评武则天的奢侈铺张。这两首诗，可以说是这种批评的泛化。但前人解读说陈子昂的这两首诗"刺高宗荒淫于武氏"（《唐音辑注》卷一），"刺武后宠嬖二张之事也"（《诗比兴笺》卷三），则未免穿凿附会。陈子昂并不反对武则天临朝称制或称帝，我们在上一节已经谈到，所以也就不存在什么"刺高宗荒淫于武氏"；二张即张易之、张昌宗兄弟，是武则天的两个男宠，但要到万岁通天二年（697），太平公主将张昌宗推荐给武则天，张昌宗又连带着推荐了张易之，张氏兄弟方才"皆得幸于太后"（《资治通鉴》卷二〇六），所以陈子昂此时也不可能"刺武后宠嬖二张之事也"。

陈子昂就这样带着一路的乡愁、一路的思考，再一次来到了洛阳。之后的事情，则是有喜有忧：喜，是升官了；忧，是受冤入狱了。这究竟是怎么一回事呢？我们将在接下来的两节中细细道来。

第三节　专掌讽谏

　　长寿二年（693）秋日，陈子昂返回洛阳，迁升为右拾遗。右拾遗属从八品上，陈子昂的文散官也升为通直郎，从六品下。在唐代，"贞观年定文、武入仕者皆带散位，谓之本品"[①]，如我们第四章第一节所讲，"阶卑而拟高则曰守，阶高而拟卑则曰行"（《唐六典》卷二），所以陈子昂此后上书时自称"通直郎行右拾遗陈子昂"（《上蜀川安危事》）。拾遗这个官名，是取"国家有遗事，拾而论之"之意，隶属中书省，其职责是："掌供奉讽谏，扈从乘舆。凡发令举事有不便于时，不合于道，大则廷议，小则上封。若贤良之遗滞于下，忠孝之不闻于上，则条其事状而荐言之。"（《唐六典》卷八）也就是说，这是一个专门负责指陈朝廷弊政的职位。这职位本来只置左右拾遗各二人，武则天称帝后不久，便将左右拾遗各加三人，总共变成了十人。（《唐六典》卷八）这是武则天"滥以禄位收天下人心"（《资治通鉴》卷二〇五）的手段，唐人就已经说得很清楚了：

　　　　则天革命，举人不试皆与官，起家至御史、评事、拾遗、补阙者，
　　不可胜数。张鷟为谣曰："补阙连车载，拾遗平斗量。把推侍御史，椀
　　脱校书郎。"时有沈全交者……续四句曰："评事不读律，博士不寻

---

　　① 岑仲勉：《隋唐史》，河北教育出版社，2000，第526页。

章。面糊存抚使，睐目圣神皇。"（《朝野佥载》卷四）

武后初称周，恐下心不安，乃令人自举供奉官，正员外多置里行，拾遗、补阙、御史等至有"车载斗量"之咏。（《隋唐嘉话》卷下）

可以说，陈子昂回到洛阳后能得"拾遗"之位，某种程度上即受益于武则天笼络人心、扩大职位名额的行为。但陈子昂并不愿辜负武则天给他的这个职位。过去作为麟台正字、右卫胄曹参军时，陈子昂尚且不顾"不在其位，不谋其政"（《论语·泰伯》）的古训，多次越职上奏，指陈时弊。现在，朝廷委任他为右拾遗专掌讽谏，他怎么会缄默不语、敷衍塞责呢？

任右拾遗不久，陈子昂就代表朝廷官员和地方长官借岭南道（约今广东、广西两省和越南北部）的枯竹再生之事，向武则天呈表庆贺，规劝她"惩残创酷，诱善旌冤，永清侮弄之阶"（《为朝官及岳牧贺慈竹再生表》）。陈子昂为什么会因枯竹再生言及惩治酷吏、平冤昭雪呢？事情的经过是这样的：长寿二年（693），有人密告流放到岭南地区的人欲谋反，武则天遂委派酷吏万国俊去审理，并授权"若得反状，斩决"。万国俊到广州后，一次枉杀三百余人，然后伪造了这些人的反状。返朝后万国俊又向武则天奏称："不但岭南道，各道的流放犯都对朝廷怀有怨恨之心，若不早日追究，叛乱就不远了。"武则天表示赞同，因此又派出刘光业、王德寿、鲍思恭、王大贞、屈贞筠等酷吏分别赴剑南（今四川、云南、贵州、甘肃部分地区）、黔中（今湖南、四川、贵州部分地区）、安南（治今越南河内市）等地审理流放犯的案子。这些酷吏也大肆滥杀："光业诛九百人，德寿诛七百人，其余少者不减数百人。亦有杂犯及远年流人，亦枉及祸焉。"（《旧唐书》卷五十）后来武则天也觉察到这些酷吏在滥杀，于是下诏允许没有死亡的流放犯和家属返回故乡，并将王德寿等酷吏治罪。而就在王德寿等酷吏"滥虐无辜"的时候，台州（治今浙江临海市）、建州（治今福建建瓯市）一带，发生了严重的蝗灾。这些蝗虫不仅吃尽了禾苗，同时也"毒痛慈竹"，吃光了竹叶，从而导致百姓饥馑，流离失所。当武则天"降明制，发德音，恤淫刑，蠲虐典"（《为朝官及岳牧贺慈竹再生表》），处分酷吏、安抚冤者的时候，蝗灾结束了，枯竹重新长出了嫩叶。基于"天人感应"的传统观念，陈子昂等官员认为，蝗灾的出现是上天对酷吏滥杀无辜的警示和惩罚，而枯竹再生，是武则天下诏"恤淫刑"的结果。所以，陈子昂与朝臣一起上表庆贺。

这种"天人感应"的观念，在现在看来，当然是荒谬的。不过在陈子昂的时代，这是比较正统的学说或者观念；抛开其荒谬的成分不谈，我们倒是可以从中看出朝野官员对酷吏横行的愤怨情绪和要求制止滥刑的愿望。陈子昂代朝臣们上的这份表文，虽名为"庆贺"，实际上表达了作者对酷吏政治的批评。

本章第一节曾提到，载初元年（690）七月，佛教徒以《大云经》及其疏文为武则天称帝制造舆论。所以，为了答谢佛教徒的支持，武则天登基后的第二个月，天授元年（690）十月，便下令"敕两京诸州各置大云寺一区，藏《大云经》，使僧升高座讲解，其撰疏僧云宣等九人皆赐爵县公，仍赐紫袈裟、银龟袋"。过了半年，天授二年（691）四月，又"制以释教开革命之阶，升于道教之上"。（《资治通鉴》卷二〇四）这是贞观十一年（637）二月太宗下《道士女冠在僧尼之上诏》以来，佛教第一次被官方抬到了道教之上。武则天的这个行为对佛教乃至中国文化的发展产生了一定的积极作用，就如何磊先生所言：

> 因武则天支持而兴盛起来的禅宗、华严宗，对中国佛学后来的发展产生过一定的影响……正是由于武则天对佛教的迷信、推崇与利用，推动了这一时期佛教中国化的进程，从思想、哲学到音乐、舞蹈、绘画、雕塑、建筑，独具特色的中国式佛教文化日益发展，进而全面丰富了中国文化。[①]

举一个具体的案例：武则天时期共翻译佛经186部1496卷，相当于隋朝译经总数的三倍，占全唐译经总部数的42%，卷数占一半以上。[②]由此可见武则天对佛教发展的推动作用之大。但武则天对佛教的支持，与历来统治者对宗教的态度一样，更多的是一种政治手段。隋朝崇佛，灭隋之李唐王朝就崇道抑佛，

---

① 何磊：《武则天传》，天地出版社，2020，第106—107页。
② 张青青：《改写理论之赞助人系统——武曌对〈大云经〉与〈华严经〉翻译的操纵》，《外国语文》2011年第6期。

李唐王室附会了自己与道教始祖李耳的关系，大力推崇道教，这实际上是要表示自己与隋朝有别。现在武则天称帝，自然也要换一个宗教政策，于是崇佛抑道——当然，这与武则天家族的信仰也有一点关系，武则天的父亲武士彟、母亲杨氏在隋朝崇佛政策的影响下，都信奉佛教。加上佛教徒对其称帝的支持，武则天崇佛也就顺理成章。除了奖励与《大云经》有关的佛教徒、下诏提升佛教的地位，武则天在全国范围内掀起了尊崇佛教、大修寺院的风潮。本章第一节提到过，武则天下令"于明堂北起天堂五级以贮大像"（《资治通鉴》卷二〇四），具体情况是：

> 太后命僧怀义作夹纻大像，其小指中犹容数十人，于明堂北构天堂以贮之。堂始构，为风所摧。更构之，日役万人，采木江岭。数年之间，所费以万亿计，府藏为之耗竭。怀义用财如粪土，太后一听之，无所问。（《资治通鉴》卷二〇五）

本章第一节也提到，针对《大云经》一事，陈子昂作了《感遇》其九予以讽喻。现在，面对武则天过分崇奉佛教、大兴土木、劳民伤财的行为，陈子昂又写了一首《感遇》（其十九），进行揭露讽喻：

> 圣人不利己，忧济在元元。黄屋非尧意，瑶台安可论。
> 吾闻西方化，清净道弥敦。奈何穷金玉，雕刻以为尊。
> 云构山林尽，瑶图珠翠烦。鬼功尚未可，人力安能存。
> 夸愚适增累，矜智道逾昏。

陈子昂开篇即指出：圣人是不图谋私利的，他们所关心和忧虑的是天下的百姓。中国古代贤明的帝尧崇尚节俭，绝不会穷奢极欲、大兴土木、劳民伤财；西方传来的佛教不也是以"清净"为宗旨吗？可如今的"圣人"，却要用尽金银财宝雕刻佛像。为了建造高耸入云的寺院，要砍光山上的林木。为了雕刻精美的佛像，不惜用上珍珠翡翠。在陈子昂看来，这种行为既可笑又可悲。可笑的是，大自然的鬼斧神工都办不到的事儿，人却要去办。可悲的是，自以为崇佛是睿智的做法，却只会适得其反，增加百姓的忧患，显出统治者的昏庸！可以说，陈子昂这首诗的讽喻针对性极强，且相当明显，再一次表现出了他"安人"的主张。我们今天能见到的以陈子昂作品为主题的最早的书法作品，就是南唐后主李煜书写的这一首《感遇》（其十九），可见其影响之一斑。（图5.7）

在陈子昂任右拾遗后不久，还发生了一件轰动一时的事。同州下邽（今陕西渭南市）人徐元庆之父徐爽，被下邽县尉赵师韫杀害。后来赵师韫当了御史，徐元庆便更姓易名，混迹在驿站中充当仆役，待赵师韫来到这个驿站住宿时，趁机手刃仇人。父仇得报后，徐元庆坦然投案自首。当时舆论"以元庆孝烈，欲舍其罪"（《旧唐书》卷一九〇），武则天也准备赦免其死罪（《新唐书》卷一九五）。陈子昂针对此事，上了一篇《复仇议状》，认为正确的处理方式是：

图5.7　《汝帖》收录李煜书《感遇》（其十九）拓本

"宜正国之法，置之以刑，然后旌其闾墓，嘉其徽烈。"也就是说，先对其复仇的杀人行为予以惩罚，再对其为父报仇的尽孝行为进行表彰。提出这种看似自相矛盾的处理办法，陈子昂究竟是如何考虑的呢？一方面，陈子昂认为"礼"很重要。《礼记·曲礼》说"父之仇，弗与共戴天"，徐元庆"为父报仇，手刃师韫"，且主观意图不在于作乱，所以应该受到嘉奖。这也是当时一般人的意见。但是另一方面，陈子昂指出"法"也很重要。"邪由正生"，总有超出礼教控制范围的情况出现，所以国家治理也需要刑罚。比如复仇这件事情，"人必有子，子必有亲，亲亲相仇，其乱谁救"，如果放纵这种行为，无刑罚进行约束、干预的话，就会冤冤相报永无了时。按照国家法律规定，"杀人者死"，法律要对所有人一视同仁，所以徐元庆应该被处死。况且，徐元庆复仇行为之仁义，正体现在其"忘生而及于德也"，如果不治其罪，"杀身成仁"的事也就没有了，这是置徐元庆于不义。陈子昂综合这两方面的考虑，认为既不能"以私义而害公法"，也不能"以公法而徇私节"，所以先治其罪，再彰其义。

陈子昂好友卢藏用做了一个总结："徐君之议，则刑礼之中矣。"（《〈陈伯玉文集〉序》）陈子昂在《复仇议状》中调和了"刑""礼"的关系，"当时议者咸以子昂为是"（《旧唐书》卷一九〇中），得到了普遍认同。陈子昂也自信自己提议的正确性和普适性，因此他不仅请求朝廷按他的提议来处理这个案件，而且认为应该"编之于令，永为国典"（《复仇议状》）。大约一百年后，"唐宋八大家"之一的柳宗元写了一篇《驳复仇议》，对陈子昂的提议进行了全面的反驳。柳宗元认为，如果一个人应当受到表彰却又被诛杀，这是滥刑；如果其应当受到刑罚却又加以表彰，这是破坏礼制。所以陈子昂先治罪后表彰的提议是错的。正确的做法是搞清楚徐元庆父亲是无辜受戮还是有罪伏诛。若是无辜受戮，徐元庆"守礼而行义"为父报仇，当官的只应为自己的失职感到汗颜，还有什么脸面治徐元庆的罪，所以只能嘉奖其孝行。若是有罪伏诛，则徐元庆父亲不是死于赵师韫之手，而是死于法律的惩戒，徐元庆为父报仇，就是"仇天子之法，而戕奉法之吏"，就必须"执而诛之"，为什么还要受到表彰呢？柳宗元引用了《春秋公羊传》中的一段话来证明自己所说的正确性："父不受诛，子复仇可也。父受诛，子复仇，推刃之道，复仇不除害。"最后，柳宗元也请朝廷将自己的提议"附于令",作为后世此类事件的处理原则。

柳宗元的《驳复仇议》是唐宋古文的代表作,后人称誉其"引经据典,无一字游移,乃成铁案"(《古文观止》卷九)。相形之下,陈子昂的《复仇议状》不免捉襟见肘,现代学者一般也认为他自相矛盾的提议是不可取的:

> 陈子昂关于复仇的主张是矛盾的,虽然从表面看是兼顾了"礼"和"法"的权宜之策,维护了统治者所提倡的社会主流价值观。但没有从根本上对复仇行为进行定性,也没有为后来类似案件的判处提供可借鉴的方法:既没有肯定复仇杀人的违法性,也没有肯定复仇行为的免责性,无论对于"法"还是"礼"都遭到了破坏。貌似两者兼顾的解决办法实质上并没有明确复仇行为的定性问题,后来柳宗元很快就驳斥了陈子昂的主张……[1]

我们不否认陈子昂《复仇议状》总体观点存在这样的问题。但是,我们也要搞清楚,陈子昂的这种提议是在什么情况下提出来的。我们前面说过,当时的舆论以及武则天都认为徐元庆应该被免罪,陈子昂其实是在谏言指陈武则天和舆论的过失。这样来看的话,陈子昂是在提醒人们,不要因为礼制而忽视刑罚,他是在强调刑罚的必要性和重要性。本传第四章第六节详细讲述了陈子昂关于"措刑"的主张,我们也提到,他虽然主张措刑,但是也强调了刑罚本身的必要性。比如他在《谏用刑书》中指出"化之不足,然后威之;威之不变,然后刑之",肯定了刑罚"禁暴整乱"的作用。当时他主要论述的是不可滥刑的问题,现在《复仇议状》主要论述的是不可以礼废刑的问题。两者结合起来,才构成了陈子昂关于刑罚的全部态度。

就在陈子昂用心思考刑与礼的问题时,一场无妄之灾降临他的头上。长寿三年(694),陈子昂入狱,饱尝了将近两年的铁窗苦难。这具体是怎么回事,我们下一节详述。

---

[1] 赵晓耕主编:《中国法律思想史》,北京交通大学出版社,2014,第149页。

第四节　受诬入狱

如果我们读卢藏用为陈子昂写的传记，或者是《新唐书》卷一〇七《陈子昂传》，会发现一个奇怪的现象：

> 拜右拾遗。子昂晚爱黄老之言，尤耽味易象，往往精诣。在职默然不乐，私有挂冠之意。（《陈氏别传》）
>
> 擢右拾遗。子昂多病，居职不乐。（《新唐书》卷一〇七）

两种传记皆记载陈子昂在擢升为右拾遗后，即开始消沉。消沉的表现，是"默然不乐"，"有挂冠之意"，即意欲辞官；陈子昂"晚爱黄老之言"，也可以说是其消沉的表现，因为"黄老之言"即提倡无为避世的道家哲学。消沉的原因，是"子昂多病"。确实，我们在本章第二节讲到过，陈子昂归蜀守丧时曾大病了一场，产生过避世的想法。但我们也说，这只是一个病人的胡思乱想，并不是陈子昂真的想要避世。如果真的想要避世，他本来是辞官守丧，也就没有必要再一次回到洛阳；回到洛阳之后，也不必再一次上书谏言措刑，不必对武则天崇佛之大兴土木、劳民伤财感到愤怒，也不必逆武则天的意愿、逆当时的舆论，去提议如何正确处理一个与自己毫无关系的案子。可见，擢升右拾遗后，陈子昂的政治热情依然如故。那么，到底是从什么时候开始，受什么事件影响，陈子昂就开始消沉了呢?

1935年,《国学季刊》第5卷第2期发表罗庸先生《陈子昂年谱》一文,这是我们目前所知最早的一份陈子昂年谱。年谱是一种特殊的人物传记体裁,以谱主为中心,以年月为经纬,全面细致地叙述谱主一生的事迹。老一辈学者做学问都重视年谱的编纂,因为只有按时间顺序搞清楚一个人一生的行迹,才能更好地认识这个人,也才能将其作品精确地放到其生平坐标系的某个点上,从而更加深刻地理解其作品。罗庸先生在昆明五华书院讲文学史导论课时就曾说过:"假如我们执偏概全,以一诗一文来论一个作家的生平,结论一定是错误的。所以,治文学史在取材的时候,一定要先加一番整理的工作,为作家作成年谱,把他的作品比次先后,断语才会精确。"①胡适先生也曾说过:"'年谱'比中国式的'传'好得多!"②因为相比于普通的传记,年谱的精确度更高;传记对某些事情、某些作品的年份可以不闻不问,模糊过去,年谱则要将每一件事情、每一件作品都归到某一个具体的年份。所以,罗庸的《陈子昂年谱》虽然因其是开创之作而不尽完善,但其对陈子昂生平许多前人未曾注意、囫囵吞枣的地方,都做了比较清晰的考辨。其考辨的重要成果之一,就是发现了陈子昂曾"坐逆党陷狱"的事实。他的理由主要有两个:第一,陈子昂有一篇《谢免罪表》,说自己"误识凶人,坐缘逆党",然后被免罪的事儿,其《祭临海韦府君文》也说自己"置在丛棘,狱户咫尺",可见其因逆党的案子而被捕入狱的事实;第二,从长寿三年(694)春起,到天册万岁元年(695)十二月二十日前,将近两年的时间里,陈子昂没有一篇诗文,大概就是由于这段时间正在狱中。这就很好地解释了为什么陈子昂会消沉,会"居职不乐"。③

但是,陈子昂具体因为什么样的"凶人"和"逆党"被捕入狱,入狱的具体时间如何,我们都无法准确得知。从他屡屡谏言揭露、指斥朝政弊病的行为可以

① 罗膺中讲,缪鸾和记:《中国文学史导论(一)》,《五华》1947年第2期。膺中是罗庸的字。

② 曹伯言,季维龙:《胡适年谱》,安徽教育出版社,1989,第193页。

③ 参见罗庸:《陈子昂年谱》,载《陈子昂研究》,上海古籍出版社,1988,第317—319页。

推想，其平日里得罪的人应该不少。我们稍微回忆一下前面所讲陈子昂的奏疏，就会发现他批评的对象包括了各个层级的人：最高统治者武则天、武则天的亲信、酷吏、无功受禄的臣子、征战的将军、出使的官员、底层的县令……陈子昂如此有"作为"，在明争暗斗的朝廷中，获罪在所难免，不获罪才是奇迹。

天册万岁元年（695）十二月，陈子昂出狱后，向武则天呈奏了《谢免罪表》，其中说道：

> 臣巴蜀微贱，名教未闻。陛下降非常之恩，加不次之命，拔臣草野，谬齿衣冠，臣私门祖宗，幽显荣庆，岂止微臣一身而已！臣宜肃恭名节，上答圣恩，不图误识凶人，坐缘逆党，论臣罪累，死有余辜，肝脑涂地，不足塞责。陛下弘慈育之典，宽再宥之刑，矜臣草莱，悯臣愚昧，特恕万死，赐以再生。身首获全，已是非分；官服具在，臣何敢安？臣若贪冒宠私，靦颜恩造，复尘旧职，以玷清猷，蝼蚁微心，实惭面目。臣伏见西有未宾之虏，北有逆命之戎，尚稽天诛，未息边戍。臣请束身塞上，奋命贼庭，效一卒之力，答再生之施。庶陛下咸命，绥服荒夷，愚臣罪戾，时补万一。若臣获死锋镝，为厉犬羊，古人结草，实臣恳愿。不胜大造再生荷戴之至。

陈子昂在表文中表达了三层意思。第一层意思，认错："我是靠着陛下您的恩典，才从一介草民，成为朝廷官员。我本来应该辛勤工作、洁身自好，以报答陛下的圣恩，没想到却结交了不该结交的人，与'逆党'有关联。犯下这样的大罪，我是死有余辜，就算肝脑涂地也不足以洗清我的罪责。"第二层意思，谢恩："陛下想着我是草野之民，怜悯我的愚昧，于是赦免了我的罪过，让我得以重生。不仅保全我的性命，还让我官复原职，如此宏大的圣恩，让我内心感到惶恐不安。"第三层意思，补救措施："面对圣恩，深感惭愧。直接官复原职，实在心有不安。西北边疆尚未安宁。我请命出塞从军，为陛下贡献一份力量。如果有赖陛下的威望，平定了边疆，那么我的罪过就弥补了万分之一。如果我不幸战死沙场，也算是报了陛下的圣恩。"

可以看出来，陈子昂的《谢免罪表》写得非常诚恳。陈子昂之前对于刑罚的谏言，都是出于其观察；而这一次，他亲身体验两年牢狱生活，想必对面目狰狞、声色俱厉的酷吏狱官，认识得更加清楚了。陈子昂读过《史记》，应该知道西汉开国大将周勃入狱后所说的那句话："吾尝将百万军，然安知狱吏之贵乎？"（《史记》卷五七）陈子昂写有"何惊狱吏尊"（《宴胡楚真禁所》）这样的句子，就是用周勃的典故。在疆场博杀、从死人堆里爬出来的将军周勃都受不了狱卒的欺凌和折磨，古代监狱的情况可想而知。曾经也从过军的陈子昂从狱中出来以后，大概会产生与周勃同样的感觉。所以，他出来以后请命再次从军，不妨看作他对狱中生活仍旧感到后怕的一种表现。那么，《新唐书》说陈子昂"居职不乐"也就可以理解了；其"多病"，则多半是归蜀守丧时所患的旧疾加上狱中所受的折磨导致的。

出狱后不久，天册万岁元年（695）十二月二十日，陈子昂怀着登山访道的逸趣，从喧嚣的洛阳城出发，向东南行百余里，攀上嵩山，"登玉女之峰，窥石人之庙"，会见了"蜕裳眇然，冥壑独立"的司马承祯、冯太和等道士，一起饮着"金浆玉液"，欣赏着嵩山仙境般的景色，谈玄论道，写下了《送中岳二三真人序》一文。他在文中向道士们剖白自己此时的心思说：

> 吾亦何人，躬接兹赏？实欲执青节，从白蜺，陪饮昆仑之庭，观化玄元之府，宿心遂矣，冥骨甘焉。岂知琼都命浅，金格道微，攀倒景而迷途，顾中峰而失路。尘萦俗累，复汩吾和；仙人真侣，永幽灵契。

陈子昂说自己本来是想求仙问道，高蹈世外，却在修行的过程中，受"尘萦俗累"，功名之念扰乱了其"和"的状态。《道德经》第四十二章云："万物负阴而抱阳，冲气以为和。""和"是道家标榜的一种天然的、纯粹的状态。当这种状态被尘俗扰乱后，陈子昂在求仙问道的过程中"迷途""失路"，以至于自己与"仙人真侣"无缘。他在"仕"与"隐"之间徘徊，结果两条路都没有走通。他当然会为此而感到悲哀，于是，一个个古代典故纷纷浮现于脑海中：

始知杨朱歧路，墨翟素丝，尚平辞家而不归，鲍焦抱木而枯死，可以恸，可以悲。古人之心，吾今得之也。

杨朱曾经在十字路口痛哭流涕，因为他想到一件悲哀的事情：如果选错了路，待觉醒后已经差之千里了。（《荀子·王霸》）墨子在看到染丝者如何染丝后，感慨道："一块白色的丝绸，放入青色染缸，出来就是青色，放入蓝色染缸，出来就是蓝色。在什么环境里，它就会变成什么样！"（《墨子·所染》）尚平子读到《易》的损、益两卦后，喟然长叹说："我以前只知道富贵不如贫贱，现在才知道活着不如死了。"于是他了却子女婚事，便辞家远游，万事不管，就当自己已经不存在于社会中了。（《艺文类聚》卷三六引嵇康《高士传》）鲍焦则是因为不愿与社会产生任何联系，只吃自己耕种的粮食，只穿自己妻子所织的衣服，后来饥饿时摘食山中的青枣，却又因青枣非自己所种，便将之吐出，最后饿死。（《风俗通义》卷三）杨朱、墨子的典故都是在感慨人生选择不可避免的悲剧性，尚平子、鲍焦都是坚决归隐、坚决与世俗切断一切联系的先辈。陈子昂经过牢狱之灾后，对这些典故的体会、对古人归隐心境的理解更加深刻了。

我们从这篇《送中岳二三真人序》可以看出来，现在的陈子昂，思想已经发生了很大的变化，对过去的选择产生怀疑，对未来的道路感到迷茫，陷入一种悲凉的心境中无法自拔。陈子昂在《感遇》（其二十二）中也表达了类似的心境：

微霜知岁晏，斧柯始青青。况乃金天夕，浩露沾群英。
登山望宇宙，白日已西暝。云海方荡瀇，孤鳞安得宁？

首句表现出了诗人的敏感。诗人往往能从自然界微小的变化中，感受到天地万物时序的律动，所谓"见一叶落而知岁之将暮"（《淮南子·说山训》），或者"一片花飞减却春"（杜甫《曲江二首》其一）。陈子昂则是从微霜中察觉到了一年将尽。当然，这只是一种譬喻，而非陈子昂的真实所见，因为我们会看到陈子昂在下一句就描写了季节完全相反的意象：未来可做斧柄的树木，刚刚萌生出青青的幼芽。这两个比喻季节虽然相反，但旨向却是相同的：微霜可知一年将尽，青青幼芽可长成用来做斧柄的枝干，所以，人应该见微知著，应该防患于未然。本传第四章第五节曾讲到过陈子昂这种"圣人所贵者，去祸于未萌"（《为乔补阙论突厥表》）的观念。而现在是个什么状态呢？是深秋，是傍晚，太阳落下，浓露产生。这已不是"微霜"或者"青青"的状态了，而到了萧瑟肃杀的程度。这种肃杀的感觉，陈子昂虽然是以自然意象表现出来的，但很明显，其中隐喻着他对政治生态、社会环境的判断。陈子昂最后发问道：云海翻滚，动荡不安，一条孤独的鱼儿，又能怎么办呢？"孤鳞"当然是喻指他自己。

美国学者宇文所安指出，陈子昂此诗的最后一句"将一个单独的动物安置于巨大动荡的景象之中，从而使其显得渺小无助……这种技巧能产生强烈的艺术效果，后来成为杜甫喜爱的一种结尾方式"，比如"飘飘何所似，天地一沙鸥"（《旅夜书怀》）或者"江湖满地一渔翁"（《秋兴八首》其七）。①陈子昂自己也多次构造出相似的场景和意象："群物从大化，孤英将奈何？"（《感遇》其二十五）"溟海皆震荡，孤凤其如何？"（《感遇》其三十八）陈沆指出，陈子昂写的这三首《感遇》（其二十二、二十五、三十八），"皆事乱世思遗身远患之诗"。（《诗比兴笺》卷三）陈子昂的这三首诗确实表现了"乱世"，但说其有"遗身远患"的思想，则似乎缺乏足够的根据；实际上，它们更多的是在表现陈子昂面对这个黑暗、混乱、无序的现实世界时，内心的孤独感与无助感。这种孤独感与无助感，很快就会升华成为一段最有力的呐喊："前不见古人，后不见来者。念天地之悠悠，独怆然而涕下。"（《登幽州台歌》）当然，这是后面的事情了，我们在本章最后一节具体阐述。

现在回过头来，卢藏用所说陈子昂擢升右拾遗后的行为，就可以被理解了："子昂晚爱黄老之言，尤耽味易象，往往精诣。"（《陈氏别传》）他在现实中找不到出路，对这个黑暗、混乱、无序的现实世界感到迷茫和无助，也就只好沉溺于故纸堆中，尤其是沉溺于讲述天地万物生成、演变之道的《易》中。除了自己研究易象，陈子昂还经常与赵贞固、卢藏用、杜审言、宋之问、毕构、郭

---

① [美]宇文所安：《初唐诗》，贾晋华译，生活·读书·新知三联书店，2014，第157页。

袭微、司马承祯、释怀一、陆余庆等人谈玄说道，优游林下，他们被称为"方外十友"（《新唐书》卷一一六）。当然，这个"方外十友"的群体，可能并不固定，所以也还另外有一个"仙宗十友"的群体："唐司马承祯与陈子昂、卢藏用、宋之问、王适、毕构、李白、孟浩然、王维、贺知章为仙宗十友。"（《海录碎事》卷八下）这两个群体的重合率很高（图5.8），应该是以其中某些长寿者为中心有所演变而形成的，比如司马承祯生于贞观二十一年（647），卒于开元二十三年（735），就有机会同时接触这两个群体的所有人。而陈子昂于圣历三年（700）就去世了，他可能会在出狱以后接触到上半年——即证圣元年（695）——进士及第的贺知章，但绝不可能接触到他去世后一年方出生的李白（701—762）、王维（701—761）。这个我们且不去管它，陈子昂与"方外十友""仙宗十友"中的绝大部分人都有交往，确是事实。而"方外""仙宗"这两个形容词，都能让我们看出陈子昂平时与他们交往时主要谈论些什么。我们前面讲到的《送中岳二三真人序》，就是其中一次交往的文字记录。

是的，陈子昂自天册万岁元年（695）十二月出狱以后，就"多病"，就"居职不乐"，就"爱黄老之言"，就"耽味易象"，就与司马承祯等人求仙问道、谈玄论道，以抵抗、冲淡因对现实迷茫而产生的孤独感与无助感。万岁登封

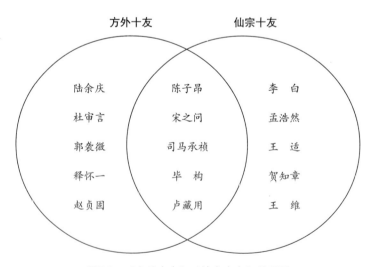

图5.8 "方外十友""仙宗十友"关系图

元年（696），朝廷制举贤良方正科，陈子昂与梁载言为典试官，取24岁的乡贡进士崔沔为第一。[①]不过，这只是按部就班完成朝廷分配的任务而已。三月，武则天又改元万岁通天。要等到万岁通天元年（696）下半年，陈子昂才从这种消沉的状态中走出来，并在九月第二次随军北征。那么，他的二次北征又是怎么一回事呢？请看下节讲述。

---

① 此事史传失载，考证参见彭庆生：《陈子昂集校注》，黄山书社，2015，第1544—1545页。

第五节　二次北征

万岁通天元年（696）五月，契丹发生饥荒，营州（今辽宁朝阳市）都督赵文翙不仅不加以赈济，还视契丹酋长"如奴仆"。因此，契丹松漠（治今内蒙古赤峰市林西县南）都督李尽忠和其妻兄归诚州刺史孙万荣联合发兵，攻陷营州，杀了赵文翙。这本来是正义的反抗，但事情发生后，李尽忠自称可汗，以营州为据点，以孙万荣为前锋，攻城略地，把战火燃向关内，使战争的性质发生了变化。于是武则天派左鹰扬卫将军曹仁师、右金吾卫大将军张玄遇、左威卫大将军李多祚、司农少卿麻仁节等二十八将率军征讨。七月，武则天又令梁王武三思为榆关道（今河北秦皇岛市）安抚大使，防备叛军南下。同时，下诏改叛军首领李尽忠名为"李尽灭"，改孙万荣名为"孙万斩"。（《资治通鉴》卷二〇五）

陈子昂的朋友著作佐郎崔融、比部郎中唐奉一、考功员外郎李迥秀等人也作为幕僚随梁王武三思军出征，负责公文书檄等事。出征之时云淡天清，陈子昂、杜审言——杜甫的祖父——等人都来到洛阳城外为从征的同僚送行，大家一会儿"投壶习射，博弈观兵"，一会儿又敲打着铜铙，拨动着琴弦。在这样的宴会上，人们主要有两种情感：一是高涨的爱国情，所以他们齐声高歌"风萧萧兮易水寒，壮士一去兮不复还"；一是缠绵的离别情，所以他们也弹奏着伤别离的《关山月》。在这种环境的感染下，陈子昂本已消沉的意志又被唤醒："思长风之破浪，恐白日之蹉跎。"想的都是长风破浪、为国立功的事儿，生怕虚度光阴、一事无成。于是，趁着酒劲儿，陈子昂还与大家一起"拔剑起舞"。最后，陈子昂写了《送著作佐郎崔融等从梁王东征》诗赠别，并在诗的序言中详细讲述了送别的过程。其诗云：

> 金天方肃杀，白露始专征。王师非乐战，之子慎佳兵。
> 海气侵南部，边风扫北平。莫卖卢龙塞，归邀麟阁名。

该诗前两句交代了时节和事件：在萧瑟肃杀的秋天，朝廷的军队受命征伐。陈子昂秉持着他一贯的军事思想，在诗的三、四两句嘱咐崔融要记住老子的箴言：

> 夫佳兵者，不祥之器，物或恶之，故有道者不处……兵者不祥之
> 器，非君子之器，不得已而用之……胜而不美。而美之者，是乐杀人。
> 夫乐杀人者，不可得志于天下矣……杀人众多，以悲哀泣之，战胜，以
> 丧礼处之。（《道德经》第三十一章）

《道德经》这段话的主旨就是"慎"用兵，只能"不得已而用之"，而不可穷兵黩武，因为战争会造成大量的伤亡。所以，陈子昂在五、六两句表达了大军能够早日平叛的愿望后，就在七、八两句再次劝诫从军者不要贪图邀功取赏而滥杀边疆人民。

陈子昂、崔融的另一位朋友杜审言也为出征者饯别，写了《送崔融》一诗：

> 君王行出将，书记远从征。祖帐连河阙，军麾动洛城。
> 旌旃朝朔气，笳吹夜边声。坐觉烟尘扫，秋风古北平。

杜审言的这首诗一、二两句单纯地交代事件，三、四两句形容出征军队声势之浩大、阵容之壮观，五、六两句设想大军到达边境后的情境，最后两句设想扫平叛军、清除烟氛。两相比较，杜审言的诗更加中规中矩，层次井然；陈子昂的

诗三、四两句与七、八两句均是劝谏不要穷兵黩武，中间却插入了畅想平叛情景的五、六两句，结构稍显混乱。但也不得不承认，杜审言的诗只是一首合格的送别诗、应酬诗，其思想深度则远不如陈子昂所写之诗。

万岁通天元年（696）八月，契丹放走了之前在营州的俘虏。关押这些俘虏期间，契丹装出一副走投无路的样子，给俘虏吃米糠熬的粥，并让狱卒告诉俘虏说："我们自己都已经饥寒交迫，无法生存，只等着唐军一来，我们就投降。现在想继续关押你们，又没有食物；想杀了你们，又不忍心。算了，放你们走吧！"这些俘虏返回幽州后，向唐军报告了契丹的情况。唐军诸将听闻后，都想尽快平叛，以便邀功取赏。当他们行至黄麢谷（今河北迁安市境内），契丹的老弱病残皆来归降，迎接唐军，路旁也只有一些老牛瘦马。唐军并没有看出来这是契丹为了诱敌深入制造的假象，于是舍弃步兵，督率骑兵轻进。结果很快进入了契丹设置的伏击圈，"将卒死者填山谷，鲜有脱者"，张玄遇、麻仁节等将领被生擒。契丹得到唐军官印，趁机伪造了一份文件，诱使燕匪石、宗怀昌等军队再次冒进，契丹于半路设伏，全歼唐军。（《资治通鉴》卷二〇五）

万岁通天元年（696）九月，武则天下诏："天下系囚及士庶家奴骁勇者，官偿其直，发以击契丹。"并令其堂侄、建安王武攸宜担任右武威卫大将军、清边道行军大总管。（《资治通鉴》卷二〇五）陈子昂出狱后在《谢免罪表》中曾恳切请求："束身塞上，奋命贼庭，效一卒之力，答再生之施。"所以，武则天让陈子昂随武攸宜军一同北征，负责"参谋帷幕"。（《陈氏别传》）大军出发前，陈子昂积极协助主帅做准备工作，代武攸宜写了《上军国机要事》。

在这篇谏书中，陈子昂主要谈论了以下几点：第一，吸取教训，防备契丹攻陷安东都护府。陈子昂分析了征讨契丹失败的原因是将领轻信了契丹伪造的"官军文牒"，以至于"无备陷没"，所以，要防备契丹故技重施攻陷安东都护府。因为安东都护府有着重要的战略意义，若被攻陷，"则辽东以来，非国所制"。第二，批评武则天以因犯、家奴为兵的政策。陈了昂指出：这只是"捷急之计，非天子之兵"；"当今天下忠臣勇士，万分未用其一"，为什么要"免罪赎奴"，以不堪大用的罪犯和奴隶为兵呢？不能因为"一战未胜"，就"免罪赎奴，损国大义"，这只会制造出更多的麻烦。第三，分清楚主要敌人和次要敌人。陈子昂指出，目前威胁边防安全的主要敌人是吐蕃和突厥，"契丹小丑，未足以比类"，所以不要因征讨契丹而大量调集边防部队，致使"缘塞空虚"，给吐蕃和突厥入关掳掠以可乘之机。第四，批评朝廷的用人之弊。陈子昂指出，"国之所养者，总无用之臣；朝之所遗者，乃有用之士"，朝廷这样"不收有用，厚养无用"，群臣皆"以徇私为能"而"以奉国为愚"，致使平叛契丹朝中无人可用，还要去求助于外人（即招募的那些奴隶，陈子昂称其为"诸色奴"，可见为外国奴隶），这样是不能平叛成功的。第五，稍微放宽征兵期限。陈子昂提醒武则天，陈胜、吴广起义就是因为朝廷在征兵期限这个问题上不考虑实际情况，过于苛刻造成的。第六，注意漕运安全，体恤漕运丁夫辛苦。陈子昂指出，漕运涉及远征的后方供给，十分重要，而负责漕运的船夫多是奸猾之人，需要派明察事理的官员监督运送军粮；同时，要考虑到船夫来回四千余里的路程，且北方天寒地冻，十分辛苦，应该给予"优恤"。第七，羁縻山东之"奸雄"。陈子昂指出，近日山东一带"有亡命不事产业者，有游侠聚盗者，有奸豪强宗者，有交通州县造罪过者……皆是奸雄"，为社会带来了不安定因素。如果征集山东这些粗豪游侠、亡命奸盗、失业浮浪、富族强宗者入伍，稍加优待，其在家之父兄也会安分很多。这样，既可以解决这些"奸雄"带来的社会问题，又有精兵强将讨伐契丹，一举两得。第八，请求朝廷再发放一些奖励军功的物品，以鼓励士兵英勇杀敌。

韩理洲先生指出："《通鉴》只节录了这篇谏疏关于征用囚徒和奴婢，'损国大体'的一段文字，对它的重要意义的认识显然失之偏颇。"[1]确实，陈子昂在这份谏书中围绕契丹问题，对朝廷多方面的政策都进行了批评、建议，对朝政做了比较全面的综合分析，表现出了一个政治家统摄全局的战略眼光。不过，《资治通鉴》之所以只节录陈子昂关于征用囚徒和奴婢那段话，是因为选材须有针对性，它所针对的是武则天那封以囚犯、家奴充兵的诏书。《资治通鉴》编者有自己的选材标准，我们不能因史家没有全录陈子昂这篇谏书，就说其认识失之偏颇。

当陈子昂随武攸宜出征离开洛阳时，朝廷官员也为之饯行于洛阳郊外。陈子

---

① 韩理洲：《陈子昂评传》，西北大学出版社，1987，第76页。

昂即席赋诗，作《东征答朝达相送》一诗：

平生白云意，疲薾愧为雄。君王谬殊宠，旌节此从戎。

接绳当系虏，单马岂邀功。孤剑将何托，长谣塞上风。

"疲薾（ěr）"即疲惫困顿的样子。陈子昂在诗中说：自己平生的志趣在于求仙问道，疲惫困顿的生活状态本来与英雄一点边儿也沾不上。但是君王给了自己特殊的恩宠，让自己为官，让自己从戎，那还有什么理由不奋勇杀敌呢？奋勇杀敌，是报答圣恩，而不是为了获得功勋。但曾经"驰侠使气"的陈子昂，到底还是有一个英雄梦，所以他在诗的最后两句构造出了这样的情景：孤身一人仗剑塞外，长歌而行。

万岁通天元年（696）十月，契丹叛军首领之一、自称可汗的李尽忠死，突厥首领默啜趁机进攻契丹叛军的巢穴——松漠，掳走李尽忠、孙万荣的妻儿。一时间，叛军溃散，"幽朔初平"，武则天还为此册立默啜为颉跌利施大单于、立功报国可汗。（《资治通鉴》卷二〇五、《〈登蓟城西北楼送崔著作融入都〉（并序）》）十一月的一天，之前随梁王武三思出征的崔融奉命返回朝廷，陈子昂冒着呼啸的寒风，登上蓟城（今北京市西南）西北楼，为这位故交送别，写下了《登蓟城西北楼送崔著作融入都》一诗，并写有一篇序言，序言中的一些句子可以让我们看到陈子昂此时的心境。比如"愤胡孽之侵边，从王师之出塞"，一个"愤"字，说明陈子昂不是为了邀功而从征，而是内心真的有所激愤。又如"以身许国，我则当仁；论道匡君，子思报主"，用了互文的修辞手法，表明了自己"以身许国"和"论道匡君"的夙愿。

但是不久孙万荣即"收合余众，军势复振"，派人相继攻陷了冀州（治今河北衡水市冀州区）、瀛州（治今河北河间市），屠戮大小官吏、百姓数千人，"河北震动"。（《资治通鉴》卷二〇五）此后，唐军虽有小胜，但未能扭转战局。万岁通天二年（697）三月，武则天又派清边道总管王孝杰、苏宏晖等将领率兵十七万征讨契丹。两军相遇后，契丹假装败退，王孝杰率军追击，结果走入悬崖死地，被契丹回击，苏宏晖逃跑，王孝杰坠崖而亡，将士死伤殆尽。此时建安王武攸宜军队驻扎在渔阳（今天津市蓟州区），王孝杰军惨败的消息传到后方，"军中震恐，不敢进"。契丹乘胜侵犯幽州（今北京市西南），"攻陷城邑，剽掠吏民"，武攸宜派兵回击，未能成功。（《资治通鉴》卷二〇六）

面对唐军的惨败，陈子昂以极其悲痛的心情，写了《国殇文》，哀祭了为国捐躯的将士英魂，歌赞了烈士英勇悲壮的牺牲，表达了对契丹的愤慨和为国报仇雪耻的誓愿。其文云：

丁酉岁三月庚子[①]，前将军尚书王孝杰，败王师于榆关峡口。吾哀之，故有此作。

天未悔祸兮，炽此山戎。虐老昏幼兮，人罹其穷。帝用震怒兮，言剪其凶。出金虎兮曜天锋。扫宇宙之甲，驰燕蓟之冲。何士马之沸渭，若云海之汹汹。荆吴少年，韩魏劲卒。戈矛如林，白羽若月。且欲蹈乌丸之垒，刈赤山之旗，联青丘之缴，封黄龙之尸。

凶胡猖獗，奸险是凭。蛇伏泥滓，蚁斗丘陵。哀我将之伉勇兮，无算略以是膺。陷天井之死地，属云骑以相腾。短兵既接，长戟亦合。星流飙驰，树杂山沓。智无所施其巧，勇不能制其怯。顿金鼓之雄威，沧舆尸之败业。呜呼哀哉！矢石既尽白日颓，主将已死士卒哀。徒手奋呼谁救哉？含愤沉怒志未回！杀气凝兮苍云暮，虎豹慄兮殇魂惧。殇魂惧兮可奈何？恨非其死兮弃山阿。血流骨积殣荒楚，思归道远不得语。降不戮兮北不诛，殁不赏兮功不图。岂力士之未徇，诚师律之见孤。重曰：

壮士虽死精魂用，凶丑尔仇不可纵。我闻强死能厉灾，古有结草抗杜回。苟前失之未远，傥冥仇之在哉。呜呼魂兮念归来！

---

① "庚子"，各种版本均作"庚辰"，误。首先，当年三月并无庚辰日。其次，据《新唐书》卷四载，神功元年（697，此时实际上还是万岁通天二年）"三月庚子，王孝杰及孙万斩战于东硖石谷，败绩，孝杰死之"，可知王孝杰军败于"庚子"日而非"庚辰"日。详细考证，参见彭庆生：《陈子昂集校注》，黄山书社，2015，第1088页。

这篇《国殇文》，既是陈子昂内心真实情感的抒发，又明显受到了屈原《国殇》诗的影响，以长短不拘的骚体句式铺排而成，以大量的虚词增加文章气势，其激动人心的效果，与本传第四章第三节提到的骆宾王《代李敬业以武后临朝移诸郡县檄》相比，可以说毫不逊色。不过，骆宾王檄文的情感基调是昂扬，陈子昂《国殇文》渲染出来的却是悲壮。而且，我们可以从这篇文章中再一次看到陈子昂对七言诗句的运用，再一次印证本章第二节所言不虚：我们只能说《陈子昂集》中所存之诗没有使用七言，而不能武断地认为陈子昂本身对七言不重视、不会作、不擅长。

回想万岁通天二年（697）三月初，即王孝杰军出征前，陈子昂还以犀利的笔锋写了《为建安王誓众词》。这是一篇鼓舞士气的讨伐檄文，其中有些句子写得热血沸腾，比如："今日之伐，须如雷霆之震，虎豹之击，搴旗斩馘，扫孽除凶，上以摅至尊之愤，下以息边人之患。"当时的唐军，充满必胜的信心。那时候，军营里跑进一只"身如白雪，目似黄金"的白鼠，大家都认为是契丹灭亡的征兆，将白鼠进献给武则天，声称"圣威远振，白鼠投营"。（《奏白鼠表》）但出乎所有人意料的是，王孝杰败了，而且是全军覆没。这样的结局，极大地挫伤了唐军的士气，"军中震恐，不敢进"（《资治通鉴》卷二〇六）。

当大家都还处于"震恐"的阴影中时，陈子昂一面歌颂士卒的壮烈牺牲，一面也在反思溃败之由和应对之策。很快，他就向武攸宜谏言。谏言大致有四层意思：第一，我们的实力本来是很强的，"具精甲百万"，而且"运海陵之仓，驰陇山之马，积南方之甲，发西山之雄"，这简直就是"倾天下以事一隅"，要制服"契丹小丑"，就好比是"举泰山而压卵，建瓴破竹之势也"。第二，这么强的军队，为什么会败呢？是因为王孝杰等人"不谨师律"，建安王武攸宜同样是"法度不申"，军队没有良好的纪律，人数再多，也就是一群乌合之众，怎么可能打胜仗呢？第三，现在情况紧急，契丹胜利后气焰嚣张，我军惨败后士气低落，武攸宜掌握着"半天下之兵"，就是掌握着国之利器，绝不能再有任何闪失。第四，那如何解决呢？陈子昂提醒武攸宜不要再儿戏，"统众御奸，须有法制"，需要认真分析当前形势，"须先比量智愚、众寡、勇怯、强弱、部校将帅士卒之势，然后可合战求利，以长攻短"。最后，陈子昂请求"分麾下万人，以

为前驱"，平叛立功，保证"契丹小丑，指日可擒"。（《陈氏别传》《新唐书》卷一〇七）

这次谏言的结果，卢藏用描述道："建安方求斗士，以子昂素是书生，谢而不纳。"（《陈氏别传》）谏言没有被采纳，因为武攸宜当时寻求的是"斗士"，是能够真正带兵打仗的人，而不是陈子昂这样的书生。卢藏用的记载，从一个方面解释了陈子昂的谏言未被采纳的原因。我们也很容易理解，在王孝杰兵败后"军中震恐"的情况下，武攸宜为什么欲求"斗士"而不是"书生"。另外，我们也会发现，陈子昂这次谏言，不过是泛泛而谈，内容空洞，并未说出具体的、可操作的破敌方法。武攸宜凭什么要相信陈子昂浮泛空洞的"纸上谈兵"，还要分一万兵给他呢？所以，从谏言本身来看，不被采纳也在情理之中。

但是，陈子昂现在的报国之情高涨。他有一种责任感，觉得自己身为近臣，又参谋军事，"不可见危而惜身苟容"；也有一种自信心，觉得自己的谏言绝对正确，"若听愚计，即可行，若不听，必无功矣"。（《陈氏别传》）责任感加上自信心，使他有了一种非如此不可的执拗。赵儋在《鲜于公为故拾遗陈公建旌德之碑》中记载"建安愎谏"，也就是武攸宜固执己见，不采纳陈子昂的谏言；这无疑是站在陈子昂的立场记录历史。其实每个人都在固执己见，不过因为站在自己的立场，只能看到对方的固执罢了。是的，陈子昂又何尝不是固执己见呢？所以，过了几天他再次向武攸宜谈了一些意见和建议，"言甚至切"。双方都在固执的时候，当然是地位高、权力大那一方获胜。武攸宜不愿再听陈子昂"纸上谈兵"，于是将其由幕府参谋降为军曹。这一实际的降职行为，终于让陈子昂明白，武攸宜不愿意听他的谏言。陈子昂也就不再说什么，只在军中负责草拟文书。（《陈氏别传》）

如我们前面所说，陈子昂本来就因入狱之事变得意志消沉，是边疆战争再一次激起了他的热情。而现在，在陈子昂非常看重的关键时刻，他的两次谏言都未被采纳，还因此而被贬职。这无疑是一盆冷水，再一次浇灭了陈子昂心中那灭而复燃的激情。他沉默了，对建安王武攸宜。但他心中的积郁需要得到宣泄，于是他又开口了，对茫茫的宇宙，对尘封的历史，对后来所有人……他开口所说的，就是他在蓟丘吟出的悲歌。

第六节 蓟丘悲歌

陈子昂在武攸宜那里碰壁后，再一次变得消沉。一天，陈子昂独自驱马出了军营，来到渔阳（今天津市蓟州区）附近的古蓟门关。[①]这里是燕国故地，传闻附近有轩辕黄帝的遗迹。陈子昂看着眼前荒凉的景象，想起自己北征时"历观燕之旧都，其城池霸迹已芜没矣"，不禁思接千载，一个个生动的古人形象浮现在眼前。陈子昂因此"慨然仰叹"，登上蓟北楼（图5.9），面对着荒凉的蓟丘，写下了著名的《蓟丘览古赠卢居士藏用七首》：

北登蓟丘望，求古轩辕台。应龙已不见，牧马空黄埃。尚想广成子，遗迹白云隈。——《轩辕台》

南登碣石馆，遥望黄金台。丘陵尽乔木，昭王安在哉？霸图怅已矣，驱马复归来。——《燕昭王》

王道已沦昧，战国竞贪兵。乐生何感激，仗义下齐城。雄图竟中天，遗叹寄阿衡。——《乐生》

秦王日无道，太子怨亦深。一闻田光义，匕首赠千金。其事虽不立，千载为伤心。——《燕太子》

---

① 关于陈子昂所云之"蓟丘""蓟门""蓟楼"等地在何处，请参考王群丽：《陈子昂〈蓟丘览古〉诗写作地点析疑》，《杜甫研究学刊》2020年第2期。

图5.9　陈子昂像（杨江波绘）　展现的陈子昂登楼赋诗场景

自古皆有死，徇义良独稀。奈何燕太子，尚使田生疑。伏剑诚已矣，感我涕沾衣。——《田光先生》

大运沦三代，天人罕有窥。邹子何寥廓，谩说九瀛垂。兴亡已千载，今也则无推。——《邹子》

逢时独为贵，历代非无才。隗君亦何幸，遂起黄金台。——《郭隗》

清代中叶诗论家翁方纲曾说："《蓟丘览古》诸作，郁勃淋漓，不减刘越石。"（《石洲诗话》卷一）刘越石，即西晋诗人刘琨，后人评其诗云："英雄失路，满衷悲愤，即是佳诗。"（《采菽堂古诗选》卷十二）翁方纲以刘琨比拟陈子昂，即是说《蓟丘览古》这一组诗是"佳诗"，因为组诗所写正是"英雄失路，满衷悲愤"。那么，陈子昂如何就写出了"英雄失路，满衷悲愤"呢？这就需要我们对这组诗的每一首都有所认知，同时把握住其整体的精神脉络。

其《轩辕台》诗开篇云："北登蓟丘望，求古轩辕台。"蓟丘就是古蓟门关外的一块荒丘，陈子昂站在上面，寻求、想象传说中的轩辕台。不过这是千年前的往事了，哪里寻得到什么踪迹呢？传闻黄帝曾"问天下"于牧童，牧童告诉黄帝："治理天下就像牧马一样，清除掉害群之马就行了。"（《庄子·徐无鬼》）又有传闻黄帝曾多次向广成子请教"至道"。陈子昂说，黄帝当年的得力干将应龙等人，早已经消失在历史的长河之中；反倒是这牧马童子，今日还能够看到；而那已经成仙的广成子，想必正在云端遨游吧！"应龙已不见，牧马空黄埃"，这样的对比，仅从字面而言，给人一种功名转瞬即逝的感觉，倒不如牧马童子，可以"惯看秋月春风"。再比较而言，牧童则又不如广成子，可以万事不管，遗迹白云。这里面无疑表现了陈子昂某种略显消极的思想：对世间功名感到失望，而想要避世隐居。但黄帝典故的选取，似乎又巧妙地表达出某种讽喻意味。黄帝的求贤问道，可以不在乎对方是什么身份，牧马童子也好，修道之人也罢，都在黄帝的垂询范围之内。陈子昂生平谏言无数，真正被采纳者少之又少，而现在他的谏言又因其身份为"书生"而被武攸宜搁置、否决。所以，陈子昂对黄帝故事的遐想，明显是对自己平生不受赏识的补偿。此外，牧马童子提出的去除害群之马的治国之道，也与陈子昂平日批判引发恐慌的酷吏、空食国禄的无用官员的思想正相契合。所以，这首《轩辕台》虽然字数很少，但因典故的合理使用，内涵还是很丰富的。

其《燕昭王》一诗，更为直白地表现了陈子昂对自己不受赏识的感慨，并总领后面《乐生》《邹子》《郭隗》三诗。史载齐国趁燕国内乱，攻破燕国，燕昭王即位后，为了强国雪耻，"卑身厚币以招贤者"。燕昭王将自己求贤雪耻的宏愿告诉郭隗，郭隗说："大王想要招揽人才，就从郭隗开始吧。大王优待郭隗，那些比郭隗更加贤能的人，就会不远千里而来。"燕昭王于是改善郭隗居住环境，像对待老师一样对待郭隗。（《史记》卷三四）同时，燕昭王修建了黄金台，"置千金于台上，以广延天下之士"。（《水经注》卷一一）果然，各国人才纷纷慕名而来，"士争趋焉"。（《史记》卷三四）齐国的邹衍来时，燕昭王亲自打扫道路迎接，并为邹衍修建了碣石宫，依然像对待老师一样对待邹衍。

（《史记》卷七四）魏国的乐毅入燕后，燕昭王给予其极高的礼遇，后拜之为上将军，使其率领燕、赵、楚、韩、魏五国之兵伐齐，攻入齐国都城临淄，最终一雪燕国前耻。但后来燕昭王死后，本来就对乐毅有所不满的燕惠王，受到齐国的反间挑拨，欲召回乐毅，致使乐毅逃到赵国。（《史记》卷八十）陈子昂心中想着这些历史往事，眼前的实景却是"丘陵尽乔木"。是啊，燕昭王求贤之黄金台已为陈迹，燕昭王一死，乐毅就遭受怀疑，致使"雄图竟中夭"，何况现在已经过去千年，再也没有燕昭王这样求贤、爱贤、尊贤的君主了！陈子昂只有对着茫茫苍穹大声疾呼："昭王安在哉？"关于燕昭王的这几首诗，无疑是陈子昂自己初得赏识、后遭压抑、雄图中夭的写照。

其《燕太子》《田光先生》二诗，同咏燕太子丹和田光。史载战国末年，燕太子丹作为人质被送到秦国，不久逃归，收养刺客，蓄谋刺杀秦王嬴政。太傅鞠武向太子丹推荐了"智深""勇沉"的田光。太子丹于是找到田光，田光又向太子丹推荐了荆轲。送田光出门时，太子丹对田光说："我跟您密谋的事情，是国之大事，万万不可泄露。"田光笑着回答："好。"田光办完太子丹嘱托的事儿，嘱咐荆轲去见太子丹，并对荆轲说道："一个真正的侠士，其行为不应使人有疑。太子丹曾郑重叮嘱我不要泄露此事，说明他对我还是有所怀疑的。您见到太子丹后，告诉他田光已死，是不会泄密的。"于是拔剑自刎。（《战国策·燕策三》）陈子昂在《燕太子》一诗中赞扬了太子丹求贤的行为，在《田光先生》一诗中，既歌颂了田光献身殉义的品德，又批评了太子丹怀疑义士的行为。就如本传第四章第六节所说，陈子昂主张"贤人既任须信，既信须终，既终须赏"（《答制问事·重任贤科》）。田光的悲剧，就是太子丹"任而不信"造成的；而现在武攸宜也不采纳他的谏言，实际上就是不信任他的能力。所以，陈子昂对田光的悲剧产生了深深的共鸣，"感我涕沾衣"，这一把眼泪，既是替田光的遭遇而流，也是为自己的遭遇而流。

总之，《蓟丘览古》这一组诗主要是赞叹历史上明君的礼贤之风，同时感叹贤人被疑而形成的悲剧。其题为"览古"，而实际上是"伤今"，借助古人之亡灵，指责现实非明时、无贤君、难际会、少信义，哭歌自己的忠义才智不能尽瘁于国。其最后一首《郭隗》开篇云"逢时独为贵，历代非无才"，这很容易让我们想到本章第二节提到的他父亲陈元敬对他说过的话：贤臣与明君遇合，方有盛世，而这种遇合，四五百年一个轮回。（《我府君有周居士文林郎陈公墓志文》）所以说这个世界上不是缺乏贤才，只是缺乏贤才与明君遇合的机会。其实，陈子昂在入狱之前，一直相信自己遇到了明君，也相信这种"遇合"可以缔造出盛世。但入狱给了他一次严重的打击，使他变得消沉；因战事而稍微恢复了一点激情，现在武攸宜又再次给他严重的打击。陈子昂开始怀疑了，怀疑自己也缺乏与明君遇合的机会。所以，《蓟丘览古》确实表现了"英雄失路，满衷悲愤"。

陈子昂这七首诗是寄给当时隐居终南山的卢藏用的，这从诗题及诗前序言可以看出。卢藏用对此也有记载：

> 因登蓟北楼，感昔乐生、燕昭之事，赋诗数首，乃泫然流涕而歌
> 曰："前不见古人，后不见来者。念天地之悠悠，独怆然而涕下。"时
> 人莫之知也。（《陈氏别传》）

明代四川籍学者杨慎读到这里，十分兴奋：这里面不是还藏着一首陈子昂的诗吗？于是，他将"曰"字后面四句单独录出，为之取题《幽州台诗》，并评价说"其辞简直，有汉魏之风，而文集不载"。（《升庵诗话》卷六）由于杨慎的学术地位及其著作的影响力，这首本来"文集不载"的所谓"幽州台诗"就此传开，在明代一些唐诗选本中出现，比如钟惺、谭元春合编的《唐诗归》收录了此诗，并第一次为之明确取题为《登幽州台歌》。到了清代，钦定《全唐诗》选录了此诗，蘅塘退士编《唐诗三百首》"七言古诗"部分也选录了此诗[①]，因此《登幽州台歌》脍炙人口，成为陈子昂名下知名度最高的一篇作品。

但这篇作品是否真的可以算作陈子昂的诗作，还存在很大的疑问。第一，这篇作品本来是《陈氏别传》的一个部分，而杨慎以前的陈子昂诗文集中，并不收录此诗。陈子昂的诗文集是陈子昂去世后，其好友卢藏用编辑而成的。卢藏用既

---

① 古人选本，杂言诗往往不单独列一类，而是将之归入七言古诗类。参见王力：
《诗词格律》，中华书局，2000，第16页。

然在传记中提到此"诗"，为何不将之收入集中呢？可见，若要将《登幽州台歌》认作陈子昂的作品，是缺乏版本依据的。第二，这篇作品四句话的意思，其实都囊括在了《蓟丘览古赠卢居士藏用七首》这一组作品中。"前不见古人，后不见来者"对应《轩辕台》中的"应龙已不见"、《燕昭王》中的"昭王安在哉"和《郭隗》中的"逢时独为贵，历代非无才"；"念天地之悠悠，独怆然而涕下"对应《燕昭王》中的"丘陵尽乔木"、《燕太子》中的"千载为伤心"和《田光先生》中的"感我涕沾衣"。所以，这四句话是否只是那七首诗的概括，而并非独立的作品呢？第三，这四句话都是有来由的。南朝宋孝武帝读到谢庄《月赋》时，就曾感慨："可谓前不见古人，后不见来者。"（《本事诗·嘲戏》）宋孝武帝用了"所谓"的字样，可知"前不见古人，后不见来者"应该是当时的熟语。比宋孝武帝略晚的张融也说过两句类似的话："非恨臣无二王法，亦恨二王无臣法。""不恨我不见古人，恨古人不见我。"（《太平广记》卷一七三）另外，我们可以从屈原《远游》一诗中抽出四句重新排列，得到如下文本："往者余弗及兮，来者吾不闻。惟天地之无穷兮，哀人生之长勤。"我们也可以从阮籍《咏怀》（其三十二）中抽出四句重新排列，得到如下文本："去者余不及，来者吾不留。天道邈悠悠，涕泗纷交流。"这样一看，《登幽州台歌》简直就是《远游》《咏怀》这几句的白话译文。①

但是，尽管《登幽州台歌》有这么多的疑点，我们也不可否认其与陈子昂的关系。至少，我们说这四句话形容出了陈子昂在蓟丘怀古时的那种状态，是没有任何问题的。所以，我们暂且按照明代杨慎以降的说法，将《登幽州台歌》认作陈子昂的作品，来看看这四句话为什么能够产生这么大的传播效应。

其开篇两句说"前不见古人，后不见来者"。这里的"者"，叶嘉莹先生将之念作zhǎ，就与第四句最后一个字"下"（xiǎ）押韵了。②与《蓟丘览古》有

---

① 相关考辨，参见罗时进：《〈登幽州台歌〉献疑》，《陈子昂研究论集》，中国文联出版公司，1989，第214—219页。李最欣：《〈登幽州台歌〉非陈子昂诗考论》，《台州学院学报》2016年第1期。陈尚君：《行走大唐》，广西师范大学出版社，2018，第187—190页。胡亮：《谁写了〈登幽州台歌〉？》，"武东山"公众号2022年7月16日推文。

② 叶嘉莹：《叶嘉莹说初盛唐诗》，中华书局，2008，第110页。

具体的怀古形象不同，这两句话用"古人"这个概念代替了所有的怀古形象，用"来者"这个概念代替了所有与怀古形象有着相同特征的今人。那些礼贤下士的古人，那些受到君主礼遇的古人，那些君臣遇合共创盛世的典故，都已成为历史的绝响，不复存在于现实世界当中。所以，陈子昂既"不见古人"，又"不见来者"。这种历史的虚无感，很容易与宇宙的寥廓感融为一体，所以就有第三句"念天地之悠悠"。是啊，时间无穷无尽，空间无边无际，一个生年不过百的渺小生命，又能完成什么，又能留下什么呢？你看那些"遇合"了的明君贤臣，你看他们创造出的太平盛世，现在不也"不见"了吗？个人际遇的悲剧，不过是人身处这浩浩历史、茫茫宇宙中必然发生的一件事情。那么，悲剧就是注定的，就是人力无可奈何的。孤独感与无助感再次喷涌而出，化作泪水，化作一场莫名的恸哭，所以就有第四句"独怆然而涕下"。

如果我们将这几句话当作诗，且当作是陈子昂的诗，它无疑是一首成功之作。尽管诗中没有十分具体的形象，但陈子昂本人、我们每一个读者，都在充当其中的形象。清人沈德潜点评这首诗说："余于登高时，每有今古茫茫之感，古人先已言之。"（《唐诗别裁集》卷五）你看，沈德潜就将自己化作了诗中形象，觉得此诗说出了自己登高时的"今古茫茫之感"。所以，明清以来的人们都给这首诗以崇高评价，是没有任何问题的。

除了内容层面，这首诗在形式层面也是可圈可点的。第一，"前不见古人，后不见来者"的句式，是诗中少见的"双式句"，也就是句子最后一个节奏是双数的两个字或四个字。这两句的停顿，可以有三种方式："前/不见/古人，后/不见/来者"，"前不见/古人，后不见/来者"，"前/不见古人，后/不见来者"，属于"一、二、二""三、二""一、四"停顿的句式。而一般的五言诗句都是"二、三"或"二、二、一"停顿，比如"大漠/孤烟/直，长河/落日/圆"。第二，"念天地之悠悠，独怆然而涕下"，用了虚字，使得诗句有散文化的倾向。本来，"念天地悠悠，独怆然涕下"，意思就已经完足了，句法也没有任何毛病。但在中间各加一个虚字，使得句子的语气更加悠扬，这种语气上悠扬的感觉，与"今古茫茫之感"的思想内容是相契合的。所以，这首诗在形式上，也能给我们很直接、很鲜锐的感受。[1]

陈子昂蓟丘览古之后，回到军营，依旧是"箝默下列，但兼掌书记而已"（《陈氏别传》）。万岁通天二年（697）四月，"以右金吾卫大将军武懿宗为神兵道行军大总管，与右豹韬卫将军何迦密将兵击契丹"；五月，"又以娄师德为清边道副大总管，右武威卫将军沙吒忠义为前军总管，将兵二十万击契丹"；六月，突厥首领默啜率军攻克契丹新城（在今辽宁朝阳市），契丹军遭遇前后夹击，迅速溃散。孙万荣仓皇逃命到潞水之东（在今北京市通州区），感叹说："今欲归唐，罪已大。归突厥亦死，归新罗亦死。将安之乎！"随后，部下杀了孙万荣投降，唐军与契丹之战总算以胜利告终。（《资治通鉴》卷二〇六）

七月入秋的一个夜晚，荒凉空旷的边地，寒风呼啸，冷月无声。心情沉闷的陈子昂久久不能入睡，独自在月下徘徊。忽然，从不远处传来了一声声哭泣，陈子昂循声赶去，看到一位老兵蜷缩于墙角。陈子昂走过去与老兵攀谈，得知他背井离乡来到边境征战，久经沙场，屡建战功，却依旧只是一位普普通通的士兵。老兵想起自己的一事无成，想起自己遥远的家乡，因此在这寒冷孤寂的月夜，不禁失声痛哭。老兵的遭遇，引起了陈子昂深深的同情与感动，于是写下了《感遇》（其三十四）：

> 朔风吹海树，萧条边已秋。亭上谁家子？哀哀明月楼。
> 自言幽燕客，结发事远游。赤丸杀公吏，白刃报私仇。
> 避仇至海上，被役此边州。故乡三千里，辽水复悠悠。
> 每愤胡兵入，常为汉国羞。何知七十战，白首未封侯。

可以说，这也是陈子昂自身境遇的写照，就如明代唐汝询所言："此亦从军出塞，而述戍卒之词以自况也。"（《唐诗解》卷一）当然，这首诗里也充满了对边疆战士的同情和对当政者不奖赏军功的批判。

后来一位姓贾的幕僚要提前返回洛阳，陈子昂为之饯行，写了《登蓟丘楼送

---

① 叶嘉莹：《叶嘉莹说初盛唐诗》，中华书局，2008，第112—113页。

贾兵曹入都》一诗：

> 东山宿昔意，北征非我心。孤负平生愿，感涕下沾襟。
> 暮登蓟楼上，永望燕山岑。辽海方漫漫，胡沙飞且深。
> 峨眉杳如梦，仙子曷由寻？去剑起叹息，白日忽西沉。
> 闻君洛阳使，因子寄南音。

半年前，陈子昂送友人崔融返朝时，也曾登上这座蓟丘楼，写下了《登蓟城西北楼送崔著作融入都》一诗。其时正值"幽朔初平"，陈子昂在诗序中向友人慷慨陈词："以身许国，我则当仁；论道匡君，子思报主。"而现在，同样是送友人返朝，他一开口却说："东山宿昔意，北征非我心。孤负平生愿，感涕下沾襟。"这是与他之前的说法矛盾了吗？不是。这是在时过境迁之后，对"北征"之事感到失望，感到后悔。陈子昂觉得自己辜负了学道习仙的志向，而现在身处边疆，向南望去，不过是辽海漫漫、胡沙满天。他看不到自己的家乡，也看不到家乡可以修仙问道的峨眉山，更看不到自己梦中的仙子。不可解的思乡之情与不可得的思隐之志交杂在一起，再一次使陈子昂痛哭流涕，感叹"孤负平生愿"。

又过了几天，陈子昂收到宋之问所写《梦赵六赠卢陈二子》一诗。赵六即赵贞固，与陈子昂、宋之问等人交好，是"方外十友"之一。赵贞固在陈子昂中举那一年，文明元年（684）来到洛阳，"天下名流，翕然宗仰"，其人"元精冲懿，有英雄之姿，学不常师，志在遐远"，但一生只担任过幽州宜禄（治今陕西长武县）县尉。万岁通天元年（696）三月，"发痟疾而卒"，享年49岁。（《昭夷子赵氏碑》）在收到宋之问关于赵贞固的诗后，陈子昂也写了一首《同宋参军之问梦赵六赠卢陈二子之作》。陈子昂在诗中通过对亡友赵贞固的伤悼和对平素交谊的回顾，表现了自己此时内心的痛苦与挣扎。陈子昂说："奈何苍生望，卒为黄绶欺。铭鼎功未立，山林事亦微。"由于心中念着天下苍生，所以被朝廷功名欺骗，现在落得当官无功、隐居不能的地步——这既是对亡友赵贞固的描述，也是对自己现在处境的描述。陈子昂又说："而我独蹭蹬，语默道犹懵。征戍在辽阳，蹉跎草再黄。丹丘恨不及，白露已苍苍。远闻山阳赋，感涕下沾裳。"陈子昂想着自己现在仕隐两难、空耗时光的处境，不禁又一次流下泪来。

我们可以看到，此时的陈子昂，对入仕完全失去信心，而对隐居山林一事也觉得为时已晚。他真正陷入了"杨朱泣岐"的悲哀绝望的境地。此时的陈子昂已经39岁，离他去世不足三年时间。万岁通天二年（697）七月，陈子昂随武攸宜凯旋，很快便辞官回家。不过，这已是我们下一章要讲述的内容了。

第六章

时弃道存

第一节　带官归里

万岁通天二年（697）七月，陈子昂回到洛阳，依旧担任右拾遗一职。本年九月，改元神功。次年正月，改元圣历。从回到洛阳，到圣历元年（698）五月，将近一年的时间里，陈子昂默默无闻，几乎没有给朝廷上任何谏书——至少从现存的《陈子昂集》来看是这样。他变得比二次北征前更加消沉。

圣历元年（698）春末，陈子昂好友杜审言由洛阳县丞贬为吉州（治今江西吉安市）司户。杜审言"雅善五言，尤工书翰，恃才謇傲，为时辈所嫉"（《大唐新语》卷五），朝臣的排挤，应该是其被贬的重要原因。杜审言"恃才謇傲"是出了名的，他临死之时，告诉来看望他的宋之问等人说："我活着的时候，在文学创作方面总是压着你们出不了头。现在我要死了，你们可以高兴了。只是可惜啊，我还没有见到真正能够顶替我的人。"（《唐诗纪事》卷六）如此狂傲的性格，在官场上肯定是混不下去的。但真心朋友是能够理解他这种狂傲的，并为其才高位卑而感到惋惜。杜审言此次被贬离开洛阳之前，陈子昂与一众朋友一起为他饯行，"杜君乃挟琴起舞，抗首高歌"，众人皆"赋诗以赠"，并由陈子昂写了《送吉州杜司户审言序》。陈子昂在开篇即感慨说：

昔有耕于岩石，而名动京师；词感帝王，乃位卑武骑。夫岂不遭昌运哉？盖时命不齐，奇偶有数。当用贤之世，贾谊窜于长沙；居好文之朝，崔骃放于辽海。

陈子昂接连用了四个典故：郑子真坚守其志向，躬耕于岩石之下，而其声名远播，京师震动（《法言》卷五）；司马相如所写辞赋感动了汉武帝，但其未遇汉武帝之前，"不好辞赋"的汉景帝仅授予其武骑常侍的职位（《史记》卷一一七）；身处"用贤之世"的贾谊，竟然被贬为长沙王太傅（《史记》卷八四）；虽然遇到了"雅好文章"的汉章帝，但崔骃也没有逃过远谪辽海的命运（《后汉书》卷五二）。这四个典故，主人公都是才高位卑、才位不符。陈子昂对这个问题的解答是：一切都是命运。所谓"时命不齐"，就是王勃所说的"时运不齐"（《滕王阁序》），意即命运不好；所谓"奇偶有数"，意即一切都是先定的，不可改变的。陈子昂接着介绍了杜审言的情况：

杜司户炳灵翰林，研几策府，有重名于天下，而独秀于朝端。徐、陈、应、刘，不得劘其垒；何、王、沈、谢，适足靡其旗。而载笔下寮，三十余载，秉不羁之操，物莫同尘；含绝唱之音，人皆寡和。群公爱祢衡之俊，留在京师；天子以桓谭之非，谪居外郡。

陈子昂极力夸赞杜审言的才华，认为杜审言的成就远远超过徐幹、陈琳、应玚、刘桢等所谓的"建安七子"，更是打倒了何逊、王融、沈约、谢朓等齐梁诗人。可是这样一位才华横溢、扭转文风的人，却"载笔下寮，三十余载"，长期得不到朝廷的重视。现在，更是因其如桓谭般"非圣无法"的狂傲，就将其贬到地方上去。陈子昂为此深感不平。但也如其开篇所说，陈子昂自己也无能为力，只能将这种贬谪归因于命运的不公。

杜审言离开后不久，释法成、司马承祯、卢藏用、魏元忠、陆余庆、孟琎、王适、宋之问、崔璩等人怀念故友赵贞固。众人因陈子昂与赵贞固交游最久，便让陈子昂为之撰写碑文。陈子昂撰写了《昭夷子赵氏碑》，后来《新唐书·赵贞固传》即摘录此碑文而成。在碑文中，陈子昂描述了赵贞固才高位卑的情形，随后感慨道：

> 吾尝论人事有十，君得其九，一不至者，命也夫！於戏！名闻天下
> 而不达于堂上，智周万物而不适乎一人也，其时欤？其事欤？

陈子昂什么时候论述过"人事"，"人事"之成败到底与哪十项因素有
关，我们不得而知。但这也是陈子昂写作的高明之处。他告诉我们"人事有
十"，赵贞固已经满足其中九项，又不告诉我们到底是哪九项。因为这一点
儿也不重要，重要的是"一不至者，命也夫"。如果命运不给人机会，其他
所有条件都具备，又有什么用呢？"君得其九"，最后都会败给"一不至
者，命也夫"。

看来，二次北征回朝后的陈子昂，对于功名成败之事的看法，已经完全陷入
宿命论的黑洞中出不来了。多次挫败，尤其是入狱和北征受到武攸宜轻视，使他
对朝政彻底失去信心，只能相信一切皆是命运的安排。这在他不久后写给朋友韦
虚己的信中表现得更为明显：

> 命之不来也，圣人犹无可奈何，况于贤者哉！仆尝窃不自量，谓以
> 为得失在人，欲揭闻见，抗衡当代之士。不知事有大谬异于此望者，乃
> 令人惭愧悔赧，不自知大笑颠蹶，怪其所以者尔。虚己足下，何可言
> 耶？夫道之将行也，命也；道之将废也，命也。子昂其如命何？雄笔雄
> 笔，弃尔归吾东山，无汨我思，无乱我心，从此遁矣。属病不得面谈，
> 书以述言。子昂白。（《与韦五虚己书》）

陈子昂在信的开篇即感叹了对命运的无奈。他说，他曾经以为人力可以改变
一切，因此将自己的所见所思，都呈报给当政者，以期能扭转时局，现在发现自
己是大错特错。自文明元年（684）入仕到现在，已经十四五年过去了，自己努
力"抗衡当代之士"，最终又有什么效果呢？一次又一次的跌倒，走到今天这步
田地，陈子昂觉得既愧疚又悔恨。他想起了孔子的喟叹："道之将行也与，命

也；道之将废也与，命也。"（《论语·宪问》）是啊，孔子这样的圣人不也是奔波劳碌一生，最终也无处推行他的主张吗？圣人都奈何不了的命运，我陈子昂又能怎么办呢！于是，他决定放下手中的笔，不再向朝廷作任何谏言，不再让这最终实现不了的谏言扰乱自己的心神，干脆回家隐居："雄笔雄笔，弃尔归吾东山，无汩我思，无乱我心，从此遁矣。"

这里我们顺便一提，陈子昂这段话中包含着这样的意思："雄笔"是用来"抗衡当代之士"的，这就类似于马克思所说的"批判的武器"（《〈黑格尔法哲学批判〉导言》）。换句话说，陈子昂对"雄笔"的限定，是就内容的角度而言，从思想性角度而言，强调创作的社会政治功用，而不是强调创作的形式、艺术性。这与陈子昂干谒薛元超时所言"徒恨迹荒淫丽，名陷俳优，长为童子之群，无望壮夫之列"（《上薛令文章启》），不愿意做文学弄臣，是相一致的；与他在《谏政理书》中提倡"珠玉锦绣、雕琢技巧之饰，非益于理者，悉弃之"，也是一致的。陈子昂对作品内容、思想性——也就是对孔子所说的"质"、魏元忠所说的"经纶"的强调，是一以贯之的。

话说回来，陈子昂这段时间其实还是上了一份谏书——也是陈子昂一生所上的最后一份谏书。圣历元年（698）五月十四日，陈子昂向武则天呈奏了《上蜀川安危事》，主要论述了三件事情。

第一，关于废同昌军的后续处理问题。同昌军即同昌县（今四川九寨沟县）驻军。圣历元年（698）四月三十日，朝廷下令废除同昌军，蜀中百姓因此少了五十万人运粮，得到休息，这当然是好事。但陈子昂指出，二十多年来，这附近的松州（治今四川松潘县）、茂州（治今四川茂县）等地羌族首领正是靠着运粮之事获取利益，现在废同昌军，他们的利益受损，可能会煽动羌人作乱，因此需要警备。朝廷应该选派有能力的人担任茂州都督，增派侦察兵监视羌人动向，并派一名御史专事督查羌族首领。只有这样，才能防止动乱的发生。

第二，关于蜀中逃户的问题。讲这个问题之前，我们需要先简单介绍一下唐代的租庸调制。这是从武德七年（624）开始实行的一项经济制度。18岁以上的成年男丁，官府均授予一块土地，60岁以后或死后归还官府。授田者每年向官府缴纳粟米二石，叫作"租"；缴纳一定数量的布帛，叫作"调"；向官府提供二十日的劳力，叫作"庸"；不想出力者，可以缴纳三尺绢代替；增加二十五日劳力者，可以免调；增加三十日劳力者，租、调皆免。如钱穆先生所说，租庸调制至少存在三个优点：一是轻徭薄赋，"要论轻徭薄赋，中国史上首推唐代的租庸调制"。二是税收项目列举分明，不容易乱加项目横征暴敛。三是制度背后的精神是"为民制产"，而且"有田始有租，有身始有庸，有家始有调"，所以"此制的最高用意，在使有身者同时必有田有家"。这个制度的有效实施，极度依赖户籍统计的精确，古代交通不便、官府组织简单、纸张贵、书写不便、吏员工作态度不好等问题，均会影响到户籍统计，从而影响到租庸调制的实施。[1]我们现在还能看到武则天时期的户籍册子（图6.1）。我们曾在第五章第一节提到武则天称帝前造了一些新字，这份文书中的"年"字写作"𠡧"，就是武周时期所造的新字，由"千千万万"组成，寓意"天授万年""千秋万岁"[2]，所以我们能够断定这份文书是武则天称帝前后的。这个册子记录了赵小是一家的姓名和年龄。实际上，武则天时期的户籍统计已经大不如前。而现在又发生了另一个问题，即人口大量增加，土地资源有限，加上豪强大族不断兼并土地，从而导致许多新增人口无地可授，但租庸调是按人缴纳，许多农民无力负担，因此逃亡。陈子昂在《上蜀川安危事》中讲到的第二个问题，就是蜀中逃户。陈子昂指出，现在蜀中运粮之事已经停了，百姓劳役减轻，那么租庸调等税收，就应该使官府更加富足。但是现在蜀中有三万多逃户在蓬州（治今四川仪陇县南）、渠州（治今四川渠县）、果州（治今四川南充市）、合州（治今重庆市合川区）、遂州（治今四川遂宁市）等地的山林之中，州县未能有效管辖。其中一些逃户被土豪大族庇护隐瞒收容，由此侵吞掉本该由国家收取的税收。另一些逃户属于"游手惰业亡命之徒"，他们明火执仗，干一些偷盗抢劫的事儿，甚至"攻城劫县"，官兵一到，又散入山林之中。因此，需要朝廷敕令地方官员解决好这一批逃民的问题，既可以恢复社会治安，又可以重新获得三万户的税收。

第三，关于整顿官员的问题。陈子昂将农民逃亡的原因归之于官吏贪暴

---

[1] 参见钱穆：《国史大纲》，商务印书馆，1996，第406—411页。钱穆：《中国历代政治得失》，生活·读书·新知三联书店，2001，第58—61页。

[2] 何磊：《武则天传》，天地出版社，2020，第94页。

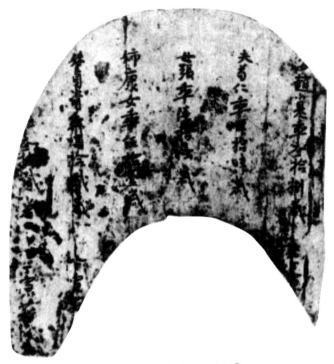

图6.1　武周时期赵小是户籍①

徇私：

> 蜀中诸州百姓所以逃亡者，实缘官人贪暴，不奉国法，典吏游容，
> 因此侵渔。剥夺既深，人不堪命，百姓失业，因即逃亡。凶险之徒，聚
> 为劫贼。

因此，陈子昂指出如果只是招抚逃户、惩治暴民，治标不治本。他建议武则天派按察使速赴蜀中"清官人"，"除屏贪残"，这样才能从根本上解决逃户的问题。"若官人清正，劫贼剪除，百姓安宁，实堪富国"。

我们从陈子昂这份谏书中，依旧能看出他在秉持"安人"的政治主张，而且依旧是从"人情"出发在思考问题。虽然他将租庸调制在武周时期引发的逃户问

---

① 唐长孺主编《吐鲁番出土文书（叁）》，文物出版社，1996，第440页。

题，仅仅归罪于官吏贪暴徇私，显得不够全面，但他没有就事论事，而是刨根问底地指出官吏存在的问题，已经很了不起了。更何况，这份谏书，是在他十分消沉的情况下，在他不再想以"雄笔""抗衡天下之士"的情况下写出来的。这就更显其可贵。

但这份谏书的写作，只是陈子昂二次北征回到洛阳后的一个例外。更多的时候，他思考的还是"命"的问题，是"仕"与"隐"的选择问题。除了我们前面提到的序、碑文、书信，陈子昂在诗中也时有表露。比如其《感遇》（其二十）云：

> 玄天幽且默，群议曷嗤嗤。圣人教犹在，世运久陵夷。
> 一绳将何系，忧醉不能持。去去行采芝，勿为尘所欺。

陈子昂大概想起了孔子的教诲："天何言哉？四时行焉，百物生焉。天何言哉？"（《论语·阳货》）其实先秦诸子大都认为上天无言而周行，比如孟子、庄子也有类似说辞。陈子昂说的"幽""默"，当然不是今日所谓"humour"的音译，而是指无声。苍天是默然不语的，但是无知的人们却是多么纷乱喧扰！由此可见，圣人的教诲虽然一直存在，世道却衰微已久，无可救药了。这样的衰微，是一根绳子拉不回来的，是一个人拯救不了的。即使为之忧愁痛苦得像醉酒一样，又能有什么用呢？于是，陈子昂只好无奈地自言自语；"离开吧！离开吧！去那山林中采药隐居吧，再也不要被这尘世的功名是非欺骗了！"

圣历元年（698）或者稍早一点，陈子昂还写了一份书帖，帖文云：

> 道既不行，复不能知命乐天，又不能深隐于山薮，乃亦时出于人
> 间，自觉是无端之人。况渐近无闻，不免自惜如何。（《无端帖》）

陈子昂的那种进退两难、仕隐皆已落空的心理，在这段文字里表现得很直白。"无闻"是形容年龄的词，典出《论语·子罕》："四十五十而无闻焉，斯亦不足畏也已。"可见这是陈子昂快40岁时所写。一事无成的挫败感，又加上年

龄焦虑，让陈子昂彻底不知道该怎么办，所以他称自己为“无端之人”，也就是没有价值的人。[①]

值得一提的是，这份帖文，一直流传到了南宋初年，被岳飞之孙岳珂当作一件书法作品，记录在《宝真斋法书赞》卷五（图6.2）。据岳珂所言，这是一件“草书”作品，总共“六行”，也就是平均每行七八字乃至更多；而且这件作品经过米芾鉴定为真迹。岳珂在最后评价该作品说：“笔精墨妙虽有神，千载乃作无端人。”一方面，从形式上肯定了该作品“笔精墨妙”而且“有神”，另一方

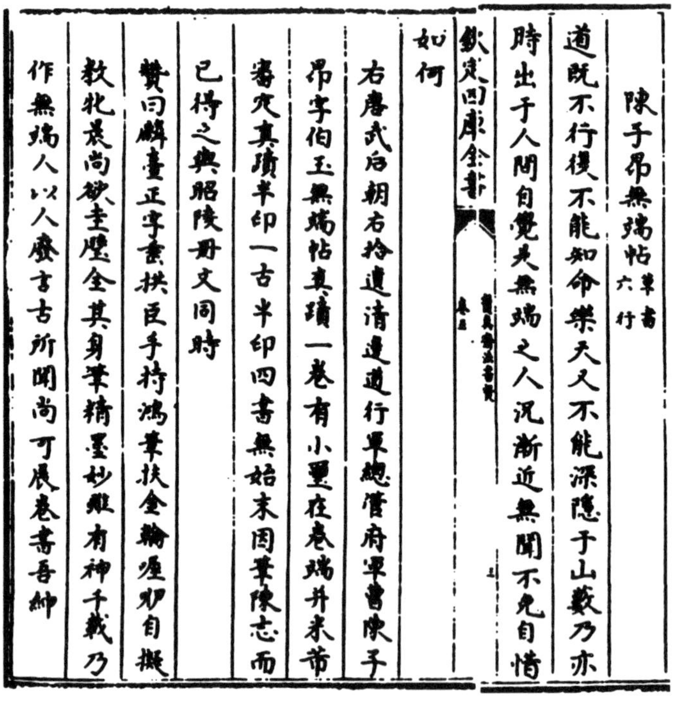
陳子昂無端帖 草書六行
道既不行復不能知命樂天又不能深隱于山藪乃亦
時出于人間自覺夫無端之人況漸近無聞不免自惜
欽定四庫全書 寶真齋法書贊 卷五
如何
右唐武后朝右拾遺清邊道行軍總管府軍曹陳子
昂字伯玉無端帖真蹟一卷有小璽在卷端并米芾
審定真蹟半印一古半印四書無始末因筆陳志而
已得之與昭陵册文同時
贊曰麟臺正字書拱臣手持鴻筆扶金輪壓卯自擬
教化表尚欲圭壁全其身筆精墨妙雖有神千載乃
作無端人以人廢言古所聞尚可展卷書吾紳

图6.2 《宝真斋法书赞》卷五著录陈子昂草书作品《无端帖》

① “无端”一词，彭庆生将之解释为“无奈”，侧重于表明陈子昂进退两难的困境；蒋礼鸿将之解释为“没道理、没价值”，侧重于显示陈子昂因困境而产生的自我怀疑。两种解释似乎都可通，但相较而言，蒋礼鸿的解释更胜一筹。这从我们下一节要分析的陈子昂《喜马参军相遇醉歌》一诗之序言可以看出。参见彭庆生：《陈子昂集校注》，黄山书社，2015，第1225页。蒋礼鸿：《敦煌变文字义通释》（第四次增订本），上海古籍出版社，1988，第300页。

面，又从内容上指出其所写为"无端人"，过于消极。这份帖文，是陈子昂唯一有明确记载流传到南宋被认定为书法的作品，所以异常珍贵。可惜的是，我们没有米芾、岳珂那样幸运，现在已经无缘得见这幅作品的真容。

圣历元年（698）秋，陈子昂"以父老，表乞罢职归侍"（《陈氏别传》）。赵儋所写《鲜于公为故拾遗陈公建旌德之碑》和欧阳修、宋祁所撰《新唐书·陈子昂传》也都说陈子昂辞官的原因是其父亲年迈需要侍养；唯有《旧唐书·陈子昂传》说"子昂父在乡，为县令段简所辱，子昂闻之，遽还乡里"。《旧唐书》的说法是孤证，当然不足凭信。"以父老"这个原因应该是真的，不过这更多的还是一种应付朝廷的辞官借口。更深层次的辞官原因，其实是仕途坎坷带来的挫败感，如我们这一节所分析的那样。武则天许可了陈子昂的辞官请求，并特许其"带官取给而归"（《陈氏别传》）。陈子昂回乡以后如何，则有待下一节继续讲述了。

第二节　构宇西山

圣历元年（698）秋，陈子昂从洛阳经长安归故里，"遂于射洪西山构茅宇数十间，种树采药，以为养"（《陈氏别传》），过上了隐居生活。但是，入仕十多年的经历，不是说忘就能忘的，所以"仕""隐"矛盾还时时在他心间浮现，让他不得安宁。

圣历元年深冬，一位名叫马择的参军因事入蜀，到射洪时拜访了陈子昂。马择与陈子昂相识，是经马择父亲的朋友王适介绍，所以按辈分来讲，马择实际上比陈子昂低一辈。但是马择自己说陈子昂"欣然忘我幼龄矣"（《陈氏别传》），两人成了忘年之交。对这一次的相遇，马择也有十分美好的回忆："予怀役南游，构兹欢甚，幽林清泉，醉歌弦咏。"（《陈氏别传》）陈子昂也为此写了一首《喜马参军相遇醉歌》，并作了一篇序言。陈子昂说：

> 吾无用久矣，进不能以义补国，退不能以道隐身。天子哀矜，居于
> 侍省，且欲以芝桂为伍，麋鹿同曹，轩裳钟鼎，如梦中也。

陈子昂在这里明白道出了他仕隐两难的处境。尤其是第一句，实际上就是我们上一节所引《无端帖》所表达的意思。所以，陈子昂在《无端帖》中自称"无端之人"，其实就是这篇序言所谓"吾无用久矣"，仕隐两难的境遇让陈子昂对

自身价值产生了深深的怀疑。而现在，陈子昂已经辞官归隐，那就在山林中好好地生活，"轩裳钟鼎"——也就是官位爵禄、贵族生活，已经如梦幻一般虚无缥缈了。但是，陈子昂能说出"轩裳钟鼎，如梦中也"这样的话，说明他实际上并未完全忘记"轩裳钟鼎"。

陈子昂在序中也描述了他与马择欢聚时的场景：

> 时玄冬遇夜，微月在天，白云半山，志逸海上。酒既醉，琴方清，陶然玄畅，浩尔太素，则欲狎青鸟，寄丹丘矣。日月云迈，蟋蟀谓何？夫诗可以比兴也，不言曷著？时醉书散洒，乃昏见清庙台，令知此有蜀云气也。

诗的题目云"醉歌"，序里又说"酒既醉"，可以想见他们畅饮的场面。卢藏用《陈氏别传》云："性不饮酒，至于契情会理，兀然而醉。"陈子昂一般并不饮酒，但在特定的场合又会"兀然而醉"，这与他早年"驰侠使气"的性格一脉相承。

值得注意的是，陈子昂与马择畅饮之后，不仅弹琴作歌，写下了这首《喜马参军相遇醉歌》，还"醉书散洒"。"醉书"即草书，我们在上一节提到过陈子昂有草书作品《无端帖》流传到南宋时期。现在陈子昂的自述让我们更加相信他确实是会创作草书的。"散洒"即豪放不羁。这个"散洒"是形容陈子昂写的草书作品呢，还是形容陈子昂的创作状态呢，我们不得而知，或许两者兼有吧。本传第二章第二节曾提到杜甫看到过陈子昂故居的草书题壁，并形容其"洒翰银钩连"，也就相当于这里所说的"散洒"。不过，相同的创作风格背后却是不同的精神面貌：故宅草书遗迹表现了未经世事的青年陈子昂"公后登宰辅"的美好愿景，而此时的草书创作却是饱经宦海沉浮的陈子昂在抒发仕隐两难的无奈心境。

这段话还有一个值得注意的地方："夫诗可以比兴也，不言曷著？"翻译过来就是："诗是可以比、可以兴的，如果不再创作，岂不是什么都没了？"陈子昂在这里提到了两个重要的概念——"比""兴"。这两个概念到底是什么意思，不同时代的人有不同的理解，落实到陈子昂，他可能强调更多的是诗歌应该有所寄托。这种寄托，可以是政治层面的，也可以是人生层面的。而这种政治层面与人生层面的东西，如果不用语言进行表达，就无法"著"，无法显现出来。陈子昂这里所强调的，一如既往，是文学创作的内容、思想性。

大概在圣历二年（699）春夏之交，陈子昂看到山中生长着茂盛的兰花和杜若，有所感发，写了一首《感遇》（其二）：

> 兰若生春夏，芊蔚何青青。幽独空林色，朱蕤冒紫茎。
> 迟迟白日晚，袅袅秋风生。岁华尽摇落，芳意竟何成。

陈子昂在诗的前半部分——也就是前四句中，描写了兰花、杜若在春夏之际的美好。"芊蔚""青青"都是形容其茂盛的样子。它们虽然是独自长于林间，无人欣赏，却依旧按照自己的生命节奏，开花散叶。陈子昂在诗的第五句开始转折，时间流逝，秋天到来，不管是兰花还是杜若，都避免不了凋落的命运，前面的那些美好、芬芳又有什么用呢？陈子昂在这首诗里，依旧表达着宿命论的观点，表现出对命运摧残美好事物的无可奈何。就如叶嘉莹所说，这里面包含着"因美好生命的凋伤而引起的生命共感"：

> ……生长在一个空寂的没有人的山林之中，你美好的资质得到过人的欣赏没有？你发生过什么作用？没有，你白白地开了，又白白地谢了。[1]

这种"生命共感"，是古今中外永恒的话题。战国时期的屈原曾"哀众芳之芜秽"（《楚辞·离骚》），英国的现代主义画家弗朗西斯·培根也说："玫瑰开时很美，但几天后就会凋谢、死亡、腐朽。所有的生命都一样残暴无情。"[2]正因为陈子昂在这首诗中传递的是一种"生命共感"，所以我们今日读来依旧

---

[1] 叶嘉莹：《叶嘉莹说初盛唐诗》，中华书局，2008，第99页。
[2] 转引自陈赛：《只是幸福的一个承诺：卢浮宫看画记》，《三联生活周刊》2020年第1期。

会感动。这可以说是一种人生层面的"寄托"。如果我们再举一个无"寄托"的例子，就会更加明白陈子昂的"寄托"。比如陈子昂的好友杜审言有诗云："云霞出海曙，梅柳渡江春。淑气催黄鸟，晴光转绿蘋。"（《和晋陵陆丞早春游望》）这四句诗生动地描写了早春游望时目之所见的景象，可是除此之外，它没有蕴含什么深刻的思想内容。[1]杜审言诗句所写，只有文本描述给我们的现象，而不存在文本之外的隐喻；陈子昂的诗句，也是用文本描写了一个现象，但这个现象，明显有着文本之外的隐喻。钟嵘说："文已尽而意有余，兴也。因物喻志，比也。"（《诗品序》）比兴，就是用文本之内的东西隐喻文本之外的东西。诗作要表达的意并不局限于文本表面，所以"意有余"；不仅仅是描绘物象，而要凭借这个物象来隐喻作者的"志"。简言之，即诗歌要有所寄托。这一点，从陈子昂《感遇》（其二）这首诗，可以深刻地体会到。

圣历二年（699）二月，陈子昂又遇到了侍御史冀珪、司议郎崔泰之。三人一起把酒倾谈，狂欢了一个通宵。陈子昂写有《喜遇冀侍御珪崔司议泰之二使》《赠别冀侍御崔司议》两首诗，均有序言详述原委。陈子昂在其中一篇序中说："进不忘匡救于国，退不惭无闷在林……夫达则以公济天下，穷则以大道理身。嗟呼！子昂岂敢负古人哉？"（《〈赠别冀侍御崔司议〉（并序）》）这段话与《无端帖》《喜马参军相遇醉歌》诗序一样，表现了陈子昂进退两难之困境。不过他在这里找到一段古人的话作为自己退隐山林的依据，那就是孟子所言"穷则独善其身，达则兼济天下"（《孟子·尽心上》）。

陈子昂也在《喜遇冀侍御珪崔司议泰之二使》一诗序言开端描述了他归隐后的生活："余独坐一隅，《孤愤》《五蠹》，虽身在江海，而心驰魏阙。"我们之所以说陈子昂现在陷入仕隐两难的困境，而不是安心归隐，原因就在这里：他是身在山林，心里仍然想着"魏阙"即朝廷的事儿。但是现在既已辞官，魏阙之事，也无法像之前那样参与或者谏言了，那怎么办呢？读书。读《孤愤》和《五蠹》——它们是《韩非子》一书的篇名，按照唐人司马贞的说法，"孤愤，愤孤直不容于时也；五蠹，蠹政之事有五也"（《史记》卷六三司马贞索隐），陈子

---

① 叶嘉莹：《叶嘉莹说初盛唐诗》，中华书局，2008，第97页。

昂读它们的意图就很明显了。他还是关心国家存在的各种问题，并且想要为之寻求解决之道。除了阅读《韩非子》，陈子昂还大量阅读史书，并且有一个宏大的著述计划："尝恨国史芜杂，乃自汉孝武之后，以迄于唐，为《后史记》。"（《陈氏别传》）陈子昂对《史记》之后的史书都不满意。为什么不满意呢？卢藏用只说了一个"芜杂"。我们可以从以下两方面来理解"芜杂"：第一，《史记》的宗旨是"欲以究天人之际，通古今之变，成一家之言"（司马迁《报任安书》），也就是从中发现并找出宇宙历史变迁的规律，《史记》之后的史书编纂都失去了这个宗旨；第二，本传第二章第三节提到过，陈子昂读书的目的是"原其政理，察其兴亡"（《谏政理书》），汲取历史经验，从而为现实政治服务，《史记》之后编纂的史书都达不到这个要求。所以，陈子昂自己要编纂《后史记》，是想以述史的方式表达自己的政治主张。我们已经在陈子昂的谏书、诗文中看到他多次以历史典故作为论证资源，来批评时政，借以阐述他的政治主张。不过这些谏书、诗文还是以时政问题为主，偶尔引及历史；《后史记》则是想以历史脉络为主，系统总结历史经验，从中引出自己的政治主张。陈子昂的这个计划如果成功实施，应该可以与后来宋代编纂的"鉴于往事，有资于治道"的《资治通鉴》媲美。只可惜"纲纪粗立，笔削未终"，圣历二年（699）七月七日，陈子昂父亲陈元敬去世，编纂《后史记》之事也就搁置起来，"其书中废"。（《陈氏别传》）但从陈子昂编纂《后史记》这件事中，我们可以看到，他在寻找另一种途径继续实践他的政治主张，这条途径就是著述。明白了这一点，我们再回过头去看他所言"夫诗可以比兴也，不言曷著"，也就更容易理解了。陈子昂曾在《感遇》（其三十）一诗中说："众趋明所避，时弃道犹存。"大家都不理解我，但我不能就此随波逐流改变自己；整个时代都抛弃我，但是"道"是永恒不变的啊，它不会因为没有人用它就不存在了。陈子昂虽然在现实的仕隐选择上处于两难境地，甚至对自身价值产生了深深的怀疑，但他依旧相信"道"是存在的。他虽然不再为官，但他还是要让这个被世人所弃的"道"显现出来。因此，他要继续作诗，并且编纂《后史记》；也因此，诗歌一定要有比兴寄托，史书编纂一定要"原其政理，察其兴亡"。

与此同时，他也应乡民之请，撰写了一些地方官员的碑文，如《临邛县令封君遗爱碑》《汉州雒县令张君吏人颂德碑》《九陇县独孤丞遗爱碑》。陈子昂在碑文中一方面赞美这些地方官员的政绩，一方面也揭露、讽刺、抨击时弊，表现人民的痛苦，不粉饰太平，雕琢为文——相比于"初唐四杰"所写的碑文，这是一大进步。①

---

① 徐海容：《论陈子昂碑志文的革新之功》，李宝山、胡亮编《关于陈子昂：献诗、论文与年谱》，成都时代出版社，2021，第260—272页。

第三节　身后百年

圣历二年（699）七月七日，陈子昂父亲陈元敬去世，十月二十八日葬于武东山。陈子昂极度悲伤，写了《我府君有周居士文林郎陈公墓志文》。不久，陈子昂被县令诬陷下狱，圣历三年（700）春天，陈子昂死于狱中。这些事情本传之前已经叙述过了，此处不再重复。

陈子昂生前写过一份《座右铭》，可以作为其一生之总结，铭云：

> 事父尽孝敬，事君端忠贞。兄弟敦和睦，朋友笃信诚。
>
> 从官重公慎，立身贵廉明。待士慕谦让，莅民尚宽平。
>
> 理讼惟正直，察狱必审情。谤议不足怨，宠辱讵须惊？
>
> 处满常惮溢，居高本虑倾。诗礼固可学，郑卫不足听。
>
> 幸能修实操，何俟钓虚声？白珪玷可灭，黄金诺不轻。
>
> 秦穆饮盗马，楚客报绝缨。言行既无择，存没自扬名。

在《座右铭》中，陈子昂谈到的问题很多：如何对待父兄，如何对待朋友，如何对待百姓，如何处理案情，如何面对诽谤，如何对待文学，如何调整心态……《座右铭》是用来告诫自己的，是一个人对自己的期望。稍微回顾一下，我们就会发现陈子昂终其一生，踏踏实实地践行了这份《座右铭》。

陈子昂去世后，留下两个尚未成人的儿子，由卢藏用抚养。卢藏用之前已经收留了亡友赵贞固的儿子，现在又对陈子昂恪尽友道，"为时所称"（《旧唐书》卷九八）。陈子昂长子名叫陈光，进士及第，曾任太子司议郎、膳部郎中、商州刺史。（《鲜于公为故拾遗陈公建旌德之碑》《金石萃编》卷八二）陈光从小与赵贞固儿子赵少微一起长大，所以两人关系很好，且都以文章知名于世。（《新唐书》卷一〇七）宋初时尚有《陈光诗》一卷传世（《新唐书》卷六〇），可惜今已失传。《金石萃编》卷八二《大唐大温国寺进法师塔铭并序》题"太子司议郎陈光撰"，尾署"开元廿五年岁丁丑七月癸酉朔八日庚辰建"，可知开元二十五年（737）陈光任太子司议郎，且撰写了这篇碑文。陈子昂次子名叫陈斐，也是进士出身，先后任河东、蓝田、长安县尉，死在任上。（《鲜于公为故拾遗陈公建旌德之碑》）以上是陈子昂两个儿子的情况。陈子昂的孙子共有五人，陈光两子，长子陈易甫，次子陈简甫，陈斐三子，长子陈灵甫，次子陈兢甫，三子陈众甫，"皆守绪业，有名于代"。其中，陈易甫曾任监察御史，陈简甫曾任殿中侍御史。（《鲜于公为故拾遗陈公建旌德之碑》）据柳宗元《先君石表阴先友记》《杨评事文集后序》两文，可知陈众甫与柳宗元父柳镇、大理寺评事杨凌友善，可惜其事迹不甚详细。（《柳河东集》卷一二、卷二一）为了更加清晰，我们制作世系图（图6.3）如下。

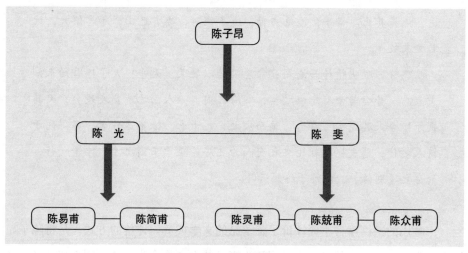

图6.3 陈子昂世系图（二）

大足元年（701），卢藏用将陈子昂诗文收集起来，编成《陈子昂集》十卷，并撰写序言一篇冠于集前，《陈氏别传》一篇附于集后。其序云：

　　昔孔宣父以天纵之才，自卫返鲁，乃删《诗》《书》，述《易》道而作《春秋》，数千百年，文章粲然可观也。孔子殁二百岁而骚人作，于是婉丽浮侈之法行焉。汉兴二百年，贾谊、马迁为之杰，宪章礼乐，有老成之风。长卿、子云之俦，瑰诡万变，亦奇特之士也。惜其王公大人之言，溺于流辞而不顾。其后班、张、崔、蔡、曹、刘、潘、陆，随波而作，虽大雅不足，其遗风余烈，尚有典型。宋、齐之末，盖憔悴矣。逶迤陵颓，流靡忘返，至于徐、庾，天之将丧斯文也。后进之士，若上官仪者，继踵而生，于是风雅之道扫地尽矣！

　　《易》曰："物不可以终否，故受之以泰。"道丧五百岁而得陈君。君讳子昂，字伯玉，蜀人也。崛起江汉，虎视函夏，卓立千古，横制颓波，天下翕然，质文一变。非夫岷、峨之精，巫、庐之灵，则何以生此？故其谏诤之辞，则为政之先也；昭夷之碣，则议论之当也；《国殇》之文，则大雅之怨也；徐君之议，则刑礼之中也；至于感激顿挫，微显阐幽，庶几见变化之朕，以接乎天人之际者，则《感遇》之篇存焉。观其逸足骎骎，方将抟扶摇而陵太清，躐遗风而薄嵩、岱。吾见其进，未见其止。惜乎！湮厄当世，道不偶时，委骨巴山，年志俱夭，故其文未极也。

　　呜呼！聪明精粹而沦剥，贪饕桀骜以显荣。天乎！天乎！吾殆未知夫天焉。昔尝与余有忘形之契，四海之内，一人而已。良友殁矣，天其丧予！今采其遗文可存者，编而次之，凡十卷。恨不逢作者，不得列于诗人之什，悲夫！故粗论文之变而为之序。至于王霸之才，卓荦之行，则存之《别传》，以继于终篇云耳。

卢藏用的这篇序言主要评价了陈子昂的文学成就。评价的方式，是将陈子昂放进文学发展史中去估量。卢藏用认为文学的发展是愈晚愈差，到南朝已经"逶迤陵颓，流靡忘返"，而初唐上官仪之流继承南朝颓靡风气，"风雅之道扫地尽矣"。事情的转机在于陈子昂的出现，"道丧五百岁而得陈君"，陈子昂"卓立千古，横制颓波"，从而使得"天下翕然，质文一变"。总体评价之后，卢藏用又将陈子昂诗文分成五类，一一进行赞颂：谏诤之词，对朝政有着先导、指导作用；给赵贞固等人写的碑文，不虚美不谀墓，秉笔直书，议论精当；《国殇》文，其中包含着对阵亡将士的同情和对时政的讽刺；《复仇议状》，调和了刑与礼的关系；《感遇》组诗，则是随遇而感之作，其中蕴含着作者对政治、人生、宇宙、命运的细微观察和精妙见解。看得出来，卢藏用对陈子昂诗文的评价，也是着重于内容、思想性的角度。最后，卢藏用感叹陈子昂的怀才不遇和英年早逝，讲述了自己编纂《陈子昂集》之事。其时陈子昂"文章散落，多得之于人口"（《陈氏别传》），可以想见卢藏用编纂《陈子昂集》时搜访之艰辛。幸运的是，《陈子昂集》一直流传至今，现存最早的版本是唐代敦煌抄本《故陈子昂集》（图6.4），最早的刻本是明弘治四年（1491）杨澄校刻《陈伯玉文集》；1935年，《世界文库》第9册收录《陈子昂诗集》两卷，这是第一部有现代标点

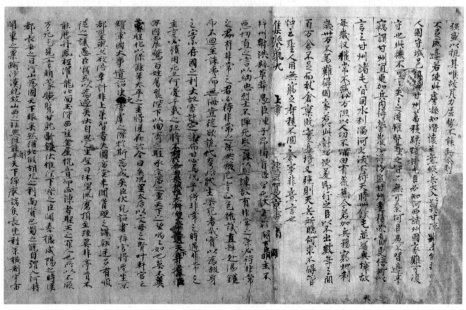

图6.4　敦煌抄本《故陈子昂集》局部

的陈子昂诗集；1960年，徐鹏点校的《陈子昂集》由中华书局上海编辑所出版，这是第一部有现代标点的陈子昂全集，后来由上海古籍出版社出修订版，影响广泛；1978年，何文汇《陈子昂感遇诗笺》由香港学津出版社出版，这是第一部陈子昂诗的选注本；1981年，彭庆生《陈子昂诗注》由四川人民出版社出版，这是第一部陈子昂诗的全注本；2015年，彭庆生《陈子昂集校注》由黄山书社出版，这是第一部陈子昂全集的注本。可以说，我们今天能够读到陈子昂如此之多的诗文，全赖卢藏用当时的编纂。

卢藏用不仅编纂了《陈子昂集》，撰写了《陈氏别传》，抚养了陈子昂两个儿子，还为陈子昂作了一篇祭文：

> 子之生也，珠圆流兮玉方洁。子之没也，太山颓兮良木折。士林阒寂兮人物疏，门馆萧条兮宾侣绝。叹佳城之不返，辞玉阶而长别。呜呼！置酒祭兮子不顾，沉声哭兮子不回。唯天道而无托，但抚心而已摧。尚飨。

开元二十七年（739），章丘兼琼为陈子昂雪冤，我们在第一章第一节详细讲到过，不再赘述。这里补充一个后人对此事的反应："其后贼简为州牧所杀，简自谓无罪，牧曰：'陈子昂何罪？'呜呼！可为天下古今之忠义雪愤矣。"（《伯玉先生小传》）这是清人陈一津的叙述。在这段叙述中，对于段简被正法产生的那种大快人心的感觉是很明显的。

大历六年（771），剑南东川节度使、梓州刺史鲜于叔明建故右拾遗陈公旌德碑，碑文由曾任监察御史的赵儋撰写。这篇碑文详细叙述了陈子昂生平，并对其子孙情况作了记载，指出陈子昂"葬于射洪独坐山"——这大概是当时采访陈氏后人、乡民所得。文末记述了鲜于叔明的一段话，有云："拾遗之文，四海之内家藏一本，得非藏文仲立言殁而不朽乎？"为我们介绍了陈子昂诗文在大历年间的接受情况。

以上是陈子昂去世后百年内与之相关的一些事迹。接下来我们简述一下其身后百年人们做出的各种评论。

一方面，卢藏用作的"道丧五百岁而得陈君""卓立千古，横制颓波，天下翕然，质文一变"这两个评价，得到了人们的普遍认同。王泠然说陈子昂"真可谓五百年挺生矣"（《论荐书》）。李白说："梁有汤惠休，常从鲍照游。峨眉史怀一，独映陈公出。卓绝二道人，结交风与麟。"（《赠僧行融》）将鲍照、陈子昂比喻成麟凤。魏颢说："蜀之人无闻则已，闻则杰出，是生相如、君平、王褒、扬雄，降有陈子昂、李白，皆五百年矣。"（《〈李翰林集〉序》）李华说："近日陈拾遗子昂文体最正。"（《〈扬州功曹萧颖士文集〉序》）李舟说："天后时，广汉陈子昂独泝颓波，以趣清源，自兹作者稍稍而出。"（《〈常州刺史独孤公文集〉序》）独孤及说："至则天太后时，陈子昂以雅易正，圆者浸而向方。"（《〈赵郡李华中集〉序》）梁肃说："广汉陈子昂以风雅革浮侈。"（《〈补阙李君前集〉序》）韩愈说："国朝盛文章，子昂始高蹈。"（《荐士》）如此等等，都是盛赞陈子昂诗文的文学史价值。

另一方面，也有少许人对卢藏用的评价提出反对意见。比如李阳冰说："卢黄门云：'陈拾遗横制颓波，天下质文，翕然一变。'至今朝诗体，尚有梁、陈宫掖之风。至公大变，扫地并尽。"（《〈草堂集〉序》）李阳冰所说的"公"，是李白。李阳冰认为卢藏用以"天下质文，翕然一变"来形容陈子昂诗文的影响，过于夸张，不合事实，实际上颓靡之风依旧存在，要等到李白出来以后，才真正扭转过来。颜真卿也说：

> 卢黄门之序陈拾遗也，而云："道丧五百岁而得陈君。"若激昂颓波，虽无害于过正；榷其中论，不亦伤于厚诬！何则？雅郑在人，理乱由俗。桑间濮上，胡为乎绵古之时？正始皇风，奚独乎凡今之代？盖不然矣。（《尚书刑部侍郎赠尚书右仆射孙逖文公集序》）

颜真卿指出，卢藏用所说"道丧五百岁而得陈君"，如果从挽救颓波的角度来说，不算太过；如果从适中评价的角度来说，就显得有些矫枉过正甚至虚妄不实了。颜真卿认为诗歌是正声雅乐还是郑卫之音，关键看写诗的人和当时的社会风俗。"桑间濮上",就是郑卫之音,"正始皇风",就是有益于王道教化的正声雅乐。颜真卿质问道:"郑卫之音,远古时代不也有吗?正声雅乐,难道是陈子昂之后才有的吗?"言外之意,即说任何时代都有靡靡之音,任何时代也都有正声雅乐,卢藏用的描述过于绝对。[1]与颜真卿持类似观点的,还有皎然:

> 卢黄门《序》……又云:"道丧五百年而有陈君乎。"予因请论之曰:司马子长《自序》云:"周公卒五百岁而有孔子,孔子卒五百岁而有司马公。"迩来年代既遥,作者无限。若论笔语,则东汉有班、张、崔、蔡;若但论诗,则魏有曹、刘、三傅,晋有潘岳、陆机、阮籍、卢谌,宋有谢康乐、陶渊明、鲍明远,齐有谢吏部,梁有柳文畅、吴叔庠。作者纷纭,继在青史,如何五百之数,独归于陈君乎?藏用欲为子昂张一尺之罗,盖弥天之宇,上掩曹、刘,下遗陶谢,安可得耶?(《诗式》卷三)

皎然指出,卢藏用为了拔高陈子昂的地位,对历史进行笼统描述,掩盖了陈子昂之前五百年间众多优秀的作者。这样的批驳,自然有道理。但是,皎然自己也引用了一段司马迁的话,这段话正是以五百年为单位对历史进行笼统描述的。我们在第五章第二节提到过,陈子昂本人也习惯动辄以几百年为单位的叙述方式。现在,我们又发现司马迁、卢藏用、王泠然、魏颢等人都用了这种叙述方式,那么,我们就得考虑一个问题,这是不是一种叙事传统?很明显是。韩愈有云:"尧以是传之舜,舜以是传之禹,禹以是传之汤,汤以是传之文、武、周公,文、武、周公传之孔子,孔子传之孟轲,轲之死,不得其传焉。"(《原道》)韩愈讲的是"传道"的问题,道是由尧传给舜,由舜传给夏朝开国君主禹,由禹传给商朝开国君主汤,由汤传给周朝开国君主周文王、周武王及开国功臣周公,再由西周初年的这些圣贤传给春秋时期的孔子,由孔

---

[1] 参见葛莲:《唐宋陈子昂诗歌论案研究》,江苏师范大学中国古代文学专业硕士学位论文,2017,第52—53页。

子传给战国时期的孟子。我们会发现，"道"的传递者与接受者之间，都隔着几百年的跨度，显然不符合事实。这样的叙述模式起源很早，比如孟子就说："五百年必有王者兴，其间必有名世者。"（《孟子·公孙丑下》）我们可以借用朱熹提出的"道统"概念，将这种叙述模式背后的观念称为"道统史观"，即真正接起"传道"任务的人才能被也应该被放到这个序列中来，不管他与前者、后者存在多长的时间跨度。陈子昂持这种"道统史观"，所以他说："文章道弊五百年矣。汉魏风骨，晋宋莫传。"（《〈修竹篇〉并序》）又说："元常既没，墨妙不传，君之逸翰，旷代同仙。"（《祭率府孙录事文》）卢藏用也是持这种"道统史观"，所以他说："道丧五百岁而得陈君。"（《陈伯玉文集序》）而且，我们会发现这种叙述模式有一个"秘密"：时间跨度越长，越能体现最后这个"传道"之人的重要性。我们当然可以像皎然一样，批评这种"道统史观"下的叙述方式过于笼统，掩盖了许多重要的历史事实。但批评的前提，是要先充分理解这种叙述方式。

最后，我们要单独提一下杜甫的造访。除了陈子昂的朋友如卢藏用，陈子昂去世后的一百年中，大家对他的评价大多是"冷静"的。而杜甫，这位多愁善感的伟大诗人，提到陈子昂，评价陈子昂，都是动了感情的。这或许有其祖父的关系，因为陈子昂与杜甫的祖父杜审言同属"方外十友"，交情颇深，我们在本章第一节也分析过陈子昂的《送吉州杜司户审言序》。

宝应元年（762）七月，身在绵州（今四川绵阳市）的杜甫得知一位朋友将去梓州（治今四川三台县）上任，于是嘱咐他说："遇害陈公殒，于今蜀道怜。君行射洪县，为我一潸然。"（《送梓州李使君之任》）当年冬日，杜甫亲自来到射洪金华山，凭吊了陈子昂读书时的学堂遗址，写了一首《冬到金华山观因得故拾遗陈公学堂遗迹》，其末云："陈公读书堂，石柱仄青苔。悲风为我起，激烈伤雄才。"杜甫看着眼前的学堂石柱倾斜，青苔满地，荒芜残败，不禁悲从中来。他的这种"悲"，是感慨雄才陈子昂身后的凄凉。据说这首诗杜甫曾经手书，后来刻成石碑，仡立在金华山上，我们现在还能看到早期石碑的拓本（图6.5）。在金华山凭吊完陈子昂后，杜甫又去了涪江河对岸的武东山，寻访了陈子昂故居，写下了《陈拾遗故宅》一诗。这首诗我们已经在第二章第二节讲过，此处不再赘言。

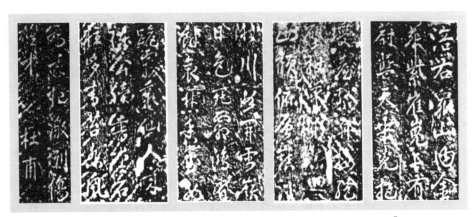

图6.5　杜甫《冬到金华山观因得故拾遗陈公学堂遗迹》题刻拓本[1]

---

　　[1] 梅萼华：《杜甫与书法》，（香港）《书谱》1976年2月总第8期。

第四节　金石之声

　　陈子昂一生的故事讲完了。最早为陈子昂作传的卢藏用分得很清楚：《陈氏别传》虽然也涉及陈子昂的文学创作，但其叙述的主体仍是其"王霸之才，卓荦之行"；《陈伯玉文集序》则侧重于对其文学成就进行评价。我们现在的情况也是，前面所有的章节主要叙述陈子昂一生的事迹，对其文学理论和创作，只是随着行文需要偶尔论及，并不集中，也不系统。但这种偶尔论及，还是让我们对陈子昂的文学理论和创作有了一个大致的印象。为了使这个大致的印象更加清晰，我们得像卢藏用一样，专门用一节来论述陈子昂的文学理论和创作。不过，我们要避免重复前面已经讲到过的内容，不然过于唠叨；要力求集中和系统，不然这一节就显得多余。我们的途径，就是对陈子昂的《〈修竹篇〉并序》进行分析。

　　陈子昂的《〈修竹篇〉并序》十分重要，一部文学史如果讲到陈子昂，必然会以其《〈修竹篇〉并序》为主要材料。这么重要的材料，为什么我们前面没有完整引用和阐释呢？因为《〈修竹篇〉并序》的系年很不明确。[①]本传主体是按时间顺序叙述陈子昂的一生，如果《〈修竹篇〉并序》系年不明确，也就无法放

---

　　① 彭庆生认为作于神功元年（697）东征凯旋之后，圣历元年（698）归隐之前。韩理洲反对，认为作于垂拱元年（685）。但两人的证据都不够充分。见彭庆生：《陈子昂诗注》，四川人民出版社，1981，第223—224页。彭庆生：《陈子昂集校注》，黄山书社，2015，第165页。韩理洲：《陈子昂评传》，西北大学出版社，1987，第28、47页。韩理洲：《陈子昂研究》，上海古籍出版社，1988，第78—79页。

到传记中的某一章节去讲。重要但又无法安插在传记主体中，所以，我们也应该在传记最后为之单独开辟一节。

《〈修竹篇〉并序》是《修竹篇》诗加上一篇序言。我们先看序言：

> 东方公足下：文章道弊五百年矣。汉魏风骨，晋宋莫传，然而文献有可征者。仆尝暇时观齐梁间诗，彩丽竞繁，而兴寄都绝，每以永叹。思古人，常恐逶迤颓靡，风雅不作，以耿耿也。一昨于解三处见明公《咏孤桐》篇，骨气端翔，音情顿挫，光英朗练，有金石声，遂用洗心饰视，发挥幽郁，不图正始之音，复睹于兹，可使建安作者相视而笑。解君云："张茂先、何敬祖，东方生与其比肩。"仆亦以为知言也。故感叹雅制，作《修竹》诗一篇，当有知音以传示之。

陈子昂开篇即说："文章之道已经衰落了五百年了。"这个文章之道，究竟是什么呢？如果我们将这句话与后面三句话做一个结构分析，就会发现这几句话都用着相同的修辞结构，即"主语/时间/否定词"：

句子	主语	时间	否定词
文章道弊五百年矣	文章道	五百年	弊
汉魏风骨，晋宋莫传	汉魏风骨	晋宋	莫传
齐梁间诗，彩丽竞繁，而兴寄都绝	兴寄	齐梁	绝
思古人，常恐逶迤颓靡，风雅不作	古人、风雅	/	逶迤颓靡、不作

这样一分析，我们就很容易发现，陈子昂所说的文章之道，是指以"汉魏风骨"为代表，继承了《诗经》的"风雅"精神，以"兴寄"为主的创作表现，但这个文章之道在汉魏之后的五百年间衰落了，在晋宋齐梁时代消失了。[1]这里所说的"兴寄"，与本章第二节所讲的"比兴"，是一样的意思，即强调文学创作

---

[1] 这段文本的分析方法，参见欧丽娟：《唐诗可以这样读：欧丽娟的唐诗公开课》，浙江人民出版社，2018，第14—15页。

应该有所寄托，就如美国学者宇文所安解释的那样："诗歌在表层上是一种表达情感的工具（"寄"），表达个人对某一事物（"兴"）的反应。这样，如同在寓言中，表层的逻辑从属于'意'。"[1]"汉魏风骨"，又称"建安风骨"，是以曹操、曹丕、曹植父子，"建安七子"，蔡琰等作家为中心形成的一种文学风格。《文心雕龙·明诗》对这种风格有过很好的描述："慷慨以任气，磊落以使才。造怀指事，不求纤密之巧；驱辞逐貌，唯取昭晰之能。"也就是说，"建安风骨"更多的是追求整体的气势和表意的清晰，而不追求辞藻的纤密细巧。"风雅"则是《诗经》的两个部分，风指国风，雅指大雅、小雅。风大多属于质朴的民歌，内容比较丰富，但基本上都是针对现实有为而发；雅的大部分篇章是歌颂太平，其中一些篇章含有教训规谏或政治批判的成分。这种"建安风骨""兴寄""风雅"的文章之道衰落以后，代之而起的是"采丽竞繁"的"齐梁间诗"，也就是"齐梁体"。本传第三章第一节曾提到过，齐梁体诗的风格是"轻靡"，注重形式轻视内容，注重艺术性轻视思想性，北齐颜之推对此作了很好的描述："今世相承，趋末弃本，率多浮艳。辞与理竞，辞胜而理伏；事与才争，事繁而才损。"（《颜氏家训·文章》）这就与"风雅"的传统、"比兴"的传统、"汉魏风骨"的传统，即所谓"文章道"相背离，所以陈子昂说"文章道弊五百年矣"。

接下来，陈子昂对东方虬的《咏孤桐篇》大加赞扬，其评价用语有四个："骨气端翔"，即骨力刚健，气势飞动；"音情顿挫"，即音节抑扬，情思沉郁；"光英朗练"，即光彩夺目，明朗简练；"有金石声"，即音韵铿锵，掷地有声。这个评价是相当高的，东方虬的《咏孤桐篇》是否担得起这样高的评价，还是值得怀疑的。而且很不幸，这首《咏孤桐篇》并未流传下来，我们也就无法直接复核陈子昂的评价是否准确。《唐诗纪事》卷七载有一首东方虬所作的《咏春雪》："春雪满空来，触处似花开。不知园里树，若个是真梅。"这首诗只能说是取巧，向我们描述了雪花以假乱真，让人不知道树上哪个是梅花、哪个是雪的场面，而没有什么更深的思想性。所以，我们在阅读陈子昂对东方虬《咏孤桐

① [美]宇文所安：《初唐诗》，贾晋华译，生活·读书·新知三联书店，2014，第135页。

篇》的评价时，心里应该存一点戒备，就如钱锺书先生所说："貌似文艺评论，实际是挂了文艺幌子的社交辞令。在研究古代——是否竟可以说'古今'或'历代'？——文评时，正像在社会生活里，我们得学会孟子所谓'知言'，把古人的一时兴到语和他的成熟考虑过的议论区别开来，尤其把他的由衷认真的品评和他的官样套语、应酬八股区别开来。"①《修竹篇》的序言开头言"东方公足下"，很明显是写给东方虬的一封信，在信中极力夸赞收信人的诗作，"官样套语""应酬八股"的成分不会低，所以这个评价未必可靠。但是，虽然东方虬《咏孤桐篇》未必当得起陈子昂的高评，我们却可以说这样的高评正是陈子昂自己的理想："骨气端翔，音情顿挫，光英朗练，有金石声。"陈子昂还觉得这种理想中的诗歌能产生两种效果：一是"洗心饰视"，即涤除机心，净化心灵，使眼目明亮；二是"发挥幽郁"，即抒发内心深处的忧愤。陈子昂认为，这样的诗歌就是"正始之音"，即使建安时期的伟大诗人，也会引以为知己。什么叫"正始之音"呢？一般的解释是正始年间（240—249）以阮籍、嵇康为代表的作家创作的诗文。②我们也可以换一种解释。《毛诗序》云："《周南》《召南》，正始之道，王化之基。"刘良注曰："正始之道，谓正王道之始也。"（《六臣注文选》卷四五）陈子昂所谓的"正始之音"，就是说这种诗歌偏重"经纶"，有益于王道。最后，陈子昂引用了解君的话，称其能与张华、何劭并列。

陈子昂受到东方虬《咏孤桐篇》的感动，于是也写了一首《修竹篇》，诗云：

> 龙种生南岳，孤翠郁亭亭。峰岭上崇崒，烟雨下微冥。
>
> 夜间黠鼠叫，昼聒泉壑声。春风正淡荡，白露已清泠。
>
> 哀响激金奏，密色滋玉英。岁寒霜雪苦，含彩独青青。
>
> 岂不厌凝冽，羞比春木荣。春木有荣歇，此节无凋零。
>
> 始愿与金石，终古保坚贞。不意伶伦子，吹之学凤鸣。

---

① 钱锺书：《七缀集》，生活·读书·新知三联书店，2002，第26页。
② 郭绍虞主编《中国历代文论选（一卷本）》，上海古籍出版社，2001，第120页。彭庆生：《陈子昂集校注》，黄山书社，2015，第169页。

遂偶云和瑟，张乐奏天庭。妙曲方千变，箫韶亦九成。

信蒙雕斲美，常愿事仙灵。驱驰翠虬驾，伊郁紫鸾笙。

结交嬴台女，吟弄升天行。携手登白日，远游戏赤城。

低昂玄鹤舞，断续彩云生。永随众仙去，三山游玉京。

这首诗总共三十六句，第一至十八句是一个部分，即开篇至"终古保坚贞"一句，主要吟咏竹子本身。陈子昂指出竹子形态"亭亭"，也就是题目中的"修"，高耸，修长，而且青翠欲滴。随后，又描写了竹子一年四季的变化，尤其是在冬天寒冷的环境中，依旧能"含彩独青青"。陈子昂热烈地歌颂了竹子这种不畏霜雪的品格，指出它不像其他植物一样只是春天繁盛，而是像金石一样，一直保持着自己的高洁。十九至三十六句又是一个部分，即"不意伶伦子"一句至篇末，主要吟咏用竹所制之乐器。陈子昂想象这种乐器的加工者是黄帝时期的乐官伶伦，其所吹绝非靡靡之音，而是"凤鸣"，是飘飘的仙乐。陈子昂说，这种乐器演奏的效果，是让人"永随众仙去，三山游玉京"，眼前浮现出仙境。

很明显，这首咏竹子的《修竹篇》是有寄托的，他对竹子品格的描写，实际上是对人的品格的描写。前半部分对一个人居处高洁、不畏霜雪、独善其身的赞美是比较确定的。不确定的是后半部分到底寄托了什么。有人说是寄托陈子昂欲挂冠归隐的志向；[1]有人说是陈子昂得到最高统治者器重，屡次上书陈述匡国佐政良策的形象描绘；[2]也有人说是隐喻"不用于朝廷以展其自修之德"（《唐音辑注》卷一）——后面这两种说法，完全是反的！甚至还有人说，"结交嬴台女"句中的"嬴台女"可能暗指武则天，其整体寓意是"希望能够在宫廷圈子里升得更高，接近'天庭'——皇帝"。[3]

清人沈德潜曾说："阮籍《咏怀》，后人每章注释，失之于凿，读者随所感触可也。子昂《感遇》，亦不当以凿求之。"（《唐诗别裁集》卷一）解读都是

---

① 彭庆生：《陈子昂集校注》，黄山书社，2015，第165页。

② 韩理洲：《陈子昂研究》，上海古籍出版社，1988，第78—79页。

③ [美]宇文所安：《初唐诗》，贾晋华译，生活·读书·新知三联书店，2014，第136页。

容易穿凿附会的，尤其是对陈子昂写的这种有所寄托的诗的解读。因为文本之外到底寄托了什么，作者既然没有明确地说出来，那必然会发生"一千个读者心中有一千个哈姆莱特"的情况。或者，换成陈子昂听得懂的话："仁者见之谓之仁，智者见之谓之智。"（《易·系辞上》）"所闻《诗》无达诂，《易》无达占，《春秋》无达辞。"（《春秋繁露·精华》）"佛以一音演说法，众生随类各得解。"（《维摩诘经·佛国品》）当然，这是陈子昂提倡"比兴""兴寄"时没有想到的一个问题，他主要是从"作者中心"出发，指出创作时应该有所寄托，至于读者是否能准确接收到他在诗中的寄托，不在他的考虑范围内。

由此可见，陈子昂的某些诗文，像一切优秀的作品一样，具有多种阐释的可能性。这种文本的开放性给我们的启示是：本传即将结束，但一切才刚刚开始。通过本传对陈子昂的一生有了基本了解之后，读者朋友们应该重新返回到《陈子昂集》中，再次揣摩陈子昂所写每一篇诗文背后的故事和言外的寄托，从而形成属于每个读者的独特的陈子昂形象。这样，含冤而死的陈子昂，将因在读者心中无数次的重生，得以永生。

陈子昂大事年表

纪年	公元	年龄	大事
显庆四年	659	1	出生于梓州射洪县（今四川省射洪市金华镇）。
龙朔二年	662	4	卢藏用约生于本年。
乾封二年	667	9	苏味道进士及第。
总章三年 咸亨元年	670	12	杜审言进士及第。三月，改元咸亨。
咸亨二年	671	13	骆宾王、王勃、苏味道等在京参选。
咸亨四年	673	15	郭震进士及第，任通泉县（今四川省射洪市沱牌镇）县尉。
上元二年	675	17	宋之问、张鷟进士及第。
上元三年 仪凤元年	676	18	始专精读书，数年之间，遍览经史百家，今射洪市金华镇金华山有陈子昂读书台遗址。崔融登词殚文律科。八月，王勃卒。十一月，改元仪凤。
仪凤二年	677	19	居金华山读书。张鷟、王无竞登下笔成章科。
仪凤三年	678	20	居金华山读书。本年前后，子昂初为诗，王适见之，大为惊叹。张九龄生。
仪凤四年 调露元年	679	21	入长安，游太学，岁末去东都洛阳。六月，改元调露。
调露二年 永隆元年	680	22	居洛阳，历抵群公，参加各种宴会并赋诗、写序。八月，改元永隆。

纪年	公元	年龄	大事
永隆二年 开耀元年	681	23	居长安，历抵群公。二月，薛元超表荐杨炯、崔融等十人为崇文馆学士。下半年，至东都。闰七月，薛元超擢为中书令，稍后，子昂呈诗文于薛元超，无果。九月，改元开耀。
开耀二年 永淳元年	682	24	居洛阳，应试不第。秋辞别师友，经长安归里。二月，改元永淳。
永淳二年 弘道元年	683	25	春夏间，居蜀学神仙之术，与晖上人游。秋日出蜀入洛阳，备来年春试。十二月，改元弘道，高宗崩于洛阳。
嗣圣元年 文明元年 光宅元年	684	26	居洛阳，举进士，对策高第。上《谏灵驾入京书》《谏政理书》，得武后赏识，五月前拜秘书省正字，正九品下；文散官为将士郎，从九品下。九月，光宅改元，武则天临朝称制，秘书省正字改称麟台正字。
垂拱元年	685	27	居洛阳，守麟台正字。十一月十六日，武后召见，赐纸笔，作《上军国利害事》，言"出使""牧宰""人机"三条。
垂拱二年	686	28	居洛阳，守麟台正字。春，从左补阙乔知之护左豹韬卫将军刘敬同军北征。四月，次张掖河。五月，次同城。六月，作《为乔补阙论突厥表》。七月，独南旋。八月，至张掖。九月，归洛阳。归后，上《西蕃边州安危事》。
垂拱三年	687	29	居洛阳，守麟台正字。冬，上《谏雅州讨生羌书》。
垂拱四年	688	30	居洛阳，守麟台正字。五月以前，上《谏用刑书》。

续表

纪年	公元	年龄	大事
永昌元年	689	31	居洛阳，守麟台正字。三月十九日，武后召见，使论为政之要，子昂乃奏《答制问事》，言"措刑""官人""知贤""去疑""招谏""劝赏""息兵""安宗子"八条。秩满，随常牒补右卫曹参军，正八品下；文散官为承务郎，从八品下。九月，上《谏刑书》。
载初元年 天授元年	690	32	居洛阳，守右卫胄曹参军。九月九日，武则天称帝，改国号为周，改元天授。子昂上《大周受命颂》四章。
天授二年	691	33	居洛阳，守右卫胄曹参军。八月，以继母忧，解官归里。狄仁杰拜相。薛稷等进士及第。
天授三年 如意元年 长寿元年	692	34	居蜀守制，卧疾家园，时从晖上人游。五月十三日，叔祖陈嗣卒。四月，改元如意。九月，改元长寿。王泠然生。
长寿二年	693	35	居蜀守制。二月十七日，郭震姬妾薛氏卒于通泉县官舍。六月，子昂免丧。七月，堂弟陈孜卒。八月，经遂州、忠州、万州下江陵，返洛阳。迁右拾遗，从八品上；文散官为通直郎，从六品下。
长寿三年 延载元年	694	36	居洛阳，守右拾遗。旋即坐逆党陷狱。五月，改元延载。
证圣元年 天册万岁元年	695	37	居洛阳。年底狱解，复官右拾遗，上《谢免罪表》。九月，改元天册万岁。
万岁登封元年 万岁通天元年	696	38	居洛阳，守右拾遗。春，任制举贤良方正科典试官。九月，入建安王武攸宜军幕府，为参谋，讨契丹。代武攸宜作《上军国机要事》。三月，改元万岁通天。
万岁通天二年 神功元年	697	39	王孝杰军败于契丹，武攸宜震恐不敢进，子昂谏言，请立法制，并分麾下万人为前锋，奋命破贼。武攸宜不纳，署子昂为军曹。子昂登蓟北楼，慷慨悲歌。七月，随武攸宜军凯旋，守右拾遗如故。九月，改元神功。

纪年	公元	年龄	大事
圣历元年	698	40	居洛阳，守右拾遗。五月十四日，上《上蜀川安危事》。后以父老，表乞罢职待归，天子优之，以官供养。遂构宇于射洪西山，种树采药。采汉武至于唐事，撰《后史记》，粗立纪纲，未成。
圣历二年	699	41	家居侍养。七月七日，父元敬卒。十月，作《我府君有周居士文林郎陈公墓志文》。
圣历三年 久视元年	700	42	家居守制。受射洪县令段简迫害，死于狱中。葬射洪独坐山。卢藏用将其诗文编为十卷，并为之序，传于世。有子二人，并进士及第。长子陈光，官至太子司议郎、膳部郎中、商州刺史。次子陈斐，历河东、蓝田、长安三尉，卒于官。陈光生二子：长子陈易甫，监察御史；次子陈简甫，殿中侍御史。陈斐生三子：长子陈灵甫；次子陈兢甫；三子陈众甫，与柳宗元父柳镇有交。五月，改元久视。

注：*本表据李宝山《陈子昂年谱新编》（李宝山、胡亮编《关于陈子昂：献诗、论文与年谱》，成都时代出版社，2021，第328—352页）、彭庆生《陈子昂年谱》（彭庆生《陈子昂集校注》，黄山书社，2015，第1498—1561页）改编而成。其他人物事迹及时事，与陈子昂有关且本传曾涉及者，方录之。改元之时间，皆于最后说明。

*本表年龄，以虚岁计。

陈子昂作品目录

一、诗赋（128首/篇）

塵尾赋（并序）

感遇（三十八首）

观荆玉篇（并序）

鸳鸯篇

修竹篇（并序）

奉和皇帝上礼抚事述怀应制

洛城观酺应制

白帝城怀古

度荆门望楚

岘山怀古

晚次乐乡县

入峭峡安居溪伐木溪源幽邃林岭相映有奇致焉

宿空舲峡青树村浦

宿襄河驿浦

入东阳峡与李明府船前后不相及

（以上《陈子昂集》卷一）

西还至散关答乔补阙（知之）

还至张掖古城闻东军告捷赠韦五（虚己）

度峡口山赠乔补阙知之王二无竞

题祀山烽树赠乔十二侍御

题居延古城赠乔十二知之

蓟丘览古赠卢居士藏用七首（并序）

初入峡苦风寄故乡亲友

赠赵六贞固二首

答韩使同在边

东征至淇门答宋参军之问

万州晓发放舟乘涨还寄蜀中亲友

赠严仓曹乞推命录

答洛阳主人

酬晖上人秋夜山亭有赠

酬晖上人秋夜独坐山亭有赠

酬李参军崇嗣旅馆见赠

酬晖上人夏日林泉见赠

酬田逸人见寻不遇题隐居里壁

东征答朝达相送

合州津口别舍弟至东阳峡步趁不及眷然有怀作以示之

居延海树闻莺同作

题李三书斋（崇嗣）

题田洗马游岩桔槔

古意题徐令壁

送别出塞

同宋参军之问梦赵六赠卢陈二子之作

和陆明府赠将军重出塞

同旻上人伤寿安傅少府

咏主人壁上画鹤寄乔主簿崔著作

登蓟丘楼送贾兵曹入都

送魏大从军

送殷大入蜀

落第西还别刘祭酒高明府

登幽州台歌

（以上《陈氏别传》引）

魏氏园林人赋一物得秋亭萱草

晦日宴高氏林亭（并序）

晦日重宴高氏林亭

上元夜效小庾体

三月三日宴王明府山亭

（以上《全唐诗》卷八四）

二、文（109篇）

为义兴公求拜扫表

为程处弼辞放流表

为宗舍人谢赠物表（三首）

为将军程处弼谢放流表

为人陈情表

为副大总管苏将军谢罪表

谢免罪表

为丰国夫人庆皇太子诞表

为乔补阙庆武成殿表

为程处弼庆拜洛表

为人请子弟出家表

为陈御史上奉和秋景观竞渡诗表

为朝官及岳牧贺慈竹再生表

为赤县父老劝封禅表

为永昌父老劝追尊中山王表

为百官谢追尊魏国大王表

为建安王献食表

（以上《陈子昂集》卷三）

为李卿让本官表

为陈舍人让官表

为司刑袁卿让官表

为张著作谢父官表

为资州郑使君让官表

为武奉御谢官表

为王美畅谢兄官表

为金吾将军陈令英请免官表

为副大总管屯营大将军苏宏晖谢表

谢衣表

为建安王贺破贼表

为河内王等论军功表

为建安王谢借马表

奏白鼠表

为僧谢讲表

谢药表

为乔补阙论突厥表

（以上《陈子昂集》卷四）

昭夷子赵氏碑

临邛县令封君遗爱碑

续唐故中岳体玄先生潘尊师碑颂

汉州雒县令张君吏人颂德碑

九陇县独孤丞遗爱碑

唐故朝议大夫梓州长史杨府君碑

梓州射洪县武东山故居士陈君碑

（以上《陈子昂集》卷五）

我府君有周居士文林郎陈公墓志文

申州司马王府君墓志

唐水衡监丞李府君墓志铭

唐故循州司马申国公高君墓志

率府录事孙君墓志铭

故宣义郎骑都尉行曹州离狐县丞高府君墓志铭

唐故袁州参军李府君妻清河张氏墓志铭

上殇高氏墓志铭

堂弟孜墓志铭（并序）

馆陶郭公姬薛氏墓志铭

唐陈州宛丘县令高府君夫人河南宇文氏墓志铭

周故内供奉学士怀州河内县尉陈君硕人墓志铭

燕然军人画像铭（并序）

宿冥君古坟记铭序（为张昌宁作）

（以上《陈子昂集》卷六）

上大周受命颂表（天授元年）

大周受命颂（四章并序）

国殇文（并序）

祸牙文

禜海文

吊塞上翁文

祭孙府君文

为建安王祭苗君文

祭黄州高府君文

祭韦府君文

祭外姑宇文夫人文

祭率府孙录事文

复仇议状

为建安王誓众词

金门饯东平序

梁王池亭宴序

薛大夫山亭宴序

送中岳二三真人序（时龙集乙未十二月二十日）

饯陈少府从军序

送吉州杜司户审言序

冬夜宴临邛李录事宅序

忠州江亭喜重遇吴参军见牛司仓序

晖上人房饯齐少府使入京府序

洪崖子鸾鸟诗序

送麹郎将使默啜序

偶遇巴西姜主簿序

（以上《陈子昂集》卷七）

答制问事（八条）

上蜀川安危事（三条）

上蜀川军事

上益国事

上军国机要事

上军国利害事（三条）

上西蕃边州安危事（三条）

（以上《陈子昂集》卷八）

谏灵驾入京书

谏雅州讨生羌书

谏刑书

谏政理书

谏用刑书

申宗人冤狱书

谏曹仁师出军书

（以上《陈子昂集》卷九）

为建安王与辽东书

为建安王答王尚书送生口书

为建安王与诸将书

为建安王与安东诸军州书

为建安王答王尚书书

与韦五虚己书

为苏令本与岑内史启

上薛令文章启

（以上《陈子昂集》卷十）

为义兴公陈请终丧第二表

为义兴公陈请终丧第三表

（以上《全唐文》卷二一〇）

谢赐冬衣表

（以上《文苑英华》卷五九三）

座右铭

（以上《文苑英华》卷七九〇）

荆州大崇福观记

（以上《文苑英华》卷八二二）

无端帖

（以上《宝真斋法书赞》卷五）

历代评论资料选

■ [唐] 卢藏用

右拾遗陈子昂文集序

昔孔宣父以天纵之才，自卫返鲁，乃删《诗》《书》，述《易》道而作《春秋》，数千百年，文章粲然可观也。孔子殁二百岁而骚人作，于是婉丽浮侈之法行焉。汉兴二百年，贾谊、马迁为之杰，宪章礼乐，有老成之风。长卿、子云之俦，瑰诡万变，亦奇特之士也。惜其王公大人之言，溺于流辞而不顾。其后班、张、崔、蔡、曹、刘、潘、陆，随波而作，虽大雅不足，其遗风余烈，尚有典型。宋、齐之末，盖憔悴矣。逶迤陵颓，流靡忘返，至于徐、庾，天之将丧斯文也。后进之士，若上官仪者，继踵而生，于是风雅之道扫地尽矣！

《易》曰："物不可以终否，故受之以泰。"道丧五百岁而得陈君。君讳子昂，字伯玉，蜀人也。崛起江汉，虎视函夏，卓立千古，横制颓波，天下翕然，质文一变。非夫岷、峨之精，巫、庐之灵，则何以生此？故有谏诤之词，则为政之先也；昭夷之碣，则议论之当也；《国殇》之文，则大雅之怨也；徐君之议，则刑礼之中也；至于感激顿挫，微显阐幽，庶几见变化之朕，以接乎天人之际者，则《感遇》之篇存焉。观其逸足骙骙，方将抟扶摇而陵太清，躏遗风而薄嵩、岱。吾见其进，未见其止。惜乎！湮厄当世，道不偶时，委骨巴山，年志俱夭，故其文未极也。

呜呼！聪明精粹而沦剥，贪饕桀骜以显荣。天乎！天乎！吾殆未知夫天焉。

昔尝与余有忘形之契，四海之内，一人而已。良友殁矣，天其丧予！今采其遗文可存者，编而次之，凡十卷。恨不逢作者，不得列于诗人之什，悲夫！故粗论文之变而为之序。至于王霸之才，卓荦之行，则存之《别传》，以继于终篇云耳。（《全唐文》卷二三八）

宋主簿鸣皋梦赵六予未及报而陈子云亡今追为此诗答宋兼贻平昔游旧（节录）

陈生富清理，卓荦兼文史。思缛巫山云，调逸岷江水。铿锵哀忠义，感激怀知己。负剑登蓟门，孤游入燕市。浩歌去京国，归守西山趾。幽居探元化，立言见千祀。埋没经济情，良图竟云已。（《全唐诗》卷九三）

■[唐] 王泠然

论荐书（节录）

有唐以来，无数才子，至于崔融、李峤、宋之问、沈佺期、富嘉谟、徐彦伯、杜审言、陈子昂者，与公（张说）连飞并驱，更唱迭和。此数公者，真可谓五百年挺生矣。（《全唐文》卷二九四）

■[唐] 李白

赠僧行融（节录）

梁有汤惠休，常从鲍照游。峨眉史怀一，独映陈公出。卓绝二道人，结交风与麟。（《李太白集注》卷十二）

■[唐] 李阳冰

草堂集序（节录）

卢黄门云："陈拾遗横制颓波，天下质文，翕然一变。"至今朝诗体，尚有梁、陈宫掖之风。至公（编者注：李白）大变，扫地并尽。（《李太白集注》卷三一）

■ [唐] 魏颢

李翰林集序（节录）

蜀之人无闻则已，闻则杰出，是生相如、君平、王褒、扬雄，降有陈子昂、李白，皆五百年矣。（《李太白集注》卷三一）

■ [唐] 杜甫

送梓州李使君之任（节录）

遇害陈公殒，于今蜀道怜。君行射洪县，为我一潸然。（《杜诗详注》卷一一）

冬到金华山观因得故拾遗陈公学堂遗迹

涪右众山内，金华紫崔嵬。上有蔚蓝天，垂光抱琼台。系舟接绝壑，杖策穷萦回。四顾俯层巅，淡然川谷开。雪岭日色死，霜鸿有余哀。焚香玉女跪，雾里仙人来。陈公读书堂，石柱仄青苔。悲风为我起，激烈伤雄才。（《杜诗详注》卷一一）

陈拾遗故宅

拾遗平昔居，大屋尚修椽。悠扬荒山日，惨淡故园烟。位下曷足伤，所贵者圣贤。有才继骚雅，哲匠不比肩。公生扬马后，名与日月悬。同游英俊人，多秉辅佐权。彦昭超玉价，郭震起通泉。到今素壁滑，洒翰银钩连。盛事会一时，此堂岂千年。终古立忠义，感遇有遗篇。（《杜诗详注》卷一一）

■ [唐] 李华

扬州功曹萧颖士文集序（节录）

君以为六经之后，有屈原、宋玉，文甚雄壮而不能经。厥后有贾谊，文词最正，近于理体。枚乘、司马相如，亦瑰丽才士，然而不近风雅。扬雄用意颇深，班彪识理，张衡宏旷，曹植丰赡，王粲超逸，嵇康标举。此外皆金相玉质，所尚或殊，不能备举。左思诗赋有雅颂遗风，干宝著论近王化根源，此后复绝无闻焉。近日陈拾遗子昂文体最正。以此而言，见君之述作矣。（《全唐文》卷三一五）

■ [唐] 颜真卿

尚书刑部侍郎赠尚书右仆射孙逖文公集序（节录）

汉、魏已还，雅道微缺；梁、陈斯降，宫体聿兴。既驰骋于末流，遂受嗤于后学。是以沈隐侯之论谢康乐也，乃云"灵均已来，此未及睹"。卢黄门之序陈拾遗也，而云："道丧五百岁而得陈君。"若激昂颓波，虽无害于过正；榷其中论，不亦伤于厚诬！何则？雅郑在人，理乱由俗。桑间濮上，胡为乎绵古之时？正始皇风，奚独乎凡今之代？盖不然矣。（《颜鲁公文集》卷一二）

■ [唐] 李舟

独孤公文集序（节录）

天后时，广汉陈子昂，独泝颓波，以趣清源，自兹作者稍稍而出。（《毗陵集》卷首）

■ [唐] 独孤及

检校尚书部员外郎赵郡李华中集序（节录）

帝唐以文德勇祐于下，民被王风，俗稍丕变。至则天太后时，陈子昂以雅易郑，圆者浸而向方。（《毗陵集》卷十三）

■ [唐] 皎然

论卢藏用陈子昂集序

卢黄门《序》……又云："道丧五百年而有陈君乎。"予因请论之曰：司马子长《自序》云，"周公卒五百岁而有孔子，孔子卒五百岁而有司马公。"迩来年代既遥，作者无限。若论笔语，则东汉有班、张、崔、蔡；若但论诗，则魏有曹、刘、三傅，晋有潘岳、陆机、阮籍、卢谌，宋有谢康乐、陶渊明、鲍明远，齐有谢吏部，梁有柳文畅、吴叔庠。作者纷纭，继在青史，如何五百之数，独归于陈君乎？藏用欲为子昂张一尺之罗，盖弥天之宇，上掩曹刘，下遗陶谢，安可得耶？又子昂《感遇》三十首，出自阮公《咏怀》。《咏怀》之作，难以为俦。子昂诗曰："荒哉穆天子，好与白云期。宫女多怨旷，层城蔽蛾眉。"曷若阮公"三楚多秀士，朝云进荒淫。朱华振芬芳，高蔡相追寻。一为黄雀哀，涕下谁能禁？"此《序》或未湮沦，千载之下当有识者，得无抚掌乎？（《诗式》卷三）

复古通变体（节录）

作者须知复变之道：反古曰复，不滞曰变。若惟复不变，则陷于相似之格，其状如弩骥同厩，非造父不能辨。能知复变之手，亦诗人之造父也……如陈子昂复多而变少，沈、宋复少而变多。今代作者，不能尽举。（《诗式》卷五）

■ [唐] 梁肃

补阙李君前集序（节录）

唐有天下几二百载，而文章三变。初则广汉陈子昂以风雅革浮侈；次则燕国张公说以宏茂广波澜；天宝已还，则李员外、萧功曹、贾常侍、独孤常州比肩而作，故其道益炽。（《全唐文》卷五一八）

■ [唐] 韩愈

荐士（节录）

周诗三百篇，丽雅理训诂。曾经圣人手，议论安敢到。五言出汉时，苏李首更号。东都渐泱漫，派别百川导。建安能者七，卓荦变风操。逶迤抵晋宋，气象日凋耗。中间数鲍谢，比近最清奥。齐梁及陈隋，众作等蝉噪。搜春摘花卉，沿袭伤剽盗。国朝盛文章，子昂始高蹈。勃兴得李杜，万类困陵暴。后来相继生，亦各臻阃奥。（《五百家注昌黎文集》卷二）

送孟东野序（节录）

大凡物不得其平则鸣。草木之无声，风挠之鸣。水之无声，风荡之鸣。其跃也或激之，其趋也或梗之，其沸也或炙之。金石之无声，或击之鸣。人之为言也亦然，有不得已者而后言，其歌也有思，其哭也有怀。凡出乎口而为声者，其皆有弗平者乎……唐之有天下，陈子昂、苏源明、元结、李白、杜甫、李观，皆以其所能鸣。（《五百家注昌黎文集》卷一九）

■ [唐] 柳宗元

杨评事文集后序（节录）

文有二道：辞令褒贬，本乎著述者也；导扬讽谕，本乎比兴者也。著述者流，盖出于《书》之谟训，《易》之象系，《春秋》之笔削，其要在于高壮广厚，词正而理备，谓宜藏于简册也。比兴者流，盖出于虞夏之咏歌，殷周之风雅，其要在于丽则清越，言畅而意美，谓宜流于谣诵也。兹二者，考其旨义，乖离不合，故秉笔之士，恒偏胜独得，而罕有兼者焉。厥有能而专美，命之曰艺成，虽古文雅之盛世，不能并肩而生。唐兴以来，称是选而不作者，梓潼陈拾遗。其后燕文贞以著述之余，攻比兴而莫能极；张曲江以比兴之隙，穷著述而不克备。其余各探一隅，相与背驰于道者，其去弥远。文之难兼，斯亦甚矣。（《五百家注柳先生集》卷二一）

■ [唐] 赵儋

大唐剑南东川节度观察处置等使户部尚书兼御史大夫梓州刺史鲜于公为故拾遗陈公建旌德之碑（节录）

剑南东川节度使兼御史大夫梓州刺史鲜于公，自受分阃之征也，初年谋始立法，二年人富知教，三年鲁变于道。乃谓幕宾曰："陈文林散粟万斛，以赈乡人。得非司城子罕贷而不书乎？拾遗之文，四海之内，家藏一本，得非臧文仲立没而不朽乎？於戏！陈君道可以济天下，而命不通于天下；才可以致尧舜，而运不合于尧舜。悲夫！昔孔文举为郑玄署通德门，蔡伯喈为陈寔立《大丘颂》，异代思贤之意也。况陈君颜、闵之行，管、乐之材，而守牧之臣，久阙旌表。何哉？"爰命末学，第叙丰碑，表厥后来，是则是效。其颂曰：

有妫之后，封于陈国。根深苗长，世载明德。文林大器，质非雕刻。学术钩深，风鉴诣极。代公耿光，乔玄藻识。施不求报，退身自默。岷峨降灵，拾遗挺生。气总三象，秀发五行。才同入室，学匪猎精。明明天后，群龙效庭。矫矫长离，轩飞梁益。封章屡抗，矢陈刑辟。匪君伊顺，惟鳞是逆。九德未行，三命惟锡。帝命建安，远征不伏。咨公幕画，骋此骥足。唯王玩兵，愎谏违卜。忠言不纳，前军欲覆。遂登蓟楼，冀写我忧。大运茫茫，天地悠悠。沙麓气冲，太阴光流。义士食薇，人谁造周。（嗟乎！道不可合，运不可谐，遂放言于《感遇》，亦阮公之《咏怀》。已而已而，陈公之微意在斯）。表辞右省，来归温清。如何风树，不宁其令。庐墓之侧，柴毁灭性。管辂之才，管辂之命。惟国不幸，非君之病。我鲜于公，忠肃恭懿，光明不融。为君颂德，穆如清风。日月运安，江汉流东。不闭其文，永昭文雄。（《全唐文》卷七三二）

■ [唐] 白居易

初授拾遗（节录）

杜甫陈子昂，才名括天地。当时非不遇，尚无过斯位。况予寒薄者，宠至不自意。惊近白日光，惭非青云器。（《白氏长庆集》卷一）

伤唐衢二首（其二）（节录）

忆昨元和初，忝备谏官位。是时兵革后，生民正憔悴。但伤民病痛，不识时忌讳。遂作《秦中吟》，一吟悲一事。贵人皆怪怒，闲人亦非訾。天高未及闻，荆棘生满地。惟有唐衢见，知我平生志。一读兴叹嗟，再吟垂涕泗。因和三十韵，手题远缄寄。致吾陈杜间，赏爱非常意。此人无复见，此诗犹可贵。（《白氏长庆集》卷一）

江楼夜吟元九律诗成三十韵（节录）

每叹陈夫子（陈子昂著《感遇》诗称于世），常嗟李谪仙（贺知章谓李白为谪仙）。名高折人爵，思苦减天年（李竟无官，陈亦早夭）。不得当时遇，空令后代怜。（《白氏长庆集》卷一七）

与元九书（节录）

唐兴二百年，其间诗人不可胜数，所可举者：陈子昂有《感遇》诗二十首，鲍防有《感兴》诗十五首。又诗之豪者，世称李杜。李之作，才矣，奇矣，人不逮矣！索其风雅比兴，十无一焉。杜诗最多，可传者千余篇，至于贯穿今古，觑缕格律，尽工尽善，又过于李。然撮其《新安吏》《石壕吏》《潼关吏》《塞芦子》《留花门》之章，"朱门酒肉臭，路有冻死骨"之句，亦不过三四十首。杜尚如此，况不逮杜者乎？（《唐诗纪事》卷三八）

■ [唐] 元稹

叙诗寄乐天书（节录）

仆时孩骏，不惯闻见，独于书传中，初习理乱萌渐，心体悸震，若不可活，思欲发之久矣。适有人以陈子昂《感遇诗》相示，吟玩激烈，即日为《寄思玄子诗》二十首。故郑京兆于仆为外诸翁，深赐怜奖，因以所赋呈献。京兆翁深相骇异。秘书少监王表在座，顾谓表曰："使此儿五十不死，其志义何如哉？惜吾辈不见其成就。"因召诸子，训责泣下。仆亦窃不自得，由是勇于为文。又久之，得杜甫诗数百首，爱其浩荡津涯，处处臻到，始病沈宋之不存寄兴，而讶子昂之未暇旁备矣。（《元氏长庆集》卷三〇）

■ [唐] 张祜

叙诗（节录）

陈隋后诸子，往往沙可披。拾遗昔陈公，强立制颓萎。英华自沈宋，律唱牙相维。其间岂无长，声病为深宜。江宁王昌龄，名贵人可垂。波澜到李杜，碧海

东弥弥。（《张承吉文集》卷一〇）

■ [唐] 刘蜕

览陈拾遗文集

　　郪中好事人，家藏君十轴。余来多暇日，借得昼夜读。意气高于头，冰霜冷人腹。就中大雅篇，日日吟不足。生遇明皇帝，君臣竟不识。沉湮死下位，我辈更莫卜。射洪客来说，露碑今已踣。剜刓存灭半，势欲入沟渎。寓书托宰君，请为试摩拭。树之四达地，覆碑高作屋。愤君死后名，再依泥沙辱。世路重富贵，婉娈好眉目。文学如君辈，安得足衣食。不死横路渠，为幸已多福。我有平生心，摧残不局促。揖君盛年名，万钟何足禄。量长复校短，凫胫不愿续。悲君泪垂颐，云山空蜀国。（《永乐大典》卷三一三四）

■ [唐] 孙樵

与贾希逸书（节录）

　　物之精华，天地所秘惜。故蒙金以沙，锢玉以璞。珊瑚之丛，必藏重溟；夜光之珠，必颔骊龙。抉而不知已，积而不知止。不穷则祸，天地仇也。文章亦然。所取者廉，其得必多；所取者深，其身必穷。《六经》作，孔子削迹不粒矣。《孟子》述，子思坎轲齐鲁矣。马迁以《史记》祸，班固以《西汉》祸，扬雄以《法言》《太玄》穷，元结以《浯溪碣》穷，陈拾遗以《感遇》穷，王勃以《宣尼庙碑》穷，玉川子以《月蚀诗》穷，杜甫、李白、王江宁皆相望于穷者也。天地其无意乎？（《全唐文》卷七九四）

■ [唐] 皮日休

陆鲁望昨以五百言见贻过有褒美内揣庸陋弥增愧悚……微旨也（节录）

　　射洪陈子昂，其声亦喧阗。惜哉不得时，将奋犹拘挛。玉垒李太白，铜堤孟浩然。李宽包堪舆，孟澹凝漪涟。埋骨采石圹，留神鹿门埏。俾其羁旅死，实觉天地屡。猗与子美思，不尽如转轮。纵为三十车，一字不可捐。既作风雅主，遂司歌咏权。谁知耒阳土，埋却真神仙。（《松陵集》卷一）

■ [唐] 陆龟蒙

袭美先辈以龟蒙所献五百言既蒙见和复示荣唱至于千字提奖之重蒇有称实再抒鄙怀用伸酬谢（节录）

邃古派泛滥，皇朝光赫曦。揣摩是非际，一一如襟期。李杜气不易，孟陈节难移。信知君子言，可并神明蓍。（《唐甫里先生文集》卷一）

读陈拾遗集

蓬颗何时与恨平，蜀江衣带蜀山轻。寻闻骑士枭黄祖，自是无人祭祢衡。（《唐甫里先生文集》卷十二）

■ [唐] 孟棨

（李）白才逸气高，与陈拾遗齐名，先后合德。其论诗云："梁陈以来，艳薄斯极，沈休文又尚以声律，将复古道，非我而谁与！"故陈、李二集，律诗殊少。（《本事诗·高逸第三》）

■ [唐] 顾云

唐风集序（节录）

大顺初，皇帝命小宗伯河东裴公掌邦贡。次二年，遥者来，隐者出，异人俊士，始大集都下。于群进士中得九华山杜荀鹤，拔居上第。诸生谢恩日，列坐既定，公揖生谓曰："圣上嫌文教之未张，思得如高宗朝拾遗陈公，作诗出没二雅，驰骤建安，削苦涩僻碎，略淫靡浅切，破艳冶之坚阵，擒雕巧之酋帅，皆摧幢折角，崩溃解散，扫荡辞场，廓清文祲；然后有戴容州、刘随州、王江宁率其徒扬鞭按辔，相与呵乐，来朝于正道矣。以生诗有陈体，可以润国风，广王泽，固擢生以塞诏意，生勉为中兴诗宗。"（《唐风集》卷首）

■ [唐] 陆希声

唐太子校书李观文集序（节录）

夫文兴于唐虞，而隆于周汉。自明帝后，文体浸弱，以至于魏晋宋齐梁隋，嫣然华媚，无复筋骨。唐兴，犹袭隋故态。至天后朝，陈伯玉始复古制，当世高之，虽博雅典实，犹未能全去谐靡。至退之乃大革流弊，落落有老成之风。（《全唐文》卷八一三）

■ [唐] 牛峤

登陈拾遗书台览杜工部留题慨然成咏（节录）

北厢引危槛，工部曾刻石。辞高谢康乐，吟久惊神魄。拾遗有书堂，荒榛堆瓦砾。二贤间世生，垂名空烜赫。逸足拟追风，祥鸾已鎩翮。（《永乐大典》卷三一三四）

■ [后晋] 刘昫

子昂褊躁无威仪，然文词宏丽，甚为当时所重。有集十卷，友人黄门侍郎卢藏用为之序，盛行于代。（《旧唐书》卷一九〇中）

■ [宋] 姚铉

唐文粹序（节录）

有唐三百年，用文治天下。陈子昂起于庸蜀，始振风雅。由是沈宋嗣兴，李杜杰出，六义四始，一变至道。（《唐文粹》卷首）

■ [宋] 王禹偁

书孙仅《甘棠集》后

新集甘棠尽雅言，独疑陈杜指根源。一飞事往名虽屈，六义功成道更尊。骨气向人蹲獬豸，波涛无敌泻昆仑。明年再就尧阶试，应被人呼小状元。（《小畜

集》卷九）

■ [宋] 欧阳修

书梅圣俞稿后（节录）

盖诗者，乐之苗裔与！汉之苏李，魏之曹刘，得其正始。宋齐而下，得其浮淫流侉。唐之时，子昂、李、杜、沈、宋、王维之徒，或得其淳古淡泊之声，或得其舒和高畅之节，而孟郊、贾岛之徒，又得其悲愁郁堙之气。由是而下，得者时有而不纯焉。（《欧阳文忠公文集》外集卷二三）

■ [宋] 欧阳修　宋祁

子昂资褊躁，然轻财好施，笃朋友，与陆余庆、王无竞、房融、崔泰之、卢藏用、赵元最厚。唐兴，文章承徐、庾余风，天下祖尚，子昂始变雅正。初，为《感遇》诗三十八章，王适曰："是必为海内文宗。"乃请交。子昂所论著，当世以为法。大历中，东川节度使李叔明为立旌德碑于梓州，而学堂至今犹存。

…………

赞曰：子昂说武后兴明堂太学，其言甚高，殊可怪笑。后窃威柄，诛大臣、宗室，胁逼长君而夺之权。子昂乃以王者之术勉之，卒为妇人讪侮不用，可谓荐圭璧于房闼，以脂泽污漫之也。瞽者不见泰山，聋者不闻震霆，子昂之于言，其聋瞽欤。（《新唐书》卷一〇七）

■ [宋] 文同

拾遗亭记

庚子秋，同被诏校《唐书》新本，见史第伯玉与傅弈、吕才同传，谓伯玉以王者之术说武曌，故《赞》贬之曰："子昂之于言，其聋瞽欤。"呜呼，其哉！其不探伯玉之为《政理书》之深意也。明堂大学，在昔帝王所以恢大教化之地，自非右文好治之主为之，犹愧无以称其举，岂淫艳荒惑、险刻残诐妇人之所宜与乎？缘事警奸，立文矫僭，伯玉之言有味乎其中矣。彼傅、吕者，本好历数才技之书，但能略领大体，颛务记览，以济其末学，讵可引伯玉而为之等夷耶？杜子美、韩退之，唐之伟人也。杜云："终古立忠义，感遇有遗编。"韩云："国朝盛文章，子昂始高蹈。"其推尚伯玉之功也如此。后人或以己见而遽抑之，人之材识，信夫有相绝者矣。同当时尝欲具疏于朝廷，以辨伯玉之不然，会除外官，不果。癸卯春，伯玉县人金华道士喻拱之过门，言其邑令庞君子明于本观陈公读书台旧基构大屋四楹，题之曰"拾遗亭"。栋宇宏豁，轩楹虚显，步倚眺听，依然风尚，将记其实，愿烦执事。同曰："伯玉，同之郡人也。昔不幸而死于贼简之手，心常悼之矣。今不幸而不得列于佳传，是故恳恳欲为之伸地下之枉耳。记此何敢妄！"遂述前事，使揭于亭上，聊以阐独坐之幽。其山川之胜，登临之美，今古不易，有子美之诗在焉。（嘉庆版《射洪县志》卷十六）

■ [宋] 司马光

辞婉意切，其论甚美，凡三千言。（《资治通鉴》卷二〇四，所评价者为陈子昂《答制问事八条》）

■ [宋] 黄庭坚

与王观复书三首（其一）（节录）

文章盖自建安以来，好作奇语，故其气象衰苶，其病至今犹在。唯陈伯玉、韩退之、李习之，近世欧阳永叔、王介甫、苏子瞻、秦少游，乃无此病耳。（《豫章黄先生文集》卷一九）

题王观复所作文后（节录）

如梓州生陈子昂之文章，赵蕤之术智，皆所谓人杰地灵也，何必城南有锦屏山哉。（《豫章黄先生文集》卷二六）

■ [宋] 释惠洪

律诗拘于声律，古诗拘于句语，以是词不能达。夫谓之行者，达其词而已，如古文而有韵者耳。自唐陈子昂一变江左之体，而歌行暴于世，作者辈能守其

法，不失为文之旨，唯杜子美、李长吉。（《石门洪觉范天厨禁脔》卷中）

■ [宋] 朱弁

魏曹植诗出于《国风》，晋阮籍诗出于《小雅》，其余递相祖袭，虽各有师承，而去《风》《雅》犹未远也。自魏晋至宋，雅奥清丽，尤盛于江左；齐梁以下，不足道矣。唐初，尚矜徐、庾风气，逮陈子昂始变。若老杜，则凛然欲方驾屈、宋，而能允蹈之者。（《风月堂诗话》卷上）

■ [宋] 晁公武

子昂少以豪侠使气，及冠，折节为学，精究坟籍，耽爱黄老易象，尤善属文。唐兴，文章承徐、庾余风，天下祖尚，至是始变雅正。故虽无风节，而唐之名人无不推之。（《郡斋读书志》卷四上）

■ [宋] 员兴宗

陈子昂韩退之策

国初深于道者，其惟柳子乎！开之自名曰："吾将开天下之耳目也，明先王之道于时也，一代之文开于今也。"故柳之文，一传而为穆修，穆修传于尹洙，尹洙传于先正欧阳公。人知者以古文非柳倡之，实肇玉欧阳，不知欧阳之本承于柳也，斯亦善原文哉！夫唐之文亦犹是也。所谓欧阳，则韩愈似之；所谓柳氏，则子昂似之。文传太原卢藏用，藏用传苏源明，源明则退之之所师友也。不知者以退之倡古文于唐，知者以为无陈而无以为之也。故其言非苟也，为可传也；其道非妄也，为可继也。故卢藏用曰："道丧五百岁而起子昂。"其此之谓与。虽然，君子独行则无徒也，独唱则无和也，其后善继，则退之之力也。故杜牧曰："唐三百岁而有退之。"其此之谓与。盖尝辨之：学正则识正，识正则文无往而不正也。故子昂《昭夷碣》为辨议之止，《徐君之议》为笺表之正，《神凤》之章为辞章之正，其《感遇》则正于诗者也。盖子昂之文，惟正则取，不正不学也。然则相承而至退之，亦其有力哉！故退之亦畏之，盖尝曰："唐兴，陈子昂、苏源明、元结、杜甫、李白，皆其善鸣者。"此之谓也。虽两君之才，纵横颠倒，而卒亦可贬，何者？以其才可穷也。退之穷于识，子昂穷于权。穷于识，其弊也讲之不精；穷于权，其弊也处之不智。讲之不精，故知斥佛老，不知斥墨也；处之不智，故不死于国，而死于下吏也。呜呼！通于大道而识进退存亡者，惟三代之英与！二子何预焉？（《九华集》卷九）

■ [宋] 洪迈

唐黄御史公集序（节录）

词章关乎气运，于唐尤验云。唐兴三百年，气运升降其间，而诗文因之。自晋阳举义，开馆宫西以延文学，竞用词赋取士，士以操觚显者，无虑数百家。大都始沿江左颓习，竞于缔绘，耽披靡而乏气骨。伯玉奋然洗刷，沈、宋、燕、许辈出振响，以至贞元、长庆，经术大明，修古弥众。于时墨儒词匠，所为诗若文咸矩矱自然，不以雕饰为工，相与赞翊道真，赓飏鸿化，斯为锵锵尔雅。（《唐黄御史文集》卷首）

■ [宋] 赵次公

杜工部草堂记

自孔、孟微言之既绝，而诗之旨不传。区区惜别，已失于汉；华丽委靡，又失于六朝。唐自陈子昂、王摩诘沉涵醇隐，稍为近古，而造之未深，其明教化者无闻焉。至李、杜号诗人之雄，而白之诗多在于风月草木之间、神仙虚无之说，亦何补于教化哉？惟杜陵野老负王佐之才，有意当世，而肮脏不偶，胸中所蕴，一切写之以诗。（嘉靖版《四川总志》卷三九）

■ [宋] 朱熹

斋居感兴二十首序

余读陈子昂《感遇》诗，爱其词旨幽邃，音节豪宕，非当世词人所及。如丹

砂空青，金膏水碧，虽近乏世用，而实物外难得自然之奇宝。（《朱子全书》卷六六）

李太白诗，非无法度，乃从容于法度之中，盖圣于诗者也。《古风》两卷，多效陈子昂，亦有全用其句处。太白去子昂不远，其尊慕之如此。（《朱子语类》卷一四〇）

■[宋]叶适

旧史陈子昂入《文苑传》，止载谏返葬长安、谏雅州生羌二书。而新史别为传，所载甚多，及言"变徐、庾体，始追雅正"，又言"学堂至今犹存"，盖用韩愈辈语，以唐古文所起尊异之也。然与傅奕、吕才同列，则不伦甚矣。又嗤其劝武后兴明堂太学，"荐圭璧于房闼，以脂泽污漫之"，则轻侮甚矣！惟圣贤自为出处，余则因时各系其所逢。如子昂，终始一武后尔，吐其所怀，信其所学，不得不然，可无訾也。旧史言："子昂父为县令段简所辱，遽还乡里，简乃因事收系狱中，忧愤而卒。"而新史乃言："父老，表解官归侍，诏以官归养。段简贪暴，闻其富，欲害子昂。家人纳钱二十万缗，简薄其赂，捕送狱中。"子昂名重朝廷，简何人？犹以二十万缗为少而杀之，虽梁冀之恶不过。恐所载两未真也。（《习学记言序目》卷四一）

■[宋]戴复古

论诗十绝（其六）

飘零忧国杜陵老，感寓伤时陈子昂。近日不闻秋鹤唳，乱蝉无数噪斜阳。（《石屏诗集》卷七）

■[宋]陈振孙

子昂为《明堂议》《神凤颂》，纳忠贡谀于孽后之朝，大节不足言矣！然其诗文在唐初实首起八代之衰者，韩退之《荐士》诗言："国朝盛文章，子昂始高

蹈。"非虚语也。（《直斋书录解题》卷一六）

■ [宋] 岳珂

陈子昂无端帖（节录）

麟台正字垂拱臣，手持鸿笔扶金轮。喔咿自拟教牝晨，尚欲圭璧全其身。笔精墨妙虽有神，千载乃作无端人。以人废言古所闻，尚可展卷书吾绅。（《宝真斋法书赞》卷五）

■ [宋] 刘克庄

唐初王、杨、沈、宋擅名，然不脱齐梁之体。独陈拾遗首倡高雅冲澹之音，一扫六代之纤弱，趋于黄初、建安矣。太白、韦、柳继出，皆自子昂发之。如："世人拘目见，酤酒笑丹经。昆仑有瑶树，安得采其英。"如："林居病时久，水木澹孤清。闲卧观物化，悠悠念群生。青春始萌达，朱火已满盈。徂落方自此，感叹何时平！"如："务光让天下，商贾竞刀锥。已矣行采芝，万世同一时。"如："吾爱鬼谷子，青溪无垢氛。囊括经世道，遗身在白云。舒可弥宇宙，卷之不盈分。岂徒山木寿，空与麋鹿群。"如："临岐泣世道，天命良悠悠。昔日殷王子，玉马遂朝周。宝鼎沦伊榖，瑶台成古丘。西山伤遗老，东陵有故侯。"皆蝉蜕翰墨畦迳，读之使人有眼空四海、神游八极之兴。（《后村先生大全集》卷一七三）

此六十八首（编者注：李白《古风》），与陈拾遗《感遇》之作，笔力相上下，唐诸人皆在下风。（《后村先生大全集》卷一七三）

卢藏用序陈拾遗集，称其"崛起江汉，虎视函夏，卓立千古，横制颓波，天下翕然，质文一变"。至于《感遇》之篇，则"感激顿挫，微显阐幽，庶几见变化之朕，以接乎天人之际"。韩、柳未出之前，能为此论，亦可谓之知言矣。（《后村先生大全集》卷一七六）

陈拾遗、李翰林一流人。陈之言曰："汉魏风骨，晋、宋莫传。仆尝暇时观齐、梁间诗，彩丽虽繁，而兴寄都绝，每以永叹。"李之言曰："梁、陈以来，艳薄斯极，沈休文又尚以声律，将复古道，非我而谁？"陈《感遇》三十八首，李《古风》六十六首，真可以扫齐、梁之弊，而追还黄初、建安矣。（《后村先生大全集》卷一七六）

■ [宋] 刘辰翁

古诗惟《参同契》似先秦文，他如道家《生神章》《度人歌》类欲少异世人者。此诗（编者注：《感遇》诗）于音节犹不甚近，独刊落凡语，存之隐约，在建安后自为一家。虽未极畅达，如金如玉，概有其质矣。（《唐诗品汇》卷三引）

■ [金] 元好问

论诗三十首（其八）

沈宋横驰翰墨场，风流初不废齐梁。论功若准平吴例，合著黄金铸子昂。（《遗山先生文集》卷一一）

东坡诗雅引（节录）

五言以来，六朝之谢、陶，唐之陈子昂、韦应物、柳子厚，最为近风雅。自余多以杂体为之，诗之亡久矣。杂体愈备，则去风雅愈远，其理然也。（《遗山先生文集》卷三六）

■ [元] 方回

刘元晖诗摘评（节录）

唐诗固是杜陵第一，然陈子昂、宋之问初为律诗，杜之所宗；李太白、元次山，杜之所畏；韩、柳又岂全不足数乎？……盖学问必取诸人以为善，杜陵集众美而大成，谓有一杜陵而天下皆无人，可乎？（《桐江集》卷三）

学艺圃小集序（节录）

予于晋独推陶彭泽一人，格高足可方嵇、阮。唐推陈子昂、杜子美、元次山、韩退之、柳子厚、刘禹锡、韦应物。宋推欧、梅、黄、陈、苏长公、张文潜，而于其中以四人为格之尤高：鲁直、无己，足配渊明、子美为四也。（《桐江集》卷三）

陈拾遗子昂，唐之诗祖也。不但《感遇》诗三十八首为古体之祖，其律诗亦近体之祖也。《白帝》《岘山》二首极佳，已入"怀古类"，今揭此一诗（编者注：《度荆门望楚》）为诸选之冠。陈子昂、杜审言、宋之问、沈佺期俱同时，而皆精于律诗；孟浩然、李白、王维、贾至、高适、岑参与杜甫同时，而律诗不出则已，出则亦足与杜甫相上下。唐诗一时之盛，有如此十一人，伟哉！（《瀛奎律髓》卷一）

陈子昂才高于沈佺期、宋之问，惟杜审言可相对。此四人唐律在老杜以前，所谓律体之祖也。（《瀛奎律髓》卷二四）

■ [元] 马端临

陈拾遗诗语高妙，绝出齐梁，诚如先儒之论；至其他文，则不脱偶俪卑弱之体，未见其有以异于王、杨、沈、宋也。然韩吏部、柳仪曹盛有推许：韩言"国朝盛文章，子昂始高蹈"，柳言"备比兴著述二者而不作"，则不特称其诗而已。二公非轻以文许人者，此论所未谕。本传载其兴明堂、建太学等疏，其言虽美，而陈之于牝朝，则非所宜。史赞所谓"荐圭璧于房闼，以脂泽污漫之"，信矣。（《文献通考》卷二三一）

■ [元] 杨士弘

唐音序

夫诗莫盛于唐，李、杜文章，冠绝万世，后之言诗者，皆知李、杜之为宗也……若太白登黄鹤楼，独推崔颢为杰作；游郎官湖，复叹张谓之逸兴；拟古之诗，则仿佛乎陈伯玉。古之人不独自专其美，相与发明斯道者如是，故其言皆足以没世不忘也。（《唐音》卷首）

■ [元] 文礼恺

金华书院记（节录）

唐拾遗陈子昂先生，梓之射洪人，其读书址在县之金华，其墓在县独坐山，其文翰议论在史册，天下学者，至今景慕，如在目前……唐兴，犹扇徐、庚风，独子昂先生起布衣，奋然高蹈，追媲《六经》，与西汉并驾。不幸嗣君废御，牡鸡鸣晨，剪灭亲贤。斯时也，罗织纷纭之狱起，在朝公卿，方视爵禄为鬼符，禁暗惴惴，保首领之不暇。而先生以一秘书正字，悼人之冤，悯国之危，以崇德缓刑，抚慰宗室，引古证今，反覆论谏。又愿兴大学以教胄子，止击羌之役以保全蜀。凡有利害于天下，知无不言。史臣称其"词婉意切"，信乎其知言矣！后之评史者，谓先生谏说武后，非狄公仁杰比。或者讥其失言，以武后不可与之言，遂谓事同而情异。殊不究夫先生所谓抚慰宗室者，果何意乎？其为唐室谋深矣。则先生之心，即狄公之心也。但狄公言之于武后衰老悔悟之际，其势为甚易，所以成反正之功。先生言之于武后淫虐方炽之时，其势为甚难，非惟不见听，竟殒于贼奸之手。自古不可以成败论人，原其心可也。惟先生以忠厚之心，恻恒之意，陈救时谆切之言；以正大高明之学，著雄深雅健之文。致杜子美、韩退之继作，咸推服为先倡，其有补于名教如此，崇而祀之，礼也。（嘉庆版《射洪县志》卷十六）

■ [明] 宋濂

答章秀才论诗书（节录）

唐初承陈、隋之弊，多尊徐、庚，遂致颓靡不振。张子寿、苏廷硕、张道济相继而兴，各以风雅为师；而卢升之、王子安务欲凌跨三谢；刘希夷、王昌龄、沈云卿、宋少连亦欲蹴驾江、薛，固无不可者。奈何溺于久习，终不能改其旧，甚至以律法相高，益有四声八病之嫌矣。惟陈伯玉痛惩其弊，专师汉、魏，而友景纯、渊明，可谓挺然不群之士，复古之功，于是为大。（《宋文宪公全集》卷三七）

题许先生古诗后（节录）

夫自陈伯玉倡为《感遇》诗三十八首，而李太白继作，遂衍为五十有九，君子称其得风雅之正。（《宋文宪公全集》卷四五）

■ [明] 刘基

苏平仲文集序（节录）

西汉之文所以为盛，国祚绝而复续，如元气之不坏，而乾坤不死也……继汉而有九，有享国延祚最久者，唐也。故其诗文有陈子昂，而继以李、杜，有韩退之，而和以柳，于是唐不让汉，则此数公之力也。（《诚意伯文集》卷五）

■ [明] 高棅

唐兴，文章承陈、隋之弊，子昂始变雅正，夐然独立，超迈时髦。初为《感遇诗》，王适见之曰："是必为海内文宗。"噫！公之高才倜傥，乐交好施，学不为儒，务求真适；文不按古，仁兴而成。观其音响冲和，词旨幽邃，浑浑然有平大之意，若公输氏当巧而不用者也。故能掩王、卢之靡韵，抑沈、宋之新声，继往开来，中流砥柱，上遏贞观之微波，下决开元之正派。呜呼，盛哉！（《唐诗品汇·五言古诗叙目》）

律体之兴，虽自唐始，盖由梁陈以来，俪句之渐也……唐初工之者众，王、杨、卢、骆四君子，以俪句相尚，美丽相矜，终未脱陈、隋之气习。神龙以后，陈、杜、沈、宋、苏颋、李峤、二张说、九龄之流，相与继述，而此体始盛。（《唐诗品汇·五言律诗叙目》）

排律之作，其源自颜、谢诸人古诗之变，首尾排句，联对精密。梁、陈以还，俪句尤切。唐兴，始专此体，与古诗差别。贞观初，作者尤未备。永徽以下，王、杨、卢、骆倡之于前，陈、杜、沈、宋极之于后，苏颋、二张又从而申之。其文辞之美，篇什之盛，盖由四海宴安，万机多暇，君臣游豫赓歌而得之者。（《唐诗品汇·五言排律叙目》）

■ [明] 吴纳

唐初，承陈、隋之弊，惟陈伯玉专师汉、魏以及渊明，复古之功，于是为大。迨开元中，有杜子美之才瞻学优，兼尽众体；李太白之格调放逸，变化莫羁。继此则有韦应物、柳子厚，发秾纤于简古，寄至味于淡泊，有非众人之所能及也。自是而后，律诗日盛，而古学日衰矣。（《文章辨体序说·古诗·五言》）

■ [明] 李梦阳

再与何氏书（节录）

君必苦读子昂、必简诗，庶获不远之复，亦知予言之不妄。不然，终身野狐外道耳。（《空同集》卷六十二）

■ [明] 徐献忠

唐初律体声华并隆，音节兼美，属梁、陈之艳藻，铲末路之靡薄，可谓盛矣，而古诗之流，尚阻蹊径。拾遗洗濯浮华，断新雕朴，挺然自树，兴寄颇远。（《雅伦》卷二引）

■ [明] 张颐

陈伯玉文集序（节录）

诗自《三百篇》而下，惟汉魏音韵风骨犹近于古，逮夫两晋，骎骎而变。胚胎于宋，浮靡于齐、梁，至于陈、隋极炽，而雅音几乎熄矣。有唐之兴，文运渐启，虽四杰四友称美于时，然其流风余韵，渐染既久，未能悉除。则天时，蜀之射洪人陈公子昂字伯玉者，一旦崛起西南，以高明之见，首唱平淡清雅之音，袭骚雅之风，力排雕镂凡近之气。其学博，其才高，其音节冲和，其辞旨幽远，超轶前古，尽扫六朝弊习，譬犹砥柱屹立于万顷颓波之中，阳气勃起于重泉积阴之下，旧习为之一变，万汇为之改观。故李太白、韦苏州、柳柳州相继而起，皆踵伯玉之高风，俾后世称仰叹慕之不暇，可谓诗人之雄矣。其文虽有六朝唐初气味，然其奏疏数章，亦有用世之志。惜其全集世不多见，其诗文见于他集者亦甚少。（明杨澄校正本《陈伯玉文集》卷首）

■ [明] 杨最

读书台吊陈拾遗

峻岭停骖宿雾开，书堂冷落长莓苔。雄才敢拂妖鸡焰，薄贿难消狴犴灾。《感遇》千秋留旧简，精灵终古护荒台。蒿莱满目增悲恨，碣断碑残更可哀。（咸丰四年射东陈氏来凤堂刊本《陈伯玉集》附录）

■ [明] 郎瑛

五言古诗源于汉之苏、李，流于魏之曹、刘，乃其冠也。汪洋乎两晋，靖节最为高古。元嘉以后，虽有三谢诸人，渐为镂刻。迨唐陈子昂出，一扫陈、隋之弊，所谓上遏贞观之微波，下决开元之正派。（《七修类稿》卷二九）

■ [明] 杨慎

登玉京观陈子昂书台（其二）

古调今寥落，令人忆拾遗。不图垂拱世，复睹建安诗。瑟在犹清庙，碑残尚色丝。紫阳留咏后，千载有钟期。（嘉庆版《射洪县志》卷十四）

幽州台诗

陈子昂登幽州台歌云："前不见古人，后不见来者。念天地之悠悠，独怆然而涕下。"其辞简直，有汉魏之风，而文集不载。（《升庵诗话》卷六）

感遇诗

或语予曰："朱文公《感兴》诗比陈子昂《感遇》诗有理致。"予曰：譬之青裙白发之节妇，乃与靓妆袨服之宫娥，争妍取怜，埒材角妙。不惟取笑旁观，亦且自失所守。要之，不可同日而语也。彼以《拟招》续《楚辞》，《感兴》续《文选》，无见于此矣。故曰："离之则双美，合之则两伤。"要有契予言者。（《升庵诗话》卷一一）

■ [明] 李攀龙

选唐诗序（节录）

唐无五言古诗而有其古诗，陈子昂以其古诗为古诗，弗取也。七言古诗，唯杜子美不失初唐气格，而纵横有之。太白纵横，往往强弩之末，间杂长语，英雄欺人耳。（《古今诗删》卷一〇）

■ [明] 王世贞

阮公《咏怀》，远近之间，遇境即际，兴穷即止，坐不着论宗佳耳。人乃谓陈子昂胜之，何必，子昂宁无感兴乎哉？（《艺苑卮言》卷三）

陈正字淘洗六朝，铅华都尽，托寄大阮，微加断裁，而天韵不及。律体时时入古，亦是矫枉之过。（《艺苑卮言》卷四）

■ [明] 胡应麟

四杰，梁、陈也；子昂，阮也；高、岑，沈、鲍也；曲江、鹿门、右丞、常尉、昌龄、光羲、宗元、应物，陶也。惟杜陵《出塞》乐府有汉、魏风，而唐人本色时露。太白讥薄建安，实步兵、记室、康乐、宣城及拾遗格调耳。李于鳞云："唐无五言古诗而有其古诗。"可谓具眼。（《诗薮·内编》卷二）

唐初承袭梁、隋，陈子昂独开古雅之源，张子寿首创清澹之派。盛唐继起，孟浩然、王维、储光羲、常建、韦应物，本曲江之清澹，而益以风神者也。高适、岑参、王昌龄、李颀、孟云卿，本子昂之古雅，而加以气骨者也。（《诗薮·内编》卷二）

子昂《感遇》，尽削浮靡，一振古雅，唐初自是杰出。盖魏晋之后，惟此尚有步兵余韵，虽不得与宋齐诸子并论，然不可概以唐人。近世故加贬抑，似非笃论。第自三十八章外，余自是陈、隋格调，与《感遇》如出二手。（《诗薮·内编》卷二）

五言律体，极盛于唐，要其大端，亦有二格：陈、杜、沈、宋，典丽精工；王、孟、储、韦，清空闲远，此其概也。（《诗薮·内编》卷四）

初、盛间五言古，陈子昂为冠。（《诗薮·内编》卷四）

王、杨、卢、骆以词胜，沈、宋、陈、杜以格胜，高、岑、王、孟以韵胜。词胜而后有格，格胜而后有韵，自然之理也。（《诗薮·外编》卷四）

柳仪曹曰："张燕公以著述之余，攻比兴而莫能极。张曲江以比兴之暇，攻著述而不克备。唐兴以来，称是选而不作者，梓潼陈拾遗。"马端临氏曰："拾遗诗语高妙，至他文则不脱偶俪，未见其异于王、杨、沈、宋也。"按昌黎"国朝盛文章，子昂始高蹈"，中及李、杜而未言孟郊，其意盖专在于诗。柳言颇过，故应马氏有异论也。（《诗薮·外编》卷四）

宋人一代，沾沾自相煦沫，读其遗言，大概如入夜郎王国耳。惟朱元晦究心古学，于骚则注释灵均，于赋则发扬司马，于诗则指归伯玉，于文则考订昌黎，皆切中肯綮，即后世名文章家，不能易也。（《诗薮·外编》卷五）

宋之学陈子昂者，朱元晦。（《诗薮·外编》卷五）

元五言古，率祖唐人。赵子昂规陈伯玉，黄晋卿仿孟浩然。（《诗薮·外编》卷六）

■ [明] 胡震亨

唐人推重子昂，自卢黄门后，不一而足。如杜子美则云："有才继骚雅""名与日月悬"。韩退之则云："国朝盛文章，子昂始高蹈。"独颜真卿有异论，僧皎然采而著之《诗式》。近代李于鳞加贬尤剧。余谓诸贤轩轾，各有深意。子昂自以复古反正，于有唐一代诗功为大耳。正如夥涉为王，殿屋非必沉沉，但大泽一呼，为群雄驱先，自不得不取冠汉史。（《唐音癸签》卷五）

■ [明] 钟惺

予尝谓陈子昂、张九龄《感遇》诗格韵兴味有远出《咏怀》上者，此语不可告千古聩人，请即质之阮公。（《古诗归》卷七）

初唐至陈子昂，始觉诗中有一世界，无论一洗偏安之陋，并开创草昧之意，亦无之矣。以至沈、宋、燕公、曲江诸家所至不同，皆有一片广大清明气象，真正风雅。（《唐诗归》卷二）

子昂《感遇》，自为澹古宵眇之音，意多言外，旨无专属，不当逐句求之。（《唐诗归》卷二）

《感遇》数诗，其韵度虽与阮籍《咏怀》稍相近，身分铢两，实远过之。俗人眼耳贱近贵远，不信也。（《唐诗归》卷二）

陈正字律中有古，却深重；李太白以古为律，却轻浅。身分气运所关，不可不知。（《唐诗归》卷二）

《感遇》诗，正字气韵蕴含，曲江精神秀出；正字深奇，曲江淹密。各有至处，皆出前人之上。盖五言古，诗之本原，唐人先用全力付之，而诸体从此分焉。彼（编者注：李攀龙）谓"唐无五言古诗而有其古诗"，本之则无，不知更以何者而看唐人诸体也。（《唐诗归》卷五）

■[明] 许学夷

五言自汉魏流至元嘉而古体亡，自齐梁流至初唐而古律混淆，词语绮靡。陈子昂始复古体，效阮公《咏怀》为《感遇》三十八首，王适见之，曰："是必为海内文宗。"然李于鳞云："唐无五言古诗而有其古诗，陈子昂以其古诗为古诗，弗取也。"何耶？盖子昂《感遇》虽仅复古，然终是唐人古诗，非汉魏古诗也。且其诗尚杂用律句，平韵者犹忌上尾。至如《鸳鸯篇》《修竹篇》等，亦皆古、律混淆，自是六朝余弊，正犹叔孙通之兴礼乐耳。（《诗源辩体》卷一三）

子昂五言近体，律虽未成，而语甚雄伟，武德以还，绮靡之习，一洗顿尽。（《诗源辩体》卷一三）

初唐五言，虽自陈子昂始复古体，然辅之者尚少。沈佺期、宋之问古诗尚多杂用律体，平韵者尤忌上尾，即唐古而未纯，未可采录也。（《诗源辩体》卷一三）

■[明] 谭元春

子昂《感遇》诸诗，有似丹书者，有似《易》注者，有似《咏史》者，有似《读山海经》者，奇奥变化，莫可端倪，真又是一天地矣。（《唐诗归》卷二）

■[清] 冯班

唐自沈、宋已前，有齐、梁诗，无古诗也，气格亦有差古者，然其文皆有声病。沈、宋既裁新体，陈子昂崛起，于数百年后直追阮公，创辟古诗，唐诗遂有

两体。（《钝吟杂录》卷三《正俗》）

古诗之视律体，非直声律相诡也，筋骨气格，文字作用，迥然不同矣。然亦人人自有法，无定体也。陈子昂上效阮公，感兴之文，千古绝唱，格调不用沈、宋新法，谓之古诗，唐人自此诗有古、律二体。云古者，对近体而言也。（《钝吟杂录》卷三《正俗》）

李于鳞云："唐无五言古诗，陈子昂以其古诗为古诗。"立论甚高，细详之，全是不可通。只如律诗始于沈、宋，开元、天宝已变矣，又可云盛唐无律诗，杜子美以其律诗为律诗乎？子昂法阮公，尚不谓古，则于鳞之古，当以何时为断？若云未能似阮公，则于鳞之五言古，视古人定何如耶？有目者共鉴之。（《钝吟杂录》卷三《正俗》）

■ [清] 贺贻孙

作诗有一题数首，而起结雷同，最是大病。如陈正字《感遇》诸篇起句云"吾观龙变化"，又云"吾观昆仑化"，又云"深居观元化"，又云"幽居观大运"是也。且其病不止于此，凡《感遇》《咏怀》，须直说胸臆，巧思夸语，无所用之。正字篇中屡用"仲尼""老聃""西方""金仙""日月""昆仑"等语者，非本色也。若张曲江《感遇》，则语语本色，绝无门面矣，而一种孤劲秀澹之致，对之令人意消。盖诗品也，而人品系之。"草木有本心，何求美人折？"三复此语，为之浮白。大抵正字别有佳处，不专在《感遇》数诗。《感遇》三十八篇虽矫矫不群，然吾所爱者，"吾观龙变化"一首耳。（《诗筏》）

■ [清] 王夫之

陈子昂以诗名于唐，非但文士之选也，使得明君以尽其才，驾马周而颉颃姚崇，以为大臣可矣。其论开间道击吐蕃，既经国之远猷。且当武氏戕杀诸王、凶威方烈之日，请抚慰宗室，各使自安，撄其虓怒而不畏，抑陈酷吏滥杀之恶，求为伸理，言天下之不敢言。而贼臣凶党，弗能加害，固有以服其心而夺其魄者，岂冒昧无择而以身试虎吻哉？故曰：以为大臣任社稷而可也。载观武氏之世，人不保其首领宗族者，蔑不岌岌也。而子昂与苏安恒、朱敬则、韦安石，皆犯群凶，持正论而不挠；李昭德、魏元忠、李日知，虽贬窜而终不与傅游艺、王庆之、侯思止、来俊臣等同受显戮。由是言之，则武氏虽怀滔天之恶，抑何尝不可秉正以抑其妄哉？而高宗方没、中宗初立之际，举国之臣，缩项容头，以乐推武氏，废夺其君，无异议者。向令有子昂等林立于廷，裴炎、傅游艺其能雠慝以移九鼎乎？（《读通鉴论》卷二一）

子昂以亢爽凌人，乃其怀来，气不充体，则亦酸寒中壮夫耳。徒此融液初终，以神行而不以机牵，摇荡古今，岂但其太言之赫赫哉！（《唐诗评选》卷一）

（编者注：《送客》）大概与吴均、柳浑相为出入，唐人五言佳境，力尽此矣。正字意不自禁，乃别为褊急率滞之词，若将度越然者，而五言遂自是而亡。历下谓"子昂以其古诗为古诗，非古也"，若非古而犹然为诗，亦何妨？风以世移，正字《感遇》诗似诵、似说、似狱词、似讲义，乃不复似诗，何有于古？故曰：五言古自是而亡。然千百什一，则前有供奉，后有苏州，固不为衰音乱节所移，又不得以正字而概言唐无五言古诗也。（《唐诗评选》卷二）

正字古诗亢爽，一任血气之勇，如戟手语。使移此手笔作彼体，则去古人不远，何至破裂风雅？（《唐诗评选》卷三）

《大雅》中理语造极精微，除是周公道得，汉以下无人能嗣其响。陈正字、张曲江始倡《感遇》之作，虽所诣不深，而本地风光，骀宕人性情，以引名教之乐者，风雅源流，于斯不昧矣。朱子和陈、张之作，亦旷世而一遇。此后唯陈白沙为能以风韵写天真，使读之者如脱钩而游杜蘅之沚。（《姜斋诗话》卷下）

建立门庭，自建安始………唐初比偶，即有陈子昂、张子寿扢扬《大雅》，继以李、杜代兴，杯酒论文，雅称同调；而李不袭杜，杜不谋李，未尝党同伐异，画疆墨守。沿及宋人，始争疆垒。（《姜斋诗话》卷下）

■ [清] 朱鹤龄

汪周士诗稿序（节录）

夫古之作者，纂绪造端，沦澜百变，而其中必有根柢焉。上之补裨风化，下之陶写性情。如伯玉《感遇》三十八首，伯玉诗之根柢也。太白《古风》五十九首，太白诗之根柢也。（《愚庵小集》卷八）

《感遇》诗多感叹武后革命事，寓旨神仙，故公（杜甫）以"忠义"称之。（《杜工部诗集注》卷九）

■ [清] 吴乔

问曰：何为性情？答曰：圣人以"思无邪"蔽《三百篇》，性情之谓也。《国风》好色，《小雅》怨诽，发乎情也；不淫不乱，止乎礼义，性也。乐而不淫，哀而不伤，亦言此也。此意晋、魏不失，梁、陈尽矣。陈拾遗挽之使正，以后淫伤之词与无邪者错出。杜诗所以独高者，以不违无邪之训耳。（《围炉诗话》卷一）

陈伯玉诗之复古，与昌黎之文同功。（《围炉诗话》卷二）

王绩《野望》诗，陈拾遗之前旌也。（《围炉诗话》卷二）

复古须是陈拾遗之诗，韩退之之文，乃足当之。献吉捃剥盛唐，元美捃剥班、马，妄称复古，遗祸无识。（《围炉诗话》卷六）

■ [清] 叶燮

盛唐诸诗人，惟能不为建安之古诗，吾乃谓唐有古诗。若必摹汉魏之声调字句，此汉魏有诗，而唐无古诗矣。且彼（编者注：李攀龙）所谓"陈子昂以其古诗为古诗"，正惟陈子昂能自为古诗，所以为子昂之诗耳。然吾犹谓子昂古诗，尚蹈袭汉魏蹊径，竟有全似阮籍《咏怀》之作者，失自家体段，犹訾子昂不能以其古诗为古诗，乃翻勿取其自为古诗，不亦异乎？（《原诗》卷一《内篇》上）

■ [清] 王士禛

唐五言古诗凡数变，约而举之：夺魏、晋之风骨，变梁、陈之俳优，陈伯玉之力最大，曲江公继之，太白又继之。《感遇》《古风》诸篇，可追嗣宗《咏怀》、景阳《杂诗》。贞元、元和间，韦苏州古澹，柳柳州峻洁，二公于唐音之中，超然复古，非可以风会论者。今辄取五家之作，附于汉、魏、六代作者之后。李诗篇目浩繁，仅取《古风》，未遑悉录。然四唐古诗之变，可以略睹焉。（《带经堂诗话》卷四）

《陈子昂文集》十卷，诗赋二卷，杂文八卷，与《陈氏别传》及《经籍志》合。子昂五言诗力变齐、梁，不须言；其表、序、碑、记等作，沿袭颓波，无可观者。第七卷《上大周受命颂表》一篇，《大周受命颂》四章，曰"神凤"，曰"赤雀""庆云""岷颂"，其辞诡诞不经，至云"乃命有司正皇典，恢帝纲，建大周之统历，革旧唐之遗号。在宥天下，咸与惟新，赐皇帝姓曰武氏。臣闻王者受命，必有锡姓，轩辕二十五子，班为十二姓，高阳才子二八，名为十六族。故圣人起则命历昌，必有锡姓之规"云云。集中又有《请追上太原王帝号表》，太原王者，士蒦也。此与扬雄《剧秦美新》无异，殆又过之，其下笔时不知世有节义廉耻事矣。子昂真无忌惮之小人哉！诗虽美，吾不欲观之矣。子昂后死贪令段简之手，殆高祖、太宗之灵假手殛之耳。（《香祖笔记》卷三）

■ [清] 宋荦

阮嗣宗《咏怀》、陈子昂《感遇》、李太白《古风》、韦苏州《拟古》，皆得《十九首》遗意。于鳞云："唐无古诗而有其古诗。"彼仅以苏、李、《十九首》为古诗耳。然则子昂、太白诸公非古诗乎？余意历代五古，各有擅场，不第唐之王、孟、韦、柳，即宋之苏、黄、梅、陆，要是斐然，而必以少陵为归墟。（《漫堂说诗》）

律诗盛于唐，而五言律为尤盛。神龙以后，陈（子昂）、杜（审言）、沈、宋开其先，李、杜、高、岑、王、孟诸家继起，卓然名家。（《漫堂说诗》）

初唐王、杨、卢、骆倡为排律，陈、杜、沈、宋继之，大约侍从游宴应制之篇居多，所称"台阁体"也。虽风容色泽，竞相夸胜，未免数见不鲜。（《漫堂说诗》）

■ [清] 张历友

五言之至者，其惟《十九首》乎！其次则两汉诸家及鲍明远、陶彭泽，骎骎乎古人矣。子建健哉，而伤于丽，然抑五言圣境矣。韦苏州其后劲也，陈子昂遁入道书矣。（《师友诗传录》）

■ [清] 钱良择

古诗四言五言论（节录）

自永明以讫唐之神龙、景云，有齐梁体，无古诗也；虽其气格近古者，其文皆有声病。陈子昂崛起，始创辟为古诗，至李、杜益张而大之，于是永明之格渐微。今人弗考，遂概以为古诗，误也。（《唐音审体》）

齐梁体论

陈拾遗与沈、宋、王、杨、卢、骆时代相同，诸家皆有律诗，盖沈、宋倡之。古诗止拾遗独擅，余皆齐梁格也。（《唐音审体》）

古诗七言论（节录）

七言始于汉歌行，盛于梁。梁元帝为《燕歌行》，群下和之，自是作者迭出，唐初诸家皆效之。陈拾遗创五言古诗，变齐梁之格，未及七言也。（《唐音审体》）

■ [清] 沈德潜

隋炀帝艳情篇什，同符后主，而边塞诸作，铿然独异，剥极将复之候也。杨素幽思健笔，词气清苍。后此射洪陈子昂、曲江张九龄，起衰中立，此为胜、广云。（《说诗晬语》卷上）

唐显庆、龙朔间，承陈、隋之遗，几无五言古诗矣。陈伯玉力扫俳优，仰追曩哲，读《感遇》等章，何啻黄初、正始间也。张曲江、李供奉继起，风裁各异，原本阮公。唐体中能复古者，以三家为最。（《说诗晬语》卷上）

五言律，阴铿、何逊、庾信、徐陵已开其体。唐初人研揣声音，稳顺体势，其制乃备。神龙之世，陈、杜、沈、宋，浑金璞玉，不须追琢，自然名贵。开、宝以来，李太白之明丽，王摩诘、孟浩然之自得，分道扬镳，并推极胜。杜子美独辟畦径，寓纵横排奡于整密中，故应包涵一切。终唐之世，变态虽多，无有越诸家之范围者矣。以此求之，有余师焉。（《说诗晬语》卷上）

长律所尚，在气局严整，属对工切，段落分明，而其要在开阖相生，不露铺叙转折过接之迹，使语排而忘其为排，斯能事矣。唐初应制、赠送诸篇，王、杨、卢、骆、陈、杜、沈、宋、燕、许、曲江，并皆佳妙。少陵出而瑰奇鸿丽，一变故方，此后无能为役。（《说诗晬语》卷上）

（编者注：陈子昂）追建安之风骨，变齐、梁之绮靡，寄兴无端，别有天地。昌黎《荐士》诗云："国朝盛文章，子昂始高蹈。"良然。（《唐诗别裁

集》卷一）

（编者注：《感遇》）感于心，因于遇，犹庄子之寓言也，与感知遇意自别。（《唐诗别裁集》卷一）

唐初五言古，渐趋于律，风格未遒。陈正字起衰而诗品始正，张曲江继续而诗品乃醇。（《唐诗别裁集》卷一）

《感遇》诗，正字古奥，曲江蕴藉，本原同出嗣宗，而精神面目各别，所以千古。（《唐诗别裁集》卷一）

■[清] 黄子云

唐初伯玉、云卿诸公，独创法局，运雄伟之斤，斫衰靡之习，而使淳风再造，不愧骚雅元勋。所嫌意不加新，而词稍粗率耳。（《野鸿诗的》）

■[清] 纪昀

《陈拾遗集》十卷（原注：内府藏本），唐陈子昂撰。子昂事迹具《唐书》本传及卢藏用所为《别传》。唐初文章，不脱陈、隋旧习，子昂始奋发自为，追古作者。韩愈诗云："国朝盛文章，子昂始高蹈。"柳宗元亦谓："张说工著述，张九龄善比兴，兼备者子昂而已。"马端临《文献通考》乃谓："子昂惟诗语高妙，其他文则不脱偶俪卑弱之体。韩柳之论不专称其诗，皆所未喻。"今观其集，惟诸表、序犹沿排俪之习，若论事书疏之类，实疏朴近古，韩柳之论未为非也。子昂尝上书武后，请兴明堂太学，宋祁《新唐书》传赞以为"荐圭璧于房闼，以脂泽污漫之"，其文今载集中。王士禛《香祖笔记》又举其《大周受命颂》四章、进表一篇、《请追卜太原王帝号表》篇，以为"视《剧秦美新》殆又过之，其下笔时不复知世有节义廉耻事"，今亦载集中。然则是集之传，特以词采见珍，譬诸荡姬佚女，以色艺冠一世，而不可以礼法绳之者也。（《四库全书总目》卷一四九）

■ [清] 翁方纲

唐初群雅竞奏，然尚沿六代余波，独至陈伯玉崭兀英奇，风骨峻上。盖其诣力，毕见于与东方左史一书。（《石洲诗话》卷一）

子昂、太白盖皆疾梁、陈之艳薄而思复古道者。然子昂以精深复古，太白以豪放复古，必如此乃能复古耳。若其揣摹于形迹以求合，奚足言复古乎？（《石洲诗话》卷一）

元遗山《论诗》："沈宋横驰翰墨场，风流初不废齐梁。论功若准平吴例，合著黄金铸子昂。"此于论唐接六代之风会，最有关系，可与东坡"五代文章付劫灰"一首并读之。于初唐独推陈射洪，识力直接杜、韩矣。（《石洲诗话》卷七）

■ [清] 李调元

唐王、杨、卢、骆四杰，浑厚朴茂，犹是开国风气。自吾蜀陈子昂始以大雅之音，振起一代，渢渢乎清庙明堂之什矣。昌黎诗云："国朝盛文章，子昂始高蹈。"信不诬也。吾蜀文章之祖，司马相如、扬雄而后，必首推子昂。（《雨村诗话》卷下）

■ [清] 陈沆

射洪著述，斯文中兴，自李、杜推激于前，韩、柳服膺于后，于是高步三唐，横扫六代，莫不以为今古之升降，质文之轨辙焉。然逐响则同，知音罕觏，寻其湮郁，亦有端由。自宋子京《唐书》谓明堂太学之疏，"荐圭璧于房闼"；王士祯《笔记》谓《大周受命》之颂，甚剧秦而美新；又或訾《崇福观》之记，有孝明帝之称；于是末学随声，百喙一律。不有论世，曷由阐幽？请考子昂所立之朝与同朝之人，并考子昂立朝之节与去朝之日，而后质之以《感遇》之什，则心迹终始日月争光矣……坤乾易位之时，猰貐磨牙之日，偶语弃市，道路以目，历考唐人诸集，亦有片章只句，寄怀兴废，如子昂之感愤幽郁、涕泗被面下者乎？故知屈、阮之嗣音，杜陵之先导，心迹与狄、宋同符，文行掩沈、杜而上。岂比《法言》颂安汉之德，可见美新之由衷；临刑赋子房之诗，适形叛宋之矫伪哉？（《诗比兴笺》卷三）

子昂《感遇》，雄轶古今，然问其所感何遇，则皆不求甚解。于是推以玄奥，谓《阴符》《参同》；诹其音节，如古谣、乐府。趣不关理，词不附情，何异瞽史诵诗，有声无志耶？夫不求甚解，必在会意忘食之余；诗有别趣，不出惬心厌理之外。洄洑之下，必有渊潭；悦眇之词，端非浅寄。屈、宋、枚、阮，古辙可寻，得其肯綮，理解斯惠。夫古人亦何取以无谓之词，迷谬后世哉？尝考杜子美诗曰："千古立忠义，感遇有遗篇。"并世知音，实惟牙旷。此外则僧皎然谓"源于阮公《咏怀》"，朱鹤龄谓"多指武后革命"，亦并能缘少陵之词，窥射洪之隐者。惜哉末学，目比秋荼，毁赞两非，比赋如梦。至《旧唐书》谓子昂少为《感遇》三十首，王适见而许以天下文宗，此则犹太白《蜀道难》作于明皇幸蜀之后，而《唐摭言》谓贺知章见之于初至长安之时，皆小说傅会无稽，止知取其生平有名之篇，傅以生平知遇之事，而不顾岁月情事之参差，无足深辨也。诗中云"林卧观无始"，又云"林居病时久"，则是作于暮年去官归养之时。（《诗比兴笺》卷三）

■ [清] 潘德舆

人与诗有宜分别观者。人品小小缪戾，诗固不妨节取耳。若其人犯天下之大恶，则并其诗不得而恕之。故以诗而论，则阮籍之《咏怀》未离于古，陈子昂之《感遇》且居然能复古也。以人而论，则籍之党司马昭而作劝晋王笺，子昂谄武曌而上书请立武氏九庙，皆小人也。既为小人之诗，则皆宜斥之为不足道，而后世犹赞之诵之者，不以人废言也。夫不以人废言者，谓操治世之权，广听言之路，非谓学其言语也。籍与子昂诚工于言语者，学之则亦过矣。况吾尝取籍《咏怀》八十二首、子昂《感遇》三十八首反覆求之，终归于黄老无为而已。其言廓而无稽，其意奥而不明，盖本非中正之旨，故不能自达也。论其诗之体，则高拔于俗流；论其诗之义，则浸淫于隐怪。听其存亡于天地之间，可矣；赞之诵之，毋乃崇奉憸人而奖饰诐辞乎？宋人论诗，每以陶、阮并称，不知陶之天机自运，其言平易而昭明，君子之诗也；阮之荒唐隐谲，纯为避祸起见，小人之诗也，尚不逮嵇中散之朴直，何论陶彭泽哉！元人云"论功若取平吴例，合把黄金著子昂"者，亦误也。唐之复古者，始于张曲江，大于李太白。子昂与曲江先后不远。子昂《感遇》之诗，按之无实理；曲江《感遇》之诗，皆性情之中也。安得以复古之功归子昂哉？或谓昌黎称唐之文章，子昂、李、杜并列。而杜公于子昂尤三致意。《送梓州李使君》云："遇害陈公殒，于今蜀道怜。君行射洪县，为我一潸然。"《冬到金华山观》云："陈公读书堂，石柱仄青苔。悲风为我起，激烈伤雄才。"《陈拾遗故宅》云："位下曷足伤，所贵者圣贤。有才继骚雅，哲匠不并肩。公生扬马后，名与日月悬。终古立忠义，感遇有遗编。"杜公尊子昂诗，至以骚雅忠义目之，子乌得异议？曰：子昂之忠义，忠义于武氏者也，其为唐之小人，无疑也。其诗虽能扫江左之遗习，而讽谏施诸篡逆，乌得与曲江例观之？杜、韩之推许，许其才耳，吾不谓其才之劣也。若为千秋诗教定衡，吾不妨与杜、韩异。王元美云："孔雀虽有毒，不掩其文章。"谓严嵩也。究竟今人谁肯读严嵩诗者？于严嵩则严之，而宽党逆之阮籍、陈子昂，此人之颠也。不明辨，则诗教在圣教之外，而才士一门，遂为小人之逋逃薮，害岂小哉！（《养一斋诗话》卷一）

■ [清] 杨国桢

陈伯玉集序（节录）

言诗必举唐人，然扫六朝之绮丽、开一代之正声者，陈伯玉也。起衰振靡，诗中之有伯玉，犹文中之有昌黎也。昌黎之以伯玉为高蹈，宜哉！（清道光丁酉杨氏尊德堂刻本《陈子昂先生全集》卷首）

■ [清] 刘熙载

唐初四子沿陈、隋之旧，故虽才力迥绝，不免致人异议。陈射洪、张曲江独能超出一格，为李、杜开先。人文所肇，岂天运使然耶？（《艺概》卷二）

曲江之《感遇》出于《骚》，射洪之《感遇》出于《庄》，缠绵超旷，各有独至。（《艺概》卷二）

■ [清] 邓绎

唐人之学博而杂，豪侠有气之士，多出于其间。磊落奇伟，犹有西汉之遗风。而见诸文辞者，有陈子昂、李白、杜甫、韩愈、柳宗元之属，堪与谊、迁、相如、扬雄辈相驰骋以下上，抑侠、儒不相并而盛者也。故史称唐之世，儒林大衰。而诗歌之道主乎风者也，风盛则气雄，气雄则骨立，骨立则声远，声远则辞蔚，辞蔚则采鲜，故唐之诗歌，自杜甫而外，奋一艺以成名者，多至不可胜纪。（《藻川堂谭艺·三代篇》）

■ [清] 李慈铭

子昂人品不足论，其上《周受命颂》，罪百倍于扬子云之《美新》。所为诗虽力变六朝、初唐绮靡雕绘之习，然苦乏真意，盖变而未成者。《感遇》二十四首，章法杂糅，词烦意复，尤多拙率之病。缘其中无所见，理解不足，徒以气体稍近汉魏。旋得张曲江起而和之，唐音由此而振，遂为后之论诗家正宗者所不能废，元遗山至有"黄金铸子昂"之语，亦可谓幸矣。（《越缦堂读书记》）

■ [清] 王闿运

三唐风尚，人工篇什，各思所见，故不复摹古。陈、隋靡习，太宗已以清丽振之矣。陈子昂、张九龄以公干之体，自抒怀抱，李白所宗也。（《湘绮楼说诗》卷一）

■ [清] 陈书

题《渔洋精华录》

一代唐音起射洪，不争才力尽沉雄。于公阴德琅琊荫，想见升平气象同。

（《石遗室诗话》卷一引）

■[清]许印芳

士人造道，志识为先，伯玉此书（编者注：《〈修竹篇〉并序》），识议超卓，志气高远，宜其振颓靡而追风雅。昌黎《荐士》诗云："国朝盛文章，子昂始高蹈。"信非虚语。（《诗法萃编》卷六上）

■宋育仁

《感遇》诸篇，瑿然冠代，称物既芳，寄托遥远，固当仰驾阮公，俯陵左相。《幽州》豪唱，述为名言，如河梁赠答，语似常谈，而脱口天成，适如人意。海内文宗，非虚誉也。（《三唐诗品》卷一）

■高步瀛

唐初犹沿梁、陈余习，未能自振。陈伯玉起而矫之，《感遇》之作，复见建安、正始之风。张子寿继之，途轨益辟。至李、杜出而篇幅恢张，变化莫测，诗体又为之一变。（《唐宋诗举要》卷一）

■王国维

《沧浪》《凤兮》二歌，已开楚辞体格，然楚辞之最工者，推屈原、宋玉，而后此王褒、刘向之词不与焉。五古之最工者，实推阮嗣宗、左太冲、郭景纯、陶渊明，而前此曹、刘，后此陈子昂、李太白不与焉。（《人间词话》）

[唐]陈子昂：《新校陈子昂集》，（台湾）世界书局，2012

[唐]陈子昂撰，徐鹏校点：《陈子昂集》（修订本），上海古籍出版社，2013

彭庆生：《陈子昂诗注》，四川人民出版社，1981

彭庆生：《陈子昂集校注》，黄山书社，2015

韩理洲：《陈子昂评传》，西北大学出版社，1987

韩理洲：《陈子昂研究》，上海古籍出版社，1988

吴明贤：《陈子昂论考》，巴蜀书社，1995

徐文茂：《陈子昂论考》，上海古籍出版社，2002

四川省射洪县陈子昂研究联络组等编：《陈子昂研究论集》，中国文联出版公司，1989

中国唐代文学学会陈子昂研究会：《陈子昂研究论集（二）》，（香港）中国与世界出版公司，1993

李宝山、胡亮编：《关于陈子昂：献诗、论文与年谱》，成都时代出版社，2021

[唐]刘𫗧、刘肃：《隋唐嘉话·大唐新语》，古典文学出版社，1957

[五代]王定保：《唐摭言》，上海古籍出版社，2012

[后晋]刘昫等：《旧唐书》，中华书局，1975

[宋]宋祁、欧阳修：《新唐书》，中华书局，1975

[宋]司马光：《资治通鉴》，中华书局，1956

[宋]计有功：《唐诗纪事》，上海古籍出版社，2013

[清]陈廷钰等：《射洪县志》，清嘉庆二十五年（1820）刻本

岑仲勉：《隋唐史》，河北教育出版社，2000

易中天：《隋唐定局》，浙江文艺出版社，2015

毕宝魁：《隋唐社会日常生活》，中国工人出版社，2021

[美]宇文所安：《初唐诗》，贾晋华译，生活·读书·新知三联书店，2014

程千帆：《唐代进士行卷与文学》，北京出版社，2020

何磊：《武则天传》，天地出版社，2020

我出生于四川省射洪市金家镇，初中、高中以及补习总共7年时间都在金华镇的金华中学就读。金华镇上有一座金华山，金华山上除了道观，另有一座庭院，名曰"陈子昂读书台"。这可以说是镇上唯一较大的人文景点，且离学校不远，所以周末一有空闲，我往往是去陈子昂读书台观览。到底去了多少次，已经无法统计，我只知道我当时可以流利地背出读书台各个门前的对联、墙上的诗词。这么多年过去了，对联我还记得两副："亭台不落匡山后，杖策曾经工部来"，上联是说陈子昂读书台并不亚于李白读书的匡山，下联是说杜甫曾来此处凭吊赋诗；"金桂留香云水气，华章遗韵天地心"，上联赞美金华山之美景，下联颂扬陈子昂之遗文，并在开头嵌入了"金华"这个地名。诗词我还记得周汝昌先生所写绝句："高蹈文章一代雄，幽州台古汉家风。悠悠涕泪知无尽，诗在人天万岁中。"以及缪钺先生所写七律中的一联："莫怪沉冤逢酷吏，须知授意自权臣。"我乐于在与我同行的同学们面前表演，背诵并讲解这些他们第一次见、我却滚瓜烂熟的对联和诗句。现在想来，颇为幼稚。

　　我第一次认真对待，或者说开始研究陈子昂，是2016年。那一年，受巴蜀文史研究专家胡传淮先生之邀，我参与编写《遂宁风雅》一书，为此选注了陈子昂与遂宁有关的诗10首，我第一次细读了陈子昂的一些诗作。2017年，射洪市（当时还是射洪县）成立陈子昂研究会，会长谢德锐先生找到我，吸收我入会并让我担任理事，负责收集汇总学术界每年发表的陈子昂研究论文。这个工作做了两三年，我对陈子昂以及陈子昂研究现状都有了比较充分的了解。2019年，又得胡传淮先生之邀，参与编写《遂宁历史名人年谱》一书。我承担了"陈子昂年谱"与"李实年谱"的编写任务，在前人研究的基础上，编撰出《陈子昂年谱新编》一文，对陈子昂生平有了更加详细的了解。2020年，著名诗人、评论家胡亮先生邀我与他一道主编《关于陈子昂：献诗、论文与年谱》一书，由我负责编选论文、编写年谱，并负责组织注释陈子昂最为重要的三篇传记资料。以上种种项目、任务的倒逼，使我脑海中的陈子昂形象越来越清晰、生动、多样。

《关于陈子昂》一书于2021年底正式出版。出版后，即接到天地出版社总编辑李云女士的电话，说是由成都时代出版社（《关于陈子昂》一书的出版单位）庞惊涛先生推荐，准备约我撰写《陈子昂传》一书。经过前几年的积累，我本打算先将《陈子昂年谱新编》予以扩充，做成一部《陈子昂年谱长编》，好为以后写《陈子昂传》打下更为扎实的文献基础，没想到这么快就遇到了撰写《陈子昂传》的机会。以写带读，倒也不失为学习进步的法门。因此，我很爽快地接下了这个任务。通过几个月时间的读读写写，现在终于交出一部比较完整的《陈子昂传》了。

人物传记，当然应该生动活泼。但是我自己并不想将之写成纯粹的文学作品，遂以评传的笔法，夹叙夹议地讲述陈子昂的一生。我最早的学术实践是做考证，所以对文献考辨有着近乎"强迫症"般的要求；我也知道，文献引用过多，学究味太浓，肯定会影响读者阅览的舒适程度。所以，我尽量克制自己的"考据癖"，将原文引用和脚注数量保持在最低限度。现代学者的观点，才以脚注的形式标出；古代文献的引用，则以随文简注的形式呈现。即使这样，可能也会有读者觉得这本传记过分"谨严"而不"生动"。这是我的研究和写作习惯带来的负面影响，对此只能抱以歉意。当然，如果有读者愿意根据这些文献标注去读更多的作品，做更深的探索，那就再好不过了。

另外，本书对某些基本事实的叙述，如陈子昂某些诗文的背景、典故、大意以及某些历史事实，主要借鉴了彭庆生先生《陈子昂集校注》、韩理洲先生《陈子昂评传》、何磊先生《武则天传》的成果。珠玉在前，非敢掠美，但是限于传记的性质，无法一一注明，似乎也无必要一一注明，在此作一个总的说明，向前辈所做的基础工作致敬。是的，在向读者致歉注释过多的同时，也要向前辈致歉注释过少，这是功力不足、资历尚浅如我者，妄想兼顾学术性与普及性必然会面临的尴尬境地。

传记主体共分六章，基本上按照时间顺序讲述了陈子昂的一生。这部分的写作过程是很奇妙的：昨天，陈子昂首次出蜀啦；今天，陈子昂考中进士啦；明天，陈子昂从军北征啦……这位一千余年前的古人，就这么真实地闯入我的生活，让我亲历他从生到死的生命历程。书后有三个附录。附录一《陈子昂大事年表》是本文写作的基础，可方便读者迅速掌握陈子昂生平事迹脉络；附录二《陈子昂作品目录》，也有助于读者对陈子昂的作品有一个整体的了解；附录三《历代评论资料选》，可为读者认识、评价陈子昂提供更多的视角。

最后是致谢。上面提到过的诸位老师自然应该在致谢之列，此处不再重复。四川射洪罗刚锋先生、罗锦先生为本传的撰写提供了部分资料，江汉大学硕士何林锋先生、北京大学博士高树伟先生为我查阅数据库资料提供了方便，云南师范大学美术学院杨江波先生、方婷女士也为本传的撰写贡献了一些意见。杨先生听闻我正在撰写《陈子昂传》，还欣然作了一幅《陈子昂像》相赠。此类高情厚谊，是我需要感恩铭记的。当然，云南师范大学图书馆、江汉大学图书馆、绵阳市图书馆、中国艺术研究院艺术与文献馆、北京大学图书馆等机构（按查阅次数排序）所藏的丰富书籍及所购买的数据库资源，也是本书得以问世的重要基础。钱锺书先生说："'先把图书馆的参考书放入自己写的书里，然后把自己写的书列入图书馆的参考书里'，这样描写学术的轮回，也许妥当些。"钱先生是在挪揄"学术的轮回"，我则要借此感谢这些图书馆为我提供了"巨人的肩膀"。最后，还应该向我的爱人周敏女士致以最真诚的谢意。她全力支持我的读书写作生活，在繁忙的工作之余，帮我整理资料、审读初稿，听我唠叨，并与我讨论。如果没有她，写作的过程想必会缺失不少动力和乐趣。

陈子昂《感遇》其六云："昆仑有瑶树，安得采其英？"如果将陈子昂比作昆仑瑶树的话，我已经试着攀了上去，并将我"采英"的成果呈现在了这里。接下来，便请读者评说指正。

壬寅酷暑于绵阳涪城安昌河畔